莊子及其文學

黃錦鋐／著

國家圖書館出版品預行編目資料

莊子及其文學／黃錦鋐著.－－二版二刷.－－臺北市:
東大, 2019
面; 公分.－－(文苑叢書)

ISBN 978-957-19-3132-6 (平裝)

1.(周)莊周 2.學術思想 3.人生哲學

121.33　　105011321

© 莊子及其文學

著作人　黃錦鋐
發行人　劉仲傑
著作財產權人　東大圖書股份有限公司
發行所　東大圖書股份有限公司
地址　臺北市復興北路386號
電話　(02)25006600
郵撥帳號　0107175-0
門市部　(復北店) 臺北市復興北路386號
(重南店) 臺北市重慶南路一段61號
出版日期　初版一刷　1977年7月
二版一刷　2017年4月
二版二刷　2019年2月
編號　E 820170
行政院新聞局登記證局版臺業字第〇一九七號

ISBN 978-957-19-3132-6 (平裝)

序

邱燮友

一

好的文學作品，要帶有幾分哲理，才有深度。有深度的文學作品，依然是文學，不是哲學。但中國先秦時期的作品，文學是附麗在學術之中，沒有獨立出來，因此《莊子》一書，卻具有哲學和文學的雙重成分。

《莊子・寓言》篇開端上說：「寓言十九，重言十七，卮言日出，和以天倪。」莊子敘述他寫書的構想和採用的模式，是以寓言和重言為主體。我們要讀通莊子，必先了解《莊子》這本書，寓言佔了大部分，其次便是重言。他用寓言表達他的主要思想，並借重被衣、齧缺、黃帝、堯、舜、孔子、老子的話，說明人生的哲學，事物變化的道理，要隨自然的趨勢而不呆滯，以這種方法來處世，才能獲致人生的至樂。

一般人向來將《莊子》列於諸子類或哲學類的書籍，其實《莊子》中的寓言或重言，就像英人培根 (Roger Bacon) 的《論文集》，吉辛 (George Gissing) 的《四季隨筆》一樣，是最具震撼力、最有深度的哲理性散文。

世上有「八大聖哲」之稱，莊子便是其中的一位。在中國，孔子之後有孟子，老子之後有莊子；在西洋，蘇格拉底之後有柏拉圖，耶穌之後有保羅。這八大聖哲，對人類思想的啟迪，有莫大的貢獻；同時，他們的作品，也對後代的文學，有莫大的影響。

二

莊子，其人；《莊子》，其書。在先秦時代，弟子們稱老師為「夫子」，簡稱為「子」，如果帶上姓氏，便成為孔子、孟子、老子、莊子了。莊子，姓莊，名周，通常便以「莊子」稱之。

莊周，是道家思想的發揚者。在中國，儒家和道家的思想，幾乎支配了整個學術思想史。在治世，國人致力求太平，儒家思想抬頭；在亂世，眾人苟全生命於濁世，道家思想被人接受。儒家思想淵源於司徒之官，因此在教化的功效上，有獨到的見解；道家思想淵源於史官，因此對人間的興衰事，人生的錯綜面，有精闢的心得。這兩者，各有千秋，交互消長。

莊周主張過淡泊寡欲的生活，重精神生活而忽視物質生活，因而他的一生，沒有留下豐功偉蹟供後人瞻仰，甚至，我們想窺測他一生的經歷，也就比較難了。但他卻留下一部偉大的著作，啟示後人。

《史記》上記載他的傳略，只說他是宋國蒙縣人（今河南省商丘市東北），跟梁惠王、齊宣王同時，楚威王曾聘請他去做官，他辭謝而終身不仕。家中很貧苦，甚而曾向人借錢買米，但他仍過得很自在。閒暇時，教弟子寫作，他的那部五十二篇的《莊子》，便在這種情景下寫成。今天我們所能讀到的，只有三十三篇，其餘的已亡佚了。

三

中國歷代的文學家，受莊子思想影響的很多，最顯著的，如陶淵明、李白、蘇軾等，在他們的作品中，造成疏曠、自適、飄逸的境界，都是得自於莊子思想的啟悟，是文學中最嫵媚的所在。

莊子的文章，有如天馬行空，飄逸不定，不落實，不落言筌；莊子的思想，有如白雲蒼狗，虛無變化，順乎自然。於是給後世文學家的啟示，在於創造自然、適志、性靈的文學。由於心靈的活潑、靈虛，造成超越現實的感受，以現實世界做基礎，去探測現實以外的心靈世界，帶來開闊和美感。就如黃教授在〈魏晉之莊學〉中提到，人生的境界有三，而對陶淵明詩文的剖析，真令人折服。莊子的作品，在中國文學作品中，開創了「隱逸文學」的領域。

中國的隱逸文學，範圍極廣，包括詠懷文學、玄思文學、遊仙文學、山水文學、田園文學、志怪文學、浪漫文學、唯美文學等類別，大抵隱逸文學淵源於老莊的思想。這樣看來，何只是陶淵明、李白、蘇軾的作品中，有莊子思想的投影，幾乎所有的隱逸文學中，都含有莊子思想的成分。因此莊子對文學的影響，真是涵蓋性太大了。

提到老莊思想所支配下的「隱逸文學」，當然不能不提儒家思想所支配下的「載道文學」。載道文學便是傳統文學，包括言志文學、宗經文學、寫實文學、諷諭文學、實用文學等類別，這些傳統的、古典的作品，也有它的天地和特色。儒、道兩種文藝思潮的消長，便造成中國數千年來文學主流的趨向，或文風的轉變。此外佛教的流行，也影響了中國文學，改變了中國文學的形態，佛教的思想，近於老莊，因此，佛教的一些特質，便融化在隱逸文學中。

四

早在二十多年前，我認識了黃錦鋐教授。記得民國三十九年，我剛進入師院國文系就讀，那年正是他從系裡畢業，他是我的學長。他高而瘦削的體格，談話時，卻從眼神中閃出智慧的光彩。我想以他那樣的造形，很適合於讀《老》、《莊》。因為他有老莊所謂的「形如槁木」的體質，也具有莊子和惠施在遊濠上論辯的智慧。

回憶在大陸讀高三時，國文課本中選有莊子的〈齊物論〉，當時雖經老師解釋後，仍然似懂非懂，只覺得莊子的文筆空靈超脫，很吸引人，以後在大學裡也對莊子狂熱過一陣子，只覺得莊子的思想洸洋博大，辭語跌宕媚逸，也許為了莊子的緣故，我認識了黃學長。

從民國四十年起，他便在淡江文理學院任教，四十六年以後，也在師大有課，一直到六十年才離開淡江。其間從五十六到五十八年，他曾到日本進修，在這段期間，他對莊子的研究，愈加勤快，愈發深入。

記得五十九年的冬天，我們應邀到他的寓所去，他住在淡江的學人宿舍裡，那是個風雨很冷的冬天，下午，我們八、九個朋友，冒雨上淡水，然後在他家聊天、吃晚飯，我還記得那座雲霧飄流的山坡，兩層式洋房的宿舍，在陽臺上，伸手幾乎可以捉到濛濛的山霧，但當嵐霧散開，卻是青山翠谷，梯田滿佈，一片翠綠的大自然景色。住在這兒，就有點像餐霞飲露之感。

那天，我參觀了他的書房，藏書之多，把整個大房間都排滿了書，似乎他將全部儲蓄，投資在書籍中，在書房中，僅擺了一張兩尺高的書几，底下鋪著電毯，這是他平日讀書寫稿的地方。寒冷的冬天，在上面閱讀寫東西，也挺別緻、暖和。我曾打趣地說：「這矮書几，倒像是孵小雞，一次可以孵出一大堆東西。」原來這張書几，是他在日本留學時所用過的，回國時，不忍丟去，順便帶回來。他那執著、念舊的情感，使我想起林語堂在《秋天的況味》裡，提到用過半生的書桌，和一部翻過數十年的爛辭典，畢竟帶有親切和成熟的感覺。也就在那年，他動手為三民書局撰寫《新譯莊子讀本》，其中有不少的稿子，就是在這張書几上「孵」出來的。

五

黃教授在民國五十八年後，便又回到師大來任教，開有莊子、教材教法等課程。他教學深入、認真，很得同學們的愛戴。從那時起，我們碰面的機會更多了，下課十分鐘，在教員休息室裡有時碰在一起，喝老趙的「四季茶」，聊幾分鐘是很必要的。在回家的路上，同行三、五分鐘，卻顯得這段路太短了。有時站在車牌下等車，話還沒談完，車子來了，怎麼可以分開呢？

近年來，他寫了不少有關莊子的著述，我們都盼望他早日結集成書，我真喜愛他的〈莊子之文學〉、〈魏晉之莊學〉、〈從感情理智科學的角度看莊子的文學〉這幾篇，他那剖析事理的銳利，活潑的文筆，從文章中，可以了解他思路的精密，對事理見解的獨具慧眼。我喜歡找他聊天，喜歡他疏中有細、純真任情的性格。他要我為他的新書《莊子及其文學》寫序，我怎能抗拒？

在這些年來，我們都忙於工作，已不容易擁有像莊子那份閒逸的心情。雖然我們也了解「庖丁解牛」的道理，要找間隙的地方下刀，才能遊刃有餘。但繁忙的生活，使我們的刀，老是往筋骨盤錯的地方砍，真擔心這把刀會砍壞。我們生命中只有一把刀，砍壞了又將到那兒去換一把呢？

民國六十六年五月於師大

莊子及其文學　目次

關於莊子及《莊子》書

一、莊子的生平

㈠籍　貫

莊子，名周，字子休。《史記》列傳所載的只有二百多字。現在抄在下面：

> 莊子者，蒙人也，名周。周嘗為蒙漆園吏，與梁惠王、齊宣王同時。其學無所不闚。然其要本歸於老子之言。故其著書十餘萬言，大抵率寓言也。作〈漁父〉、〈盜跖〉、〈胠篋〉，以詆訿孔子之徒，以明老子之術。〈畏累虛〉、〈亢桑子〉之屬，皆空語無事實。然善屬書離辭，指事類情，用剽剝儒、墨，雖當世宿學，不能自解免也。其言洸洋自恣以適己，故自王公大人不能器之。
>
> 楚威王聞莊周賢，使使厚幣迎之，許以為相。莊周笑謂楚使曰：「千金、重利；卿相、尊

位也。子獨不見郊祭之犧牛乎？養食之數歲，衣以文繡，以入大廟。當是之時，雖欲為孤豚，豈可得乎？子亟去，無汙我。我寧游戲汙瀆之中自快，無為有國者所羈，終身不仕，以快吾志焉。

莊子是一個像謎樣的人物，小說家說他字子休，王樹榮說他字子沐，就是孟子所稱的子莫。蔡子民（元培）先生又說莊周就是楊朱❶。雖然未必就是，但正可以說明他像謎一樣的人物。他的名字像謎，就是連他的籍貫也是個謎。司馬遷只說他是蒙人。裴駰《集解》引《地理志》說：「蒙縣屬梁國。」司馬貞《索隱》引劉向《別錄》說是：「宋之蒙人。」《呂氏春秋》高誘注也說是「宋之蒙人」。那麼，到底他是宋的蒙人呢？還是梁的蒙人呢？根據《左傳》莊公十二年說：

「秋，宋萬弒閔公于蒙澤。」杜預注：「蒙澤宋地也，梁國有蒙縣。」竹添光鴻說：「今河南歸德府商邱縣北有蒙澤，莊子蒙人，即此地。」

照杜預及竹添光鴻的意見，蒙是宋地。而且特別指明「莊子蒙人，即此地。」但是根據《讀史方輿紀要》說：「蒙城也稱大蒙城，在河南歸德府東北四十里之地，《左傳》襄公二十七年宋公及諸侯之大夫盟於蒙門之外，就是這個地方。又有蒙澤，在府城東北三十五里，《左傳》莊公十二年，

❶ 王樹榮及蔡子民先生之說，見《古史辨》第六冊第三七一頁。（臺灣明倫版）

宋萬弒閔公於蒙澤，就是這個地方。」並未說明莊子的老家就是在這個地方，可見杜預及竹添光鴻的意見並不可靠。莊子真正的老家，應該是在歸德府南二十五里的地方，那地方叫小蒙城。據《府志》云：「中有漆園。莊周嘗為園人城，亦名漆丘。」（見《讀史方輿紀要》卷五十）至於梁玉繩引《潛丘劄記・與石企齋書》所說的「漆園在曹州」，那是因為蒙澤城一度也屬曹州，是古代的貫國，和商邱很近。《讀史方輿紀要》曹縣蒙澤城條下說：「曹南山之陽，旁有蒙城，又有漆園城。《一統志》：『在今縣西北五十里。』《括地志》：『漆園故城在冤句縣北十七里，莊周嘗為漆園吏是也。』」（見《讀史方輿紀要》卷三十一、卷五十）可見歸德府南二十五里遠的小蒙城和冤句縣北十七里的蒙澤是一個地方。不過因為歷代地理區域變遷，後人所據資料不同，因此記述互異。就像是蒙這個地方，也稱蒙澤，也叫蒙縣，也有叫蒙澤城一樣的，是因為歷代區域名稱改變的緣故。春秋時只稱蒙澤，不叫蒙縣。稱為蒙縣，那是漢以後的事了。北魏所設置的蒙郡，就是現在安徽的蒙城縣。據《讀史方輿紀要》的記載，鳳陽縣轄有濠水，叫做濠梁，也叫石濠梁，現在叫九虹橋，因為橋有九梁，故名，但並未說明與莊子、惠施觀魚有關，後人稱為觀魚臺，大概是出於附會。現在所稱的蒙澤縣，那是隋唐時所設置，就是現在的山東曹縣。（以上參見《歷代地理志韻編今釋》及《中國古今地名大辭典》等書）地名相似，時代變遷，因此說法就不一了。總而言之，莊周是河南商邱縣附近的人，是可以確定的。

至於蒙地是屬宋？還是屬梁？這也是基於時代變遷的因素，蒙地本來是屬於宋國。宋被滅，楚、魏、齊把宋國瓜分了。蒙地屬魏國。莊子出生時，蒙地還是宋的版圖，但當莊子去世後，宋地已被齊、魏、楚瓜分了。所以朱子說：「莊子自是楚人。」（《朱子語類》卷一百二十五）陸德明說：「莊子者，姓莊，名周，梁國蒙人也。」《隋書・經籍志》說：「《莊子》二十卷。下注云，梁漆園吏莊周撰。」是以莊周屬梁人。劉向《別錄》、《漢書・藝文志》、《戰國策》高誘注都認為莊周是宋人。在宋沒有滅亡時說莊子是宋人，就宋滅亡以後的時間說，莊子是楚人也好，魏人也好，都沒有爭執的必要了。

(二)莊子的生卒年

莊子的生卒年，也是後世議論沒有決定的問題。《史記》說莊子和梁惠王、齊宣王同時，梁惠王就是魏惠王。元年當周烈王六年（西元前三七〇年）。馬夷初〈莊子年表〉據《史記》定惠王三十六年（西元前三三五年）卒，子襄王立。莊萬壽君則據《竹書紀年》惠王在位五十二年，自周烈王六年（西元前三七〇年）至慎靚王二年（西元前三一九年）。按雷學淇《竹書紀年》考證說：「《史記》誤以魏襄王于此年（按即慎靚王二年）。襄王之後，又誤增哀王一代，荀氏和氏（按即荀勗與和嶠）據世本皆謂魏無哀王，蓋史遷誤以惠王之十六年為襄王之世，以襄王之二十三年為哀王之世，因襄哀相似，故淆亂而多增一代也。《世本》曰：『惠王生襄王嗣，襄王生昭王。』而〈趙世家〉謂魏哀王名嗣，可知史遷誤以襄名哀矣。」至齊宣王《史記》說他在位十九年，從周顯王二十七年（西元前三四二年）到四十五年（西元前三二四年）。《史記》又說：「楚威王聞莊周賢，使使厚幣迎之。」楚威王在位十一年，根據《史記》是從周顯王三十年（西元前三三九年）到顯王四十年（西元前三二九年）。根據《史記》的記載，從梁惠王即位的那一年開始，到齊宣王逝世時為止，也就是自周烈王六年（西元前三七〇年）到周顯王四十五年（西元前三二四）共四十七年這一段時間內的人都同時。但一般的推理，所謂同時，不能以惠王即位的那一年算起，還應該要早一點。現在假定莊子比惠王即位早十年出生（西元前三八〇年）。楚威王聘莊子為相的時間，據焦竑說是顯王三十年（西元前三三九年）。莊子那年是四十二歲左右，也很合理。不過資料不足，只是推測而已。有人以《莊子》書中的人物，來說明莊子的生卒時代。但是《莊子》書中，都是假設寓言，所引歷史人物，亦往往不顧事實之有無如何，不過假借其人的名字以發表自己的意見罷了，所以也並不可靠，不俱引。茲綜列近人對莊子生卒年之意見，以見其大略。

莊子生卒年異說表

主張者	生年	卒年	所見書刊	備註
胡適		西元前二七五年左右	《中國哲學史大綱》上卷	

錢穆	西元前三五九年	西元前二八九至前二七九年間	《先秦諸子繫年》	
葉國慶	西元前三六〇年左右	西元前二九〇年左右	《莊子研究》	
胡哲敷	西元前三八〇年左右	西元前二八六年左右	《老莊哲學》	
郎擎霄	西元前三九〇至前三七〇年	西元前三一七至前二九〇年	《莊子學案》	
鄔昆如	西元前三六九年	西元前二八六年	《莊子與古希臘哲學中的道》	
馬夷初	西元前三七〇年（周烈王六年）	西元前二九五年（周赧王二十年）	〈莊子年表〉	
佚名	西元前三七五年（周烈王元年）	西元前二九五年（周赧王二十年）	《新月》二卷第九期	
陳元德	約西元前三五〇年	約西元前二七〇年左右	《中國古代哲學史》	
莊萬壽	西元前三七〇年前後	西元前三〇〇年前後	《莊子學述》	

張成秋	約西元前三七〇年	約西元前三〇〇年	《莊子篇目考》	與莊萬壽《莊子學述同》
梁啟超	西元前三七〇年左右	西元前三一〇至前三〇〇年	〈先秦學術年表〉	
佚名	約西元前三七〇年	約西元前二七五年	《莊周哲學之辯證觀》	綜合郎擎霄、梁啟超、胡適之說
佚名	約西元前三九八年（周安王四年）	約西元前三〇九年（周赧王六年）	〈莊子新傳〉（《中日文化月刊》三卷第一期）	

(三)莊子的個性

莊子的個性，與當時的現實社會距離很遠，他所說的話，不一定有人欣賞，所以他只好用寓言、重言、卮言。朱熹說他，只在僻處自說，是很中肯的批評，他自己也是希望獨與天地精神相往來，不與世俗相處。雖然這樣，他卻是一個至情的人，我們看他和惠施的爭辯，可以說已經到了感情將要破裂的地步，但當惠施死後，他又痛惜起來，《莊子》中記載一段經過惠施墳墓的故事：

莊子送葬，經過惠施的墳墓，回頭對後面隨從的人說：「郢地人有把石灰塗在鼻尖，像蒼蠅翼那麼薄，讓匠石砍掉。匠石轉動斧頭像風那麼快，隨手砍去，把石灰砍掉了而鼻尖沒有損傷，郢地人站在那裡面不改色，宋元君聽了，命匠石說：『試對我做看看』。匠石說：『我是曾經砍過，但那是需要有對手的，我的對手已經死很久了。』自從惠子死以後，我就沒有對手了，我沒有可以談話的對象了。」（〈徐无鬼〉）

從這一段話中，可以看出莊子對惠施的感情，一種哀痛朋友死亡的淒涼落寞的情懷，躍然紙上，我們能說他沒有情感嗎？

莊子的情感，是對天地間的至情，而不是個人的私情，他看整個宇宙，都是充滿生機，天地間的一草一木，甚至一塊石頭，一具髑髏，都是有生命的東西。對它們都能發生情感，也因為他對萬物都有感情，所以對萬物就沒有厭惡愛憎是非的觀念，對任何物體都一視同仁，物我之間沒有什麼差別，既然沒有差別，那就不必再加以感情上的區分，所以就變成無情，其實莊子的無情，正是他對於宇宙的大感情。

莊子的一生都是貧窮的，但是他並不求富貴，這大概和他的驕傲個性有關。他曾向監河侯借貸，借不到發了一頓脾氣。但當楚威王派使者聘他為相的時候，他又很戲劇性的拒絕了。說是願意做一隻曳尾泥塗中的活烏龜，不願做榮貴留骨廟堂的死神龜。無異是把當時做官的人比做尸位素餐的活死人。莊子這種高傲輕視富貴而又潑辣諷刺的態度，就是對國君也不例外。

據說：「有一天，莊子穿了一件補釘過的大褂，拖著沒有後跟的破鞋，去看魏王。魏王說：『先生為什麼這麼狼狽呢？』莊子說：『我是貧窮，不是狼狽。讀書人不能躬行道德，那才是狼狽，穿破衣服鞋子，是貧窮而已。這所謂沒有遇到好時代呀！王你沒有看到那爬樹的猴子嗎？當牠在大樹上面，手拉著樹枝，神氣得不得了，即使像后羿逢蒙那麼善射，也射不到牠。但當猴子在有棘的壞樹上時，縮著身子不敢正視，行動恐懼發抖，這並不是猴子的筋骨有什麼不便，而是所處的情勢不便，不能施展牠的才能呀。我現在處在國君昏庸臣下叛亂的時代裡，要想不狼狽，怎麼可能呢？』」這無異當面把魏王罵了一頓。莊子這種輕視富貴的個性，一方面固然是由於當時環境的刺激，另一方面也是由於天賦的稟性。

據說宋國有個曹商，宋王派他出使到秦國去。秦王很喜歡他，賜他隨從車輛一百乘。回來宋國，遇到莊子，誇耀的說：「如果住在窮閭陋巷，面黃肌瘦，忍受貧窮，這是我的短處。如果是出使異國，讓萬乘國君動容，而得到百乘車輛，這是我的特長。」莊子聽了，毫不在意的說：「我聽說秦王有腫毒的毛病，命醫生醫治，凡是能夠破膿消腫的給車一乘，用舌頭舔痔瘡的給五乘，治療越下，給車子越多，你難道是給秦王治療痔瘡的嗎？為什麼得到這麼多車子呢？」莊子就是這樣的幽默，這樣的不屑富貴。《淮南子》書裡面還說過「惠施有隨從車輛百乘，經過孟諸，莊子正在釣魚，看見了，把魚都拋棄了。」這充分可以說明他那天生的不求富貴的個性。

莊子的性格，是屬於純真坦白的一型。他認為人類之所以有糾紛，是由於缺乏坦誠，因此巧詐機變的事，層出不窮。〈天地〉篇中描述他反對機巧的一段故事說：「子貢到南方的楚國去，回到晉國，經過漢水南面的地方，看見一個老丈人正在園裡種菜。打通一條隧道到井邊，抱著甕盛水而灌溉，用力很多得到的功效很少。子貢看見了就說：『有抽水的機器，一天可以灌溉約百畝的菜圃，用力很少而得到的功效卻很多，先生為什麼不用呢？』灌園老人抬頭看了看子貢問說：『是怎麼用的呢？』子貢回答說：『鑿木的一端使用機械，使它後面重前面輕，提水就像抽水，水就像滾沸的樣子，很快的湧出來了。這種機器稱為槔。』灌園老人聽了，變臉色笑笑的說：『我聽老師說過，用機械的必定有用機械的事務，有了用機械的事務，必定有機謀巧變的心思，胸中有了機謀巧變的心思，就破壞了本然純白的天性，破壞了本然純靜坦白的天性，就會心神不定。心神不安定的人，離天機就遠了，我並不是不知道用機械，而是認為這樣做，是羞恥的事，不肯去做罷了。』」從這一段故事，我們可以明白，莊子的不用機心，是因為恐怕破壞了純潔的本性。反過來說，莊子所以能不用機心，也是由於他具有純白坦誠的本性。

莊子是情感的，也是理智的，他知道「生也有涯，知也無涯。」所以不以有限的生命去強求無限的知識，但並不是說莊子否定知識的價值。而是主張「知止其所不知」。他認為一個人不知道知識範圍的廣大無垠，而整天爭論你是他非，這無異像是「朝三暮四」的猴子。莊子是坦誠的，所以他樂觀知命，不用智謀去做破壞自然的事。荀子批評莊子「蔽於天而不知人」，並不了解莊子的個性。不過，要了解莊子的性格，也並不容易，從〈齊物論〉的「莊子夢為蝴蝶」的故事來看，莊子似乎是一個翩翩超出塵世的佳公子。從〈至樂〉篇的「莊子妻死，箕踞鼓盆而歌」的情形看來，他又是一個曠達不羈的名士。從與曹商對話的經過看，他又是一個幽默諷刺的能手。總而言之，莊子的個性，讓人猜不著他到底是什麼型的。他有時沉靜，有時潑辣，有時高傲，有時偏激……，他的性格是多方面的。他的興趣也是多方面的，從《莊子》書中來看莊子，真是五顏十色，目不暇給，令人捉摸不定，要評論莊子是件困難的事，即使有說到時，轉眼又不是了。所以要了解莊子，只有自己去體會，別人是說不來的。正像錢賓四先生說的，「莊周他那一卮水，幾千年來人喝著，太淡了，又像太洌了，總解不了渴。反而覺得這一卮水，千變萬化的，好像有種種的怪味。儘喝著會愈愛喝，但仍解不了人的渴。」但是，畢竟莊周的那卮水，是可以解渴的。所以他又說：「你若不信，何妨也拿莊周那卮子到口裡來嚐一嚐看是怎樣的呢？」

二、《莊子》書的考證

㈠前　言

《莊子》一書，《漢書・藝文志》紀錄有五十二篇，其中內篇七，外篇二十八，雜篇十四，解說三。據《經典釋文・序錄》說是由淮南王的門下客編定的。晉司馬彪及孟氏都替它作注，就是那個本子。以後其他諸家，像崔譔注是十卷二十七篇，內篇八，外篇二十。向秀注是二十六篇，都沒有雜篇，這許多本子，都已經失傳了。不能夠了解其中篇章的次第，現在所傳的，只有郭象的本子，共十卷三十三篇，其中內篇七，外篇十五，雜篇十一❷，日本高山寺卷子本有郭象的〈後序〉，說是經過刪節，合併篇章，因此比〈藝文志〉所著錄的，少了十九篇❸。根據上面所記述，

---

❷ 今傳本郭氏注《莊子》十卷三十三篇，《晉書・經籍志》稱三十卷目一卷。唐成玄英〈疏序〉則稱郭象《莊子注》三十篇。

❸ 日本高山寺卷子本（後序）說：「夫學者尚（狩獵直喜謂尚當作當。王叔岷謂尚當古通）以成性易知為德，不以能政（武內義雄謂政當作攻）異端為貴也。然莊子閎才命世，誠多英文偉詞，正言若反，故一曲之士（《釋文・序錄》引士作才），不能暢其弘旨，而妄竄奇說。」若〈閼亦〉（武內云：閼亦，《釋文》作「閼奕」，《困學紀聞》所輯《莊子》佚文中有「閼奕之隸與殷翼之孫，遏氏之子相謀」一條，《文選・顏延年詩法》引有〈閼奕〉篇首之語，《釋文》作「閼奕」似是也。王曰：《白帖》二，《天中記》七，亦並引〈閼奕〉篇首之文，但作「閼亦」，非誤字，古奕、亦通）〈意循〉（《釋文》作「意脩」，循脩形近易訛）之首，〈尾言〉（《釋文》作「危言」。《釋文》襲郭語，似應作「巵言」，今作「危言」者，蓋形似而誤歟）〈遊易〉（《釋文》作「游鳧」）〈子胥〉之篇，凡諸巧雜若此之類，十分有三，或牽之令近，或遷之令誕，或似《山海經》，或似《夢書》（《釋文》似作類。《夢書》作《占夢書》），或出《淮南》，或辯形名，而參之高韻，龍蛇並御，且辭氣鄙背，竟無深澳（澳與奧通），而徒難知，以因後蒙（武內云：因為困之誤）今沉滯失乎流（武內云：乎字恐衍），豈所求《莊子》之意哉，故皆略而不存。今唯哉取其長達

《莊子》分為內、外、雜篇，大概是在魏晉六朝的時候，不是原書本來面目。《史記・老子韓非列傳》，也只是說他著書十餘萬言，並沒有分篇的記述。陸長庚說：「按《漢書・藝文志》《莊子》五十二篇；《唐書》四十卷，就是現在通行於世的本子，今篇卷既不相同，而世代遼遠，不能看到古人的全書。」❹陸氏所說，世代遼遠，不能看到古人全書。可見《莊子》自漢代到魏晉，其中不知有好多次失而復集，集而復失。所以郭子玄說「偏見的人，妄自竄入奇異的學說，像〈閼奕〉、〈意脩〉的題目，〈巵言〉、〈游鳧〉、〈子胥〉的篇章，其中奇巧雜亂的大概有十分之三。」❺郭氏所說，自可相信。因此《莊子》原書的面目，內容篇章的真偽，是很難了解的一件事。宋代蘇子瞻疑〈盜跖〉、〈漁父〉、〈讓王〉、〈說劍〉四篇不是莊子所作。並且說：「莊子是幫助孔子的，事實如此而文章卻不是這樣，是表面攻擊而暗中相助。正面說的大概沒有好多。至於批評孔子的，未嘗不隱約表現他的寄意。至於批評天下道術從墨翟、禽滑釐、彭蒙、愼到田駢、關尹與老子之

（武內云：令唯哉乃今唯裁之譌）致全乎大體者，為三十三篇者（武內云：者乃焉之誤）。」

❹ 見《南華真經副墨》。原文為「按《漢書・藝文志》『《莊子》五十二篇』《唐書》『四十卷』，即今行於世者。今篇卷既不同，而世代遼遠，不復得見古人之全書，姑準郭本定為三十三篇，而〈讓王〉、〈盜跖〉、〈說劍〉、〈漁父〉亦從其贋入云。」

❺ 見《釋文・序錄》。原文為「一曲之才，妄竄奇說，若〈閼奕〉、〈意脩〉之首，〈危言〉、〈遊鳧〉、〈子胥〉之篇，凡諸巧雜，十分之三。」

徒，以及他本身，都以為是一家而已，而孔子並沒有在內，推崇孔子可以說是至極了。然而曾經懷疑〈盜跖〉、〈漁父〉像是真的攻擊孔子，至於〈讓王〉、〈說劍〉，都是膚淺鄙俗，不合義理。」❻清姚際恆也贊同〈盜跖〉等四篇是後人偽作，只是不同意蘇氏的說法。自從蘇子瞻認為《莊子》有偽作之後，懷疑《莊子》偽作的學者，一天多一天，計有：

(1)羅勉道道藏本《南華真經．逍遙遊》篇注：其原文為：「《莊子》五十二篇，郭象固已辨其巧雜，十分有三。今所存三十三篇，東坡蘇氏又黜〈讓王〉、〈盜跖〉、〈說劍〉、〈漁父〉，而以〈列禦寇〉接〈寓言〉之末，合為一篇，其說精矣，然愚尚謂刻意、繕性，亦復膚淺非真，宜定為二十六篇。」

(2)明宋濂《諸子辨》亦說：「〈盜跖〉、〈漁父〉、〈讓王〉、〈說劍〉諸篇，不類前後文，疑後人所勦入。」

(3)明代吾鄉莆田先賢鄭瑗的《井觀瑣言》也說，其原文為：「古史謂《莊子》〈讓王〉、〈盜跖〉、〈說劍〉諸篇，皆後人攙入者，今考其文字體製，信然。如〈盜跖〉之作，非惟不類先秦文，

---

❻ 見〈莊子祠堂記〉。原文為「余以為莊子蓋助孔子者……故莊子之言皆實予而文不予，陽擠而陰助之，其正言蓋無幾，至於詆訾孔子，未嘗不微見其意。其論天下道術，自墨翟、禽滑釐、彭蒙、慎到、田駢、關尹、老聃之徒，以至於其身，皆以為一家，而孔子不與，其尊之也至矣。然余嘗疑〈盜跖〉、〈漁父〉，則若真詆孔子者，至於〈讓王〉、〈說劍〉皆淺陋不入於道。」

並不類西漢人文字。然自太史公以前即有之，則有不可曉者，嘗觀其前，如〈馬蹄〉，〈胠篋〉諸篇，文意亦凡近。視〈逍遙遊〉，〈大宗師〉諸篇，殊不相侔。竊意但其內七篇是莊氏本書，其外、雜篇等二十六篇，或是其徒所述，因以附之，大抵《莊子》，非一手所為也。」

(4)王先謙《莊子集解・駢拇》篇注引蘇輿的意見，其原文為：「〈駢拇〉下四篇，多釋《老子》之義，周雖悅老風，自命固絕高，觀〈天下〉篇可見。四篇於申《老》外，別無精義，蓋學《莊》者緣《老》為之，且文氣直衍，無所發明，亦不類內篇汪洋傲詭，王氏夫之，姚氏鼐皆疑外篇不出莊子，最為有見。」❼以後各家或辨《莊子》之偽，或辨《莊子》之真，其說甚多，茲分別綜述如後。

(二)內　篇

內七篇自古以來，都以為是莊子所手著，但近人也頗有懷疑的，像王叔岷《莊子校釋・序》說：「至於外、雜篇，昔賢多疑為偽作，然今本內、外、雜篇之名，實定於郭氏，則內篇未必盡可信，外、雜篇未必盡可疑。」任繼愈更進一步，舉出許多似是而非的事證，說明《莊子》內篇

❼ 姚氏語見《古今偽書考》。原文為「蘇氏兄弟本溺二氏，其學不純，故為此詖淫之辭。第蘇之疑此四篇是也，其用意誤耳。余之疑與蘇同，而用意不同。莊之訾孔，餘尚蘊藉，此則直斥嫚罵，便無義味，而文辭俚淺，令人厭觀，此其所以為偽也。」

不是莊子的作品。其理由大致有下列諸點：

(甲)司馬遷《史記》只提到莊子作〈漁父〉、〈盜跖〉、〈胠篋〉以詆訾孔子之徒，沒有提到內篇是莊子所作。

(乙)荀子批評莊子「蔽於天而不知人」，司馬遷所說的「剽剝儒墨」，都和內篇沒有關連。相反的，倒是外篇的「〈天道〉、〈天地〉、〈天運〉」各篇和「天」有關連，外、雜篇的內容和「剽剝儒墨」有密切的關係。

(丙)《莊子》外篇都是以一篇開頭的兩個字作為題目，從時代上看，應該比外篇晚出。

(丁)《莊子》分內、外篇是起於兩漢。兩漢習慣，圖讖之類的書，一般統稱為內，和這些學問有關的稱內學。都是在漢代編輯。內篇七篇，應該是後期莊學，表示與莊周哲學不同。

(戊)《莊子》內七篇從篇名到內容，都帶有漢代宗教神學方術的特色。〈齊物論〉內的「至人神矣，大澤焚而不能熱，河漢冱而不能寒，疾雷破山，飄風振海而不能驚。若然者，乘雲氣，騎日月，而遊乎四海之外。死生無變于己，而況利害之端乎？」和《史記．秦始皇本紀》的「真人者，入水不濡，入火不熱，陵雲氣，與天地長久。」這幾句話很相似，由此可見〈齊物論〉是秦漢時的作品。❽

❽ 見任繼愈《莊子探源》。

不過這五點理由，並不能證明《莊子》內篇不是莊子所自作。第一，就司馬遷〈老子韓非列傳〉中沒有提到內篇是莊子的作品來說，我們知道司馬遷寫作《史記》的動機，是恥沒世而文采不表於後世，是注重文采，並不很注重史實，而且莊子的傳僅有二百三十五個字，只能提到大概，不能對莊子著述作詳細的考證。所以司馬遷〈老子韓非列傳〉所記述，不能作為《莊子》內篇不是莊子作品的憑證。第二，荀子批評莊子「蔽於天而不知人」，和《莊子》內七篇的內容也很有密切的關係。如〈養生主〉篇的「依乎天理」，〈人間世〉篇的「托不得已而養中」，〈德充符〉篇的「常因自然而不益生」等，都與荀子所批評的蔽於天意思相合。而且荀子批評莊子「蔽於天而不知人」，也是抽象的說法。並不是很肯定的意思。所以荀子這句話不能證明《莊子》內篇不是莊子的作品。第三，就題目的含義說，題目可以涵蓋全文意思的文章，並不能作為晚出的證明，在戰國時代的許多著作，像《孫子兵法》，〈用間〉，〈謀攻〉等都是以義名篇，其他如商鞅，公孫龍子，屈原等的著作，題目與內容的含義都有關連，孟子只是一個例外。憑這一點不能肯定《莊子》內篇為晚出。第四，篇分內、外，不從兩漢開始，像《管子》的「經言、外言、內言」、《韓非子》的「內儲說，外儲說」，都有內、外的字樣。《莊子》分內、外篇，不足以說明是漢代的作品。第五，神仙的傳說，不是秦漢的時候才產生的，屈原的作品，已經充滿了神仙之說，這是眾所周知的事實，而且《莊子》外篇也有神仙的言論，像〈在宥〉篇的「廣成子謂黃帝曰」一段，都是說神仙方術的事。〈達生〉篇也說：「至人潛行不窒，蹈火不熱，行乎萬物之上而不慄。」這與〈齊

物論〉篇所說的神人並沒有什麼差異。由此可見內篇並非漢代的作品。(參見葉國慶《莊子研究》)

懷疑內篇不是莊子的作品，還有胡芝薪的《莊子考證》，胡氏認為〈人間世〉篇都是用故事所組成，並且都是儒家的思想，跟莊子的學說相違背。其中稱孔子或為仲尼或為夫子，所以定為漢儒的作品❾。

近人葉國慶，則從體裁、意義、思想等各方面，說明〈人間世〉篇不是莊周的作品。這個意見，大概是受唐蘭的影響。唐蘭在〈老聃的姓名和時代考〉那篇文章中，也附帶談到《莊子》書的真偽❿，唐氏認為「《莊子》分內外雜篇是劉向刪出重複的時候決定的。因此一般人認為《莊子》內七篇是真的《莊子》書，不過是承用劉向的意見而已。其實並沒有內篇一定是真和外篇雜篇一定是假的證據。」與唐蘭同時的，還有錢玄同，顧頡剛等人都有相似的看法，不過沒有肯定的意見，就像顧頡剛所說的：「《莊子》的真偽要去考明白它確是很難，因為它的文字太『詼詭』了，不容易摸出一個頭緒來。」⓫可見說《莊子》內篇不是莊子的作品，是有困難的。大多數的學者都認為《莊子》內七篇是莊子的作品。羅根澤在〈莊子外雜篇探源〉中雖然對內篇並沒有加以肯定是莊子所自作，但言外之意，也認為《莊子》內篇是莊子的作品，這是可以理解的。

---

❾ 見民國二十六年《文學年報》第三期。

❿ 文見《古史辨》第四冊第三四一至三四四頁。(臺灣明倫出版社重印本)

⓫ 見《古史辨》第一冊第二八四頁。

我們看《莊子》內篇，可以說是一個完整的哲學體系，自〈逍遙遊〉以至〈應帝王〉，由至人之無己，到外則應帝而王，無論內容、條理，都是一貫而成的。褚伯秀說：

> 內篇始於〈逍遙遊〉，終於〈應帝王〉者，學道之要，在反求諸己，無適非樂，然後外觀方物，理無不齊，物齊而己可忘，己忘而養生之主得矣，養生所以善己，應物所以善物，皆在德以充之，充則萬物符契宗之為師，大宗師之本立矣，措諸治道也何難？內則為聖為神，外則應帝應王，斯道之所以斂之一身，不為有餘，散之天下，不為不足也。

林西仲也說：

> 〈逍遙遊〉言人心多狃於小成，而貴於大；〈齊物論〉言人心多泥於己見，而貴於虛；〈養生主〉言人心多役於外應，而貴於順；〈人間世〉則入世之法，〈德充符〉則出世之法，〈大宗師〉則內而可聖，〈應帝王〉則外而可王。此七篇分著之義也。然人心惟大故能虛，惟虛故能順，入世而後出世，內聖而後外王，此又內七篇相同之理也。（見《莊子因．序》）

這都可以說明內七篇是莊子一貫的思想見解，近人蔣復璁先生也以為內七篇是莊子自著。認為內篇的標題，都具有深意，可以概括全篇的大旨。以理推論，內篇必不與外、雜篇同時，應該在其前面。而文字汪洋諔詭，氣勢銜接，義理的宏深，才思的精闢，不是莊子不能夠寫得出來。他說：

> 七篇之文，分之則篇明一義，合之則首尾相承。逍遙取譬於鯤鵬，以自贊其逍遙，若全書之總冒。齊物淪泯是非而均物我，掃蕩一切，為立論之前驅，或明養生之道，或論涉世之方，或著至德之符；其體維何？以大道為宗師；其用維何？以帝王為格致；所謂本末兼該，體用具足，以成其一家之言者也。

這些意見，自羅勉道以來，一線相承，沒有異議，即使疑古如錢玄同，辨偽像顧頡剛，也沒有說內篇不見莊子的作品。雖然，內七篇中，也有後人摻雜片段進去的文字，這大概是可以肯定的⓬。

㈢外　篇

《莊子》內篇，是莊子的著作，已見上述，至於《莊子》外、雜篇的文字，後人一致的意見，都認為不是出於一人的手筆。但卻是重要的莊學論文集，也是從《莊子》到《淮南子》之間的道家思想的橋樑。劉汝霖說：

> 《莊子》一書，不止莊子一人之思想，包括自莊子以至淮南王時之道家思想。

⓬ 唐蘭說：「內篇〈人間世〉，〈德充符〉，〈大宗師〉對孔子皆稱仲尼，獨〈大宗師〉子桑戶死一章稱孔子，可見此章乃另一人作。」（文見〈老聃的姓名和時代考〉）

又說：

> 研究莊子，應視作自莊子至淮南王時道家思想之總集，非一人亦非一時之思想。⓭

羅根澤先生也說：

> 《淮南子》的編著是在西元前一六四至前一二二年，距莊子之卒已一百七、八十年。那麼，道家的系統，照一般人的敘述，則莊子以後即戛然而止，一直斷絕了二百年，到劉安才平地一聲雷，異軍突起，重整了道家的旗鼓，真成了怪現象了。我敢說在莊子以後，劉安以前，道家必在蓬蓬勃勃的發展。⓮

羅根澤先生認為自《莊子》到《淮南子》這一段道家蓬勃的發展的材料，除了《管子》的〈心術〉上下及〈白心〉等篇，《韓非子》的〈解老〉、〈喻老〉二篇以外，就是《莊子》的外、雜二十五篇了。所以《莊子》外、雜篇，不但是莊子學說的繼承，而且是填補道家思想真空時代的重要文獻，劉、羅二代的見解是可以相信的。不過其中也有莊子的意見，不全是後學者的所作，茲分述如次：

⓭ 見臺灣明倫版《古史辨》第四冊。

⓮ 見〈莊子外雜篇探源〉，文刊《燕京學報》第十九期。後收臺灣泰順書局《諸子考索》書中。以下所引均見是書。

駢拇、馬蹄

這兩篇文字一致，著作時代也相同，很像是一個人的作品，在內容方面說，思想也一致，如〈駢拇〉篇說：

夫小惑易方，大惑易性。何以知其然耶？自虞氏招仁義以撓天下也，天下莫不奔命於仁義。是非以仁義易其性與？故嘗試論之，自三代以下，天下莫不以物易其性矣。小人則以身殉家，聖人則以身殉天下。故此數子者，事業不同，名聲異號，其於傷性以身為殉，一也。

〈馬蹄〉篇說：

夫馬，陸居則食草飲水，喜則交頸相靡，怒則分背相踶。馬知已此矣。夫加之以衡扼，齊之以月題，而馬知介倪闉扼鷙曼詭銜竊轡。故馬之知而態至盜者，伯樂之罪也。

〈駢拇〉篇和〈馬蹄〉篇所敘述的，都是不以外物傷害本性的思想，外物是人為，本性則屬於天然。換句話說，也就是不以人害天。這種思想在內篇到處可見。和莊子思想有直接的關係。至於〈駢拇〉篇所說的「自三代以下」這句話，在《莊子》中凡四見，兩次出現在〈駢拇〉篇，一見於〈胠篋〉篇，一見於〈在宥〉篇，三代一詞，胡芝薪解釋為周以後[15]，是戰國時語。以證明〈駢拇〉、〈馬蹄〉、〈胠篋〉三篇的作者就是莊子。這種說法，似近乎武斷，他所說的思想一貫，也不是事實，不過〈胠篋〉篇是闡述解釋《道德經》的思想，大概是老子學派的門人所作，〈駢拇〉和〈馬蹄〉篇，恐是和莊子有直接關係的人所作的，這可從其思想和內篇思想一致的情形來證明。羅根澤先生以〈駢拇〉、〈馬蹄〉、〈胠篋〉、〈在宥〉為一組，恐怕是因為這四篇都提到了「三代」這個詞的緣故。從內容方面來說，是不很確當的。

胠篋、在宥

這兩篇大概是老子學派的門人所作。篇中極力反對「聖人」、「仁義」，和莊子的思想不盡相合。並且都是解釋《道德經》的思想。例如〈胠篋〉篇說：

> 脣竭則齒寒，魯酒薄而邯鄲圍，聖人生而大盜起。掊擊聖人，縱舍盜賊，而天下始治矣！夫川竭而谷虛，丘夷而淵實。聖人已死，則大盜不起，天下平而無故矣！

〈在宥〉篇也同樣是闡述老子的思想，如：

> 崔瞿問於老聃曰：「不治天下，安臧人心。」老聃曰：「汝慎無攖人心，人心排下而進上，

⑮ 見〈莊子考證〉，文刊民國二十六年《文學年報》第三期。

上下囚殺，淖約柔平剛強。廉劌彫琢，其熱焦火，其寒凝冰。其疾俛仰之間而再撫四海之外，其居也淵而靜，其動也縣而天。僨驕而不可係者，其唯人心乎。……故曰：『絕聖棄智，而天下大治』」。

這一段很明顯的是在闡發老子的思想。與〈胠篋〉篇的：

故曰：「魚不可脫於淵，國之利器不可以示人。」彼聖人者，天下之利器也，非所以明天下也。故絕聖棄智，大盜乃止；擿玉毀珠，小盜不起；焚符破琮，而民朴鄙；掊斗折衡，而民不爭；殫殘天下之聖法，而民始可與論議……。

不單是思想上兩篇都一致，就是在行文的形式上兩篇也步驟相同。都是用問答的形式來表達自己的意見。可見這兩篇可能是一個人所作，而且是老子的後人。至於著述的時間，從語氣來看，是比較激烈的一派。我們知道戰國時諸子紛爭，各是其所是，各非其所非，堅執己見，不肯相下，羅根澤先生推定為戰國末年。姚鼐說：「〈胠篋〉篇是先秦時文字，此人蓋有慨於始皇，故言最憤激。」[16]姚氏說有慨於始皇，未必就是。但說是秦作品，可以說是正確的。

不過〈在宥〉篇篇幅較其餘三篇（〈駢拇〉、〈馬蹄〉、〈胠篋〉）為長，問題也比較複雜，其中

[16] 見《莊子章義》。

有與莊子思想似者，如：

> 世俗之人，皆喜人之同乎己，而惡人之異於己也。同於己而欲之，異於己而不欲者，以出乎眾為心也……。

和最後一段的：

> 賤而不可不任者，物也；卑而不可不因者，民也；匿而不可不為者，事也；麤而不可不陳者，法也；遠而不可不居者，義也；親而不可不廣者，仁也；節而不可不積者，禮也。中而不可不高者，德也；一而不可不易者，道也；神而不可不為者，天也。故聖人觀於天而不助，成於德而不累，出於道而不謀，會於仁而不恃，薄於義而不積，應於禮而不諱。接於事而不辭，齊於法而不亂，恃於民而不輕。因於物而不去……。

這兩段文字，武內義雄認為：「《釋文》未引崔、向、司馬之注，此二章必是郭象以雜篇之文附加在此篇者」[17]。錢穆賓四先生也同意這種說法。在此之前，宣穎也有同樣的意見。不過，既是郭象以雜篇之文附加此篇，〈在宥〉篇固不是莊子手筆，是道家之徒所作，那麼，這兩段雜篇之文，

---

[17] 見〈莊子考〉，文附《老子》原始書中（日本昭和四十二年三月三十日版）。江俠庵有譯文，收商務印書館出版之《先秦經籍考》中。民國五十九年九月新欣出版社有重印本。

到底是誰的手筆呢?看這兩段文字的內容,和莊子的思想相似,郭象注說:

因其性而任之則治,反其性而凌之則亂,夫民物之所以卑而賤者,不能因任故也。是以任賤者貴,因卑者尊。此必然之符也。

蓋「因任」則玄同,玄同則是非泯。泯是非是莊子主要的主張。〈齊物論〉篇可以覆按。所以這兩段文字,恐是莊子後學者所作。至於「黃帝與廣成子談長生」一段,似是楚漢之間道家談避穀道引者用以說明治天下的道理。當然更與莊子無關了。

天地、天道、天運

近人以荀子批評莊子「蔽於天而不知人」,就認為這三篇都是論天的,應該是莊子的作品。其實這三篇篇名為〈天地〉、〈天道〉、〈天運〉,內容並不是專論天的思想。〈天地〉篇論無為有為之事。謂「無為者天,而有為者人」。但本篇頭緒紛多,這兩句話不足以包括。如「華封人」、「伯成子高」、「漢陰丈人」數段,文辭粗淺,意義也俚俗。林西仲認為「結構雖工,咀嚼無復餘味」,懷疑是好事的人所竄入,可以說是很正確的意見。又篇中稱孔子為夫子,稱老子為老聃,這是漢人的習慣,羅根澤先生說本篇是漢初右派道家所作,以時代說是對的,以作者的身分說,恐怕還是漢初儒家的作品吧!因為漢代儒者為學不純,大都兼修雜學,所以〈天地〉篇思想混雜,本不足怪。

〈天道〉篇也是後人偽作，本篇的：

> 天道運而無所積，故萬物成，帝道運而無所積，故天下歸。聖道運而無所積，故海內服。明於天，通於聖，六通四辟於帝王之德者，其自為也。

這一段很顯然的不純是莊子的學說。這種以自然之道解釋治政之道的說法，和《呂氏春秋》論政之說相合，疑是秦漢間儒家之徒所作。至「桓公讀書於堂上」一段，亦見於《淮南子．道應訓》，文字略有不同。《韓詩外傳》則將「桓公」作「楚成王」。文字較為簡要，大概都是出於傳聞。胡芝薪認為是漢人所作，是可以相信的。姚鼐也說，篇中所稱的「素王」是漢人語。所以本篇說是漢初人的作品，是比較中肯的說法。

〈天運〉篇除頭兩段外，幾乎都是批評孔子的話，蔣復璁先生認為：

> 〈天道〉、〈天運〉諸篇，痛斥名色形聲之末，以孝悌貞廉為不足多，而汲汲於安其性命。天道之所謂糟粕，此篇之所謂芻狗，皆是此意，存之未嘗不足以反鑑儒家之教，而儆其失遽，謂之為莊子之義則不然，詩書禮樂古衹謂之六藝，何嘗謂之六經哉？[18]

[18] 見〈莊子考辨〉，文刊《圖書館學季刊》二卷第一期。

據此則顯然本篇是漢初的作品。林西仲也說：

其中孔子見老聃而語仁義一段，為贗手參入，此段細閱，無甚意味，且旨多背馳，詞多膚淺。⓳

這三篇內容大體相似，都是出於漢初儒家或道家的手筆，最早也不會超過秦統一天下以前，〈天地〉篇中的「千歲厭世，去而上僊，乘彼白雲，至於帝鄉」。是秦漢之間神仙家的口吻。〈天運〉篇的稱頌帝王，所謂「天道運而無所積，故萬物成，帝道運而無所積，故天下歸。」和〈天道〉篇的「莫大於帝王」，都不是戰國時人的口吻。自歐陽脩、林西仲、姚鼐，以及近人各家，都有相似的意見。

刻意、繕性

〈刻意〉、〈繕性〉兩篇文情相類，篇幅簡短也相同。就內容說，和莊子思想不合，其中雖然也有養神的說法，和莊子看似相同，但細察其基本觀念，和秦漢間道引之士的學說相通。如〈刻意〉篇所說的：

⓳ 見《莊子因》，臺灣廣文書局版五十三年一月影印本。

> 吹呴呼吸，吐故納習，熊經鳥申，為壽而已矣。此道引之士，養形之人，彭祖壽考之所為也。

這一段大意也見於《淮南子．精神訓》：

> 是故真人所遊，若吹呴呼吸，吐故納新，熊經鳥申，鳧浴猨躩，鴟視虎顧，是養形之人也，不足以滑心。

「吐故納新，熊經鳥申」，都是秦漢間道引之士所習行的動作，所以也為《淮南子》所樂引。莊子講的是無形的養生，不是什麼「吐故納新，熊經鳥申」的形體的養生。本篇不是莊子的作品，是很明顯的。

〈繕性〉篇所謂之「文滅質，博溺心，然後民始惑亂，無以反其性情而復其初」一段，和莊子「全性保真，不以物累形」的說法，看似相同。但其本質上和莊子思想還是有距離的。莊子所謂「全性保真」是隨順自然，是「以無厚入有間」。而本篇的口吻，則是有心而為之，這是秦漢間道引之士的思想。所以這兩篇可能都是秦末漢初養生之士的作品。王夫之評〈繕性〉篇說：

> 〈繕性〉與〈刻意〉之旨略同。其言恬知交養，為有合於莊子之旨，而語多雜亂，前後不相侔，且其要歸不以軒冕為志，而嘆有道之人不興而隱處，則莊子雖非無其情，固不屑言

此以自隘，蓋不得志於時者之所假託也。⓴

這可以說是很確當的論斷。

秋水

〈秋水〉篇和〈齊物論〉的思想，有繼承的關係，但卻並不是莊子的作品。因為本篇的內容比〈齊物論〉有更精密的發揮，在寫作的形式上說，內篇的寫作方式是先提出一個假設來說明其真理，然後把假設一齊推翻，王夫之所謂「甫近而又遠之，甫然而又否之」。而本篇的寫作形式，卻是有邏輯的推理和論據，譬如：

莊子與惠子遊於濠梁之上。莊子曰：「儵魚出游從容，是魚樂也。」惠子曰：「子非魚，安知魚之樂？」莊子曰：「子非我，安知我不知魚之樂？」惠子曰：「我非子，固不知子矣；子固非魚也，子之不知魚之樂，全矣。」莊子曰：「請循其本。子曰『女安知魚樂』云者，既已知吾知之而問我，我知之濠上也。」

這種系統的邏輯的辯護，在內容上說和〈齊物論〉有其關聯性，但在形式上，卻是〈齊物論〉篇

⓴ 見《莊子解》，臺灣廣文書局五十三年一月影印本。

所沒有的。

胡芝薪認為莊子和篇中所提到的人物公孫龍，魏牟不相及，定為非莊子所作。根據梁啟超的推論，公孫龍和莊子相差五十多歲，雖然可以相見，但畢竟是莊子的晚輩㉑。而本篇記載公孫龍和魏牟的談話，年代會更後些。羅根澤先生認為本篇另一段對之噲讓國稱為「昔者」，可見作者距之噲讓國有相當的年代。而之噲則與莊子同時，可知本篇作者更在莊子之後。因此都認為是莊子弟子或其後學的作品，不過在年代方面，沒有明確的說明。根據胡芝薪以篇中提到「太倉」一詞，認為太倉是秦漢間的倉廩。他說：

> 《史記》卷八〈高祖本紀〉云：「明年，張耳為趙王，漢王軍滎陽，南築甬道屬之河以取敖倉」。《正義》云：「孟康云：『敖，地名，在滎陽西北山上。臨河有太倉。』《太康地理志》云：『秦建敖倉於成皋。』」《淮南子》卷七〈精神訓〉高誘注「敖倉」云：「敖，地名；倉者，以立常滿倉也。在今滎陽縣北。」是漢沿秦舊，仍設太倉於敖，稱曰敖倉。故此篇必為漢人所作。

據此，本篇大概是秦漢間學莊者的作品。

㉑ 莊萬壽君有《莊子學述》，為其碩士論文，於莊學用功甚勤有不同的意見，可以參考。

至樂

本篇認為「人死後無君於上，無臣於下，亦無四時之事，從（闕誤本作泛）然以天地為春秋，雖南面王樂，不能過之」。是以死為快樂。不是莊子的思想，是很明顯的。莊子雖然不樂生惡死，但也不以死為樂。而是順乎自然的演化。〈大宗師〉篇說：

夫大塊假我以形，勞我以生，佚我以老，息我以死。故善吾生者，乃所以善吾死也。

這種從「假形」、「勞生」、「佚老」、到「息死」，是一種自然演進的結果。所以本篇所說的「樂死」，是矯枉過偏，絕不是莊子的思想。尤其最後一段：

種有幾？得水則為㡭，得水土之際則為鼃蠙之衣，生於陵屯則為陵舄。陵舄得鬱棲則為烏足，烏足之根為蠐螬，其葉為蝴蝶。蝴蝶胥也化而為蟲，生於竈下，其狀若脫，其名為鴝掇，鴝掇千日為鳥，其名為乾餘骨。乾餘骨之沫為斯彌，斯彌為食醯。頤輅生乎食醯，黃軦生乎九猷，瞀芮生乎腐蠸。羊奚比乎不箰，久竹生青寧；青寧生程，程生馬，馬生人，人又反入於機。萬物皆出於機，皆入於機。

胡芝薪認為這是漢代五行家之說。按本篇主要思想，以死為至樂。最後一段是說明萬物有形象的變化㉒，而沒有死生的區別。疑為楚漢時避世的黃老之徒所作。

達生、山木

本篇為推演〈養生主〉的內容，說明養生的方法。告訴我們如何去養生。〈養生主〉提出養生必須養無生之生，不可養有生之生，因為有生必有死，無生始可無死。這裡有更進一步具體的說明，如：

> 達生之情者，不務生之所無以為；達命之情者，不務知之所無奈何。養形必先之物，有餘而形不養者有之矣；有生必先無離形，形不離而生亡者有之矣。生之來不能卻，其去不能止。悲夫！世之人以為養形足以存生；而養形果不足以存生，則世奚足為哉！雖不足為而不可不為者，其為不免矣。

那麼，要如何才是真正的養生呢？本篇又說：

> 夫欲免為形者，莫如棄世。棄世則無累，無累則正平，正平則與彼更生，更生則幾矣。

㉒ 胡適之先生對本段文字有大略的說明，見《中國古代哲學史》第一一五頁。亦見《列子・天瑞》篇，文字略有出入。

所謂「更生」，郭象注為「日新」。也就是與時俱化的意思。是莊子處世的主要思想之一。以下各段則是敘述用功的途徑。所以本文雖不是莊子的作品，必是莊子弟子所作，時間不會在漢代。胡芝薪謂為漢陰陽家所作，恐怕不得其實。

〈山木〉篇近人都認為是推闡〈人間世〉篇的作品。從內容看來，這是非常明顯的。所以其作者也和〈達生〉篇一樣，應該是莊子學生的作品。篇中稱莊子為夫子，是很有力的證據。其中「莊子行山中，主人命童子殺雁饗客」一段，也見於《呂氏春秋・必己》篇，文字稍有不同，可以說明本篇是漢以前的作品。

田子方

姚鼐說：「此篇與〈德充符〉同旨」。但是本篇內容頗為複雜，雖與〈德充符〉同旨，也有發揮〈齊物論〉的地方，譬如：

> 孔子見老聃，老聃新沐，方將被髮而乾，慹然似非人。孔子便而待之，少焉見，曰：「丘也眩與，其信然與？向者先生形體掘若槁木，似遺物離人而立於獨也。」老聃曰：「吾游心於物之初。」

這一段內容，實與〈齊物論〉「南伯子綦吾喪我」的含意相同。又「溫伯雪子適齊」一段，《呂氏春秋・精喻》篇也有記載，不過文字較簡略，把子路作為子貢。恐為秦漢間學莊者據自傳聞而記述，所以互有出入。又「莊子見魯哀公」一段，魯哀公卒於西元前四六八年，下距莊子之生有百多年㉓。不可能相見。則本篇為學莊者所記述，至為明顯。篇中或稱孔子為夫子。恐又再經漢人所輯補而完成。總之，本篇內容複雜，經多人輯補而成，是不會有什麼問題的。

知北遊、庚桑楚

羅根澤先生認為〈知北遊〉篇討論「道」與「德」的地方，有若干地方和《道德經》的意見相合，認為是老子派所作，不過莊子和老子的思想不是絕對不相同，有許多地方是共通的。因此不能根據這個理由定為老子派的作品。且篇中時稱「孔子」，時稱「仲尼」，頗不一致。不能判斷必為老子派的作品。如以論「道」來說，本篇以「道」無所不在，〈大宗師〉篇也說：

> 夫道，有情有信，無為無形，可傳而不可受，可得而不可見；自本自根，未有天地，自古以固存，神鬼神帝，生天生地，在太極之先而不為高，在六極之下而不為深，先天地生而不為久，長於上古而不為老。

㉓ 據錢賓四先生《先秦諸子繫年》所述莊子約生於西元前三五九年左右。本文亦有考辨，莊子約生於西元前三八〇年左右，距魯哀公之卒，亦有百年左右。

這一段論述道體，也有遍在的意思。本篇倒與《莊子》有共通的地方，王夫之論〈知北遊〉篇說：「其說亦自〈大宗師〉來，與內篇相發明」。據此，本篇當為莊子後學所作才對。胡芝薪認為是漢代陰陽家之說，也未得其實。

〈庚桑楚〉篇羅根澤先生也認為是老子派所作，不過其中受莊子思想的影響罷了。近人則以為是莊子後學的作品。根據內容來看，雖然也有和莊子思想相通的地方，如「道通其分也，其成也，毀也。」「古之人其知有所至矣，惡乎至，有以為未始有物者，至矣、盡矣，弗可以加矣，其次以為有物矣」等句見於〈齊物論〉。「以無有為首，以生為體，以死為尻，孰知有無死生之一守者，吾與之為友。」語意見於〈大宗師〉篇。「是蜩與學鳩，同於同也。」語意見〈逍遙遊〉篇。但這些並不足說明是莊子後學的作品。因為拼湊內篇文字以成文，正可證明不是莊子學派之所為。而在全文結構上也是以老子為主體。羅根澤先生認為是老子學派的作品，大致是可以相信的。

徐无鬼、則陽、外物、寓言、列禦寇

這幾篇的內容，都非常的複雜，大都是每段各自為義。而且有些篇或多或少的和《呂氏春秋》相同，如〈徐无鬼〉篇的「以陽召陽，以陰召陰」一段，和《呂氏春秋．君守》篇略同。又「管仲有病，桓公問之」一段，和《呂氏春秋．貴公》篇相同。〈外物〉篇的「外物不可必，故龍逢誅」一段，和《呂氏春秋．必己》篇相同。可能都是戰國末年以後學莊者的雜文，漢人採集彙編成書。羅根澤先生認為這兩篇都是道家雜俎，是可以確定的。不過所謂道家，還應該是莊子派。至於〈則陽〉篇羅根澤先生認為是老莊混合派所作，本篇內容雖甚混雜，如「蘧伯玉行年六十而六十化」一段也見於〈寓言〉篇。然其大體仍是莊子後學者之所作。〈寓言〉篇篇名見於《史記》，其首段自己說明寫作本書的旨趣，王夫之說是全書的序文，是可以相信的。不過以後數段是後人摻雜進去的，像「孔子行年六十而六十化」也見於〈則陽〉篇，把「孔子」改為「蘧伯玉」，大概都是據自傳聞，所以兩處重複而互有出入。所以這篇可以說是真偽參半。〈列禦寇〉篇分段的情形更為複雜，當然都是莊子後學的佚文，經漢人編綴而成的。

總之，這五篇除了〈寓言〉篇第一段是莊子的序文外，其餘的可以說都是莊子後學者的所作，經漢初道家彙集編成的。

讓王、盜跖、說劍、漁父

這四篇蘇東坡早已疑為偽作，按這四篇文字，都是以故事為中心，想是後人據自傳聞而輯錄起來的。〈讓王〉篇大部分和《呂氏春秋》、《淮南子》、《韓詩外傳》內容相似。這四篇大概都是戰國末年莊子後學之徒所作，由漢人輯錄而成。前人論述綦詳不再細說了。

天下

〈天下〉篇是討論比較多的一篇文章，綜合起來，不外乎分為兩派，一派贊成是莊子作的後序，一派持反對的意見。在反對一派的意見，有的認為是郭象的作品，有的認為是《莊子要略》的改名。茲列表說明之。

《莊子．天下》篇作者問題各家意見表

姓名	所見書刊	意見	備註
林希逸	《莊子口義》	莊子於末篇序言今古之學問，亦猶孟子聞知見知也。自天下之治方術者多矣至於道術將為天下裂，分明是一個冒頭，既總序了方隨家數言之，以其書自列於家數之中，而鄒魯之學乃鋪述於總序之內，則此老之心亦以其所著之書，皆矯激一偏之言，未嘗不知聖門為正也。	
陸西星	《南華真經副墨》	〈天下〉篇《莊子》後序也，列敘古今道術淵源所自，而以己意承之。即《孟子》終篇之意。	
陳柱	《闡莊》下	《莊子．天下》篇首列天下之人物為七等，	

		其《漢書》古今人表所自昉乎，次論學術之源流得失，其《淮南子・要略》，司馬談〈論六家要旨〉班氏〈藝文志〉所自昉乎。	
郭象	《莊子注》	《莊子通》以平意說己，與說他人無異也。又曰：昔余未覽《莊子》，嘗聞論者爭夫尺捶連環之意，而皆云莊生之言也（卷子本有也字）遂以莊生為辯者之流，按此篇較評諸子。至於此章（按指惠施章），則曰其道舛駁，其言不中，乃知道聽塗說之傷實也。	
羅勉道	《莊子循本》	莊子固自奇其文。又曰：莊子即老聃之學，前既贊老聃為博大真人，則莊子復何言哉！故末一段只說著書事。	
褚伯秀	《莊子義海纂微》	此段南華首於論化，次則述所言所行，又曰：敘莊其論天下古今道術備矣，繼之以自敘，明其學出於老聃也。	
呂惠卿	《莊子註》	夫莊子之所體者，獨與天地精神往來而不傲倪於萬物，故其言亦然。	見《莊子翼》
焦竑	《筆乘》	凡莊生之所述，豈特墨翟、禽滑釐以來為近	

		於道，即惠施之言，亦有似焉者也。劉辰翁所謂唯愛之，故病之，而不知者以為疾也，毀人以自全也，非莊子也。	
陸德明	《莊子音義・天下篇第三十三》	子玄之註，論其大體，真可謂得莊生之旨矣。莊子振徽音於《七篇》，列斯文於後世，重言盡涉玄之路，從事發有辭之敘，雖談無貴辯，而教無虛唱。然其文易覽，其趣難窺，造懷而未達者，有過理之嫌。祛斯之弊，故大舉惠子之宏辯也。	
劉槩	《莊子外雜篇註》	莊子之時，去聖已遠，道德仁義裂於楊墨，無為清靜墜於田彭，於是宋鈃尹文之徒聞風而肆，莊子思欲復仲尼之道，而非仲尼之時，遂高言至道，以矯天下之卑，無為復朴，以絕天下之華，清虛寂寞以拯天下之濁，謂約言不足以解弊，故曼衍而無家，謂莊語不足以喻俗，故荒唐而無崖，其言好尊老聃而下仲尼，至論百家之學，則仲尼不與焉，蓋謂道非集大成之時，則雖博大真人猶在一曲，老聃一書得吾之本，故謂適而上遂，惠子之書，得吾之末，未見一曲而已，嗚呼，諸子	劉書未見，錄自《莊子翼》

		之書，曷嘗不尊仲尼哉，知其所以尊者，莫如莊子，學者致知於言外可也。	
王安石	《王荊公文集》	先六經而後各家，莊子豈鄙儒哉！又曰：「莊子曰，墨子之心則是，其行則非，推莊子之心以求其行，則獨何異於墨子哉，後之讀莊子者善其為書之心，非其為書之說，則可謂善讀矣。此亦莊子之所願於後世之讀其書者也。」	
解大紳		生不歌，死無服，不惟無罪，亦與莊子何別，其所以不可處者，其意也苦，固不若莊子也。	見《南華真經評註》引
王宗沐		敘道術，而以終乃借惠子相形。細讀書中，惟惠子嘗有辯難，豈當時疑惠子與莊子並者，而姑破之耶。	見《南華真經評註》引
李元卓	《莊子九論》	莊周之書，卒於是篇，深包大道之本，力排百家之敝，而終以謬悠之說，無津涯之辭，自列於數子之末，深詆其著書之趨，以聖人天下後世，孰謂周蔽於天而為一曲之士。	見《古今圖書集成》引
劉辰翁	《莊子評點》	唯愛之，故病之，而不知者以為疾也。毀人	見焦竑《筆

		以自全者，非莊子也。	乘》引
林疑獨	《莊子註》	莊子立言，矯時之弊，自知不免謬悠、荒唐，是以列於諸子聞風之後，恣縱所言。	見《南華真經義海纂微》引
廖平	《莊子經說敘意》	莊子以〈天下〉篇為自序，以六經為神化，老聃與己皆為方術。又曰：「莊子云，六合之外，聖人存而不論。」	
廖平	《莊子新解》	莊子時字母與古文並行，故發為此論。	
胡應麟		莊子所舉墨翟禽滑釐之倫，皆一師一弟子，此下文曰，田駢亦然，學於彭蒙，得不教焉，是田駢為蒙弟子。	
錢基博	〈讀莊子天下篇疏記〉	「內聖外王之道」，莊子所以自名其學，「內聖外王」而未造其極者，莊周之自敘是也。	
張默生	《莊子新釋》	〈寓言〉和〈天下〉篇，一是莊子著書的凡例，一是莊子全書的後序。又曰：大概《莊子》的內七篇，前人都認為是莊周所作。〈天下〉篇又極似內篇文體的構造。	

何敬群	《莊子義繹》	〈天下〉篇，莊子自明學術之所本，著書宗旨之所在，及其與天下方術之所以不同者，故陸長庚林西仲均以為莊子為其書所作之後序。
胡文英	《莊子獨見》	〈天下〉篇筆力雄奮奇幻，環曲萬端，有外、雜篇之所不能及者，莊叟而外，安得復有此驚天破石之才？
蔣錫昌	《天下篇校釋》	「方術」者，乃莊子指曲士一察之道而言。又曰：此莊子自謂於應化解物之理，未能詳舉，於應化解物之來，亦未蛻遇，故終覺生命化解之道，有所芒昧未盡，此則不得不於評論諸子之後，自向讀者告愧者也。
歸震川	《南華真經評註》	先敘道術根源，後別諸子，而莊生自為一家，末辨惠子。
吳康	《莊子衍義》	〈天下〉篇為《莊子》全書後序，校量眾家得失，爰及己說，皆斟酌偏全，深達理要。
高亨	《莊子今箋》	莊子時本無專名，莊子亦不為之制名，曰其數一二三四是也者，正以示此等人次於君子

		也。	
方光		此為《莊子》全書自敘之文，匪唯自敘道術己也，並儒、墨、名、法、道德諸家所治之道術而總序之。	見《無求備齋學術論集》引
王闓運	《莊子內篇註》	〈天下〉篇者，蓋莊子自敘，後人移之書後也。	
陸樹芝	《莊子雪》	〈天下〉篇莊子自序《南華》所由作也，或以為訂《莊》者之所為，然非莊子不能道也。	
周金然	《南華經傳釋》	〈天下〉篇為莊子自敘，立言之宗，援引古聖賢乃至於百家，各有品第，唯獨稱老子為博大真人。	見《無求備齋學術論集》引
方以智	《藥地炮莊》	莊子雖稱老子，而其學實不盡學老子，故此處特立一帽子自戴之。	
陳深		此段舉一部《莊子》意旨，收括無盡，其自敘道術，只在著書上見。	陳書未見，據《無求備齋學術論集》引

王雱	《南華真經新傳》	夫聖人之道，不欲散、散則外、外則雜、雜則道德不一於天下矣，此莊子因而作〈天下〉篇。	
馬驌	《莊子之學》	此自序也，諸篇多寓言，而此獨為莊語。	見《莊子纂箋》引
王夫之	《莊子解》	系此（按指〈天下〉篇）於篇終者，與《孟子》七篇末舉狂獧鄉愿之異，而歷述先聖以來至於己之淵源及史遷序列九家之說略同，古人撰述之體然也。	
姚鼐	《莊子章義》	此篇乃《莊子》後序，其意以百家之說為粗，唯墨子宋鈃彭蒙之徒稍近於道。	
梁啟超	《天下篇釋義》	古人著書，敘錄皆在全書之末，如《淮南子・要略》，〈太史公自序〉，《漢書・敘傳》，其顯例也，〈天下〉篇即《莊子》全書之自序。	
胡遠濬	《莊子詮詁》	引王夫之，馬驌之說大體同意為莊子所自作。	
錢穆	《莊子纂箋》	引陸長庚、王夫之、馬驌、姚鼐之說，推其意亦贊同為莊子所自作。篇後雖引林西仲之	

		論亦姑備一說而已。	
蘇洵		序古今之學問，猶孟子末篇意，自列其書於數家中，而序鄒魯於總序前，便見學問本來甚正。	見歸震川《南華真經評註》引
宣穎	《南華真經解》	一部大書之後，作此洋洋大篇，以為收尾，如《史記》之有〈自序〉一般。	
羅根澤	《諸子考索》	擁護傳統的見解，疑為莊子的自序，列舉五點理，詳見臺灣泰順書局《諸子考索》第三一〇至三一二頁。	
朱文熊	《莊子新義》	此篇為《莊子》全書之後序，有疑為訂《莊子》者所作者，恐未可信。	
劉咸析	《莊子釋滯》	全書之序，首尾成篇，以純駁異，似其自著。	
林鼐士校	《莊子大傳》	〈天下〉篇，自敘著書之緣起與指歸，如《淮南子》之〈要略〉，《潛夫論》之〈敘錄〉，《論衡》之〈自紀〉，《法言》之〈敘目〉，《文心雕龍》之〈序志〉，《說文解字》之〈自敘〉，《史記・太史公自序》，《漢書》班固〈敘	

		傳〉是也。	
張成秋	《莊子篇目考》	〈天下〉篇作者，必非儒家，更非荀派學者，其思想與《南華》學說絕不扞格，且有極密切之關係，況其評論百家之說，列莊子於段後，又推崇道家學術，而特重漆園，種種理由，可見本篇作者，非莊叟本人，即為其私淑弟子。	
阮毓崧	《莊子集註》	此篇開首遡古道之淵源，推末流之散失，中分五段，隱隱以老子及自己收服諸家，接古學真派，末附惠施一段，不復用古之道術有在於是者之句，知莊子並不以惠施列入諸家，特因係當世辯才，而深慨其與道舛馳，乃借以反襯自己焉耳。	
蘇軾	〈莊子祠堂記〉	其論天下道術，自墨翟、禽滑釐、彭蒙、慎到、田駢、關尹、老聃之徒，以至於其身，皆以為一家，而孔子不與，其尊之也至矣。	
孫道昇	《正風半月刊》第十六期	〈天下〉篇的作者，就是《莊子注》的郭象，〈天下〉篇乃是郭象為他自己刪定的《莊子》	自此以下為反對〈天下〉

		所作的後敘。並列舉兩大理由說明之。詳見《正風半月刊》十六期第九一至九六頁。	篇是莊子自作的各家
郎擎霄	《莊子學案》	〈天下〉篇迺一絕妙之後序，殆於門人後學所為，衡最諸宗，錙銖悉稱，言周季道術之源流者所不能廢也。	
嚴靈峰	《無求備齋學術論集》	列舉前人計三十六家意見，而斷非莊周所自作，疑為荀子或其門人後學得自荀卿傳授而寫作。	
譚戒甫	《莊子天下篇的研究》	自「惠施多方」以下為惠施篇，其餘為《淮南王．莊子要略》之改名。	
王昌祉	《大陸雜誌》二十卷第十二期	〈天下〉篇作者是戰國末期的儒家而非道家，甚且是荀子的弟子——一位青出於藍的弟子。	
蔣復璁	《圖書館學季刊》二卷第一期	〈列禦寇〉篇駢列莊子雜事，而以莊子將死，最殿其後，以為全書作結，明《莊子》書至〈列禦寇〉篇已完。此篇不與之相屬也。此篇本是他人綜論百家流別之文，初與是書無與，不過於諸家道術之中，最尊莊子，世見	

		其推尊莊子，遂取入《莊子》書中，以為徵驗。又以其是總論道術，而諸篇皆是言行雜事，無可附麗，故舉之而編之篇末，如是而已。	
林西仲	《莊子因》	此篇為《莊子》全書後序，明當日著書之意，一片呵成文字，雖以關尹老莊槩頂一曲之士來，語意卻有軒輊，其敘莊周一段，不與關老同一道術，則莊子另是一種學問，可知段中備極贊揚，真所謂上無古人，下無來者，莊叟斷無毀人自譽至此，是訂《莊》者所作無疑。王荊公〈莊子論〉蘇長公〈莊子祠堂記〉，皆以此篇出乎漆園自作，各有獨見，但可徒資談鋒，總非定論。	
胡適	《中國哲學史大綱》上卷	〈天下〉篇是一篇絕妙的後序，卻決不是莊子自作的。	
葉國慶	《莊子研究》	〈天下〉篇後人評論百家之學之作。	
陳壽昌	《南華真經正義》	此為《南華》全部後敘，上下古今，光芒萬丈，以文妙論，自是得漆園之火傳者。	

錢玄同	《論莊子真偽書》	雜篇中之〈天下〉，真是一篇極精博的「晚周思想總論」，雖然這不見得是莊先生親筆寫的。	《古史辨》第一冊
顧頡剛	《莊子外雜篇著錄考》	〈天下〉篇以莊子為百家之一而評論之，足見不是莊子自作。	《古史辨》第一冊
顧實	《天下篇講疏》	《莊子．天下》篇者，莊子書之敘，而周末人之學案也。	
沈德鴻	《莊子選注》	〈天下〉篇大概是戰國末時人所作的一篇後序，說明莊子在當時思想界的地位，可斷言非莊子所作。	
戴君仁	〈讀莊子天下篇〉	〈天下〉篇雖非莊周自作，是莊學之徒所為。	

以上認為〈天下〉篇是莊子所自作及反對者共六十餘家，其他知道尚有討論的，一時資料不全，還沒有計算在內。由此也可見後世學者對〈天下〉篇的重視，不過其中一部分只是隨文說說而已，恐怕討論到實質問題時，還會有修正的意見。譬如胡適之先生認為〈天下〉篇不是莊子自作，但當討論莊子哲學時，又引用〈天下〉篇的資料。明孫鑛評〈天下〉篇謂：「此篇是莊子自敘，首述道原，次乃歷敘諸子，而以己附其中。」推其含意，認為〈天下〉篇是莊子的作品。但

在總評上卻說：「事與辭俱非莊派，只是戰國時策士游談，正與戈說及幸臣論相似。」㉔這大概是〈天下〉篇本身是很複雜的一篇文字，惠施一段，很多學者就認為不屬本篇。今細察其文字，雖雄奮奇幻，然與內篇之如蜻蜓點水沒有首尾者自有不同㉕。而其內容思想複雜，有儒道合流之趨勢，與漢代之學術思潮吻合，想必是在戰國後期或漢初儒家之徒的作品。

總之，《莊子》一書，除內篇外，其餘各篇，即使有與莊子思想共同的地方，也是出於弟子們的記錄，或是莊子學派後人的傳述，決不是莊子本人的著作。然薪火相傳，火之傳於薪，猶神之傳於形，前薪非後薪，才知道「指窮」之妙旨，前形非後形，則悟情數之感深。假使看到形朽於一生，便謂神情共喪，火窮於一木，便謂終期都盡㉖，那也是不合莊子的意旨。所以我們研究莊子，去其後人摻雜不似莊子者，取其似莊子思想者，則討論什麼人著述的，都是多餘的事了。

莊子一生像謎，他名字像謎，籍貫像謎，連他的著作也像謎，歷代多少人在討論他、研究他，想揭開這個謎，但都不能看到他廬山真面目。其實就是莊子重生，恐怕他自己也揭不開這個謎吧。

㉔ 見《南華真經評註》引。

㉕ 《莊子獨見》及《莊子因語》。

㉖ 文參見《焦氏筆乘》佛典解《莊子》條。

莊子之文學

關於莊子的一生，歷史上的記述並不多，但他卻遺留一部光芒萬丈的著作❶。這部著作，不但在哲學上是中華學術思想的主流，在文學上也是罕見傑出的文壇奇葩。影響後世的深遠，在先秦諸子中無與倫比。推其原因，大概和他天生稟賦的個性，和所受的教育，以及所處的環境有關。他的師承和受教育的情形，因為沒有足夠的資料，不能詳細的了解，然據司馬遷說他是：「其學無所不窺，雖王公大人不能器之。」(《史記》本傳)「其學無所不窺」正是一個文學家所必具的條件。文學的基礎，是建立在豐富的學識和高度的藝術的配合上。我們看古人的作品，絕不是單純的從文字的技巧上表現，它還有豐富的學識和藝術的配合存乎其中。例如唐人張繼的〈楓橋夜泊〉，短短的四句詩中，包括詩人的想像力、表達力、以及他的豐富的學識。以前中山大學入學考試時，命學生說明這首詩的物理現象，可為充分的說明❷。莊子在學識方面確是超人一等。他在

❶ 莊子的著作，分內篇、外篇、雜篇。內篇為莊子自著，各家意見，大致相同。外、雜或為莊子後學，或老子學派的學者所述。但以內篇而言，已足稱為文學上的巨著了。詳見黃錦鋐之〈莊子及莊子書〉，文刊《文史季刊》二卷第二、三期，廣文書局出版。

〈至樂〉篇說：

> 種有幾？得水則為㡭，得水土之際則為鼃蠙之衣，生於陵屯則為陵舄。陵舄得鬱棲則為烏足，烏足之根為蠐螬，其葉為蝴蝶。蝴蝶胥也化而為蟲，生於竈下，其狀若脫，其名為鴝掇，鴝掇千日為鳥，其名為乾餘骨。乾餘骨之沫為斯彌，斯彌為食醯。頤輅生乎食醯，黃軦生乎九猷，瞀芮生乎腐蠸。羊奚比乎不箰，久竹生青寧；青寧生程，程生馬，馬生人，人又反入於機。萬物皆出於機，皆入於機。

這一段說明萬物變化的過程，一口氣舉出那麼多的名詞，「萬物皆出於機，皆入於機」是很合乎生物進化的原則，這很可以看出莊子學識的豐富。近人有以為莊子是一個不修邊幅的浪漫者，但莊子卻有科學的頭腦，豐富的想像，《莊子》全書雖然都是想像出來的寓言，然而所想像的卻合乎科學的推理。如〈逍遙遊〉篇說：

> 天之蒼蒼，其正色邪？其遠而無所至極邪？其視下也，亦若是則已矣。

這種由地上看天空，在極高空中看地面，情況是一樣的說法，在過去科學不發達的時代，完全是

---

❷ 中山大學入學考試命題，以唐人張繼的〈楓橋夜泊〉詩命考生說明「為何月落烏啼霜滿天？」「為何夜半鐘聲會到客船？」參見《中央日報・副刊》。

根據想像而來的，今天以科學的證明，在高空中看地球，和在地球上看高空中的星球，確實都是一樣的，所以「其視下也，亦若是則已矣」是非常合乎科學的推理。

文學的想像，必要合乎科學的推理，才能顯出文學的真價值與文學的真實感，然後才能產生文學的功能。古今許多有價值的文學作品，沒有不合乎科學推理的想像。一般文學理論家所謂想像，意思只是具體形象的思索或再現，因為他們認為凡是藝術的創造，都是舊經驗的新綜合，經驗是材料，綜合是藝術的運用。但是莊子的想像，卻是超藝術的。〈天道〉篇說：

世之所貴道者，書也。書不過語，語有貴也，語所貴者，意也，意有所隨。意之所隨者，不可以言傳之也。而世因貴言傳書，世雖貴之哉，猶不足貴也，為其貴非其貴也。故視而可見者，形與色也；聽而可聞者，名與聲也。悲夫！世人以形色名聲為足以得彼之情，夫形色名聲果不足得彼之情，則知者不言，言者不知，而世豈識之哉！

莊子的文學，不是根據具體形象的思索或再現，也不是憑舊經驗的新綜合，而是靠他豐富的學識與超人的智慧的結合，而產生超出形色名聲之情的文學的奇葩。他文學表現的方式，本來就是寓言、重言、卮言。林西仲說：

寓言者，本無此人此事，從空驀撰出來。重言者，本非古人之事與言，而以其事與言屬之。

> 卮言者，隨口而出，不論是非也。作者本如鏡花水月，種種幻相，若認為典實，加以褒譏，何啻說夢。（《莊子雜說》）

這是莊子文學意境之所以高人一等的最大原因。他的文學技巧，是可傳而不可受的，眼可得見而口不可得而言。後人論莊子的文章說：

> 須知有天地以來，止有此一種至理，有天地以來，止有此一種至文。絕不許前人開發一字，後人摹倣一字。至其文中之理，理中之文，知其解者，旦暮遇之也。（林西仲《莊子雜說》）

〈天道〉篇有一段故事，也可以說明莊子文學的特質：

> 桓公讀書於堂上，輪扁斲輪於堂下，釋椎鑿而上，問桓公曰：「敢問公之所讀者何言邪？」公曰：「聖人之言也。」曰：「聖人在乎？」公曰：「已死矣。」曰：「然則君之所讀者，古人之糟粕已夫！」桓公曰：「寡人讀書，輪人安得議乎！有說則可，無說則死。」輪扁曰：「臣也以臣之事觀之，斲輪，徐則甘而不固，疾則苦而不入，不徐不疾，得之於手而應於心，口不能言，有數存焉於其間。臣不能以喻臣之子，臣之子亦不能受之於臣，是以行年七十而老斲輪。古之人與其不可傳也死矣，然則君之所讀者，古人之糟粕已夫！」

莊子就是具有那「得之於手而應於心」的文學技巧，所以別人不能「摹倣一字」，而在他自己則可隨心所欲，用他的筆，通過他的想像，沒有寫不出來的人物，所寫的人物，也沒有一定的造型，他可以用很簡單的幾筆，寫出一個形體殘缺不全的人：

支離疏者，頤隱於臍，肩高於頂，會撮指天，五管在上，兩髀為脇。（〈人間世〉）

一個奇形怪狀的人，他的頭低下來縮在肚臍下面，兩個肩膀高出在頭頂，髮髻指著天，五臟的脈管都在背脊上突起，兩股幾乎成了兩脇。這種描寫的技巧，真如林西仲所說的「絕不許前人開發一字，後人摹倣一字」。不但如此，就是形容動物，也非常的傳神，如〈馬蹄〉篇描寫馬說：

喜則交頸相靡，怒則分背相踶。

只用兩句話，把馬的情態，寫得栩栩如生。這都是莊子具有獨特的想像力之所致。

文學的要素，除了想像之外，另外一個重要因素就是情感。夏目漱石的《文學論》，認為「文學是思想加感情的總合」。但是感情不能無的放矢，必須有故事景物的依託，而後才能自然的流露而吸引讀者，所謂情感不能在自然面前說謊。（左拉語）莊子的文學，不但具有濃厚豐富熱烈的感情，還有科學的推理的想像。所以他的作品，能夠感動廣大的讀者。或許有人說，莊子是個無情的人，他的妻子死了，還鼓盆而歌，並且和惠施討論過人有情無情的問題。惠施問莊子說：「人故無情乎？」莊子回答說：「然。」（〈德充符〉）那怎麼說他具有濃厚熱烈的情感呢？我們知道，莊子的情感，不是人類好惡佔有物慾的情感。莊子所具備的情感，是超越利害是非觀念和萬物化合的至情。這種情感，正是文學家所不可或缺的最高情操。文學作品中所表現的情感，大致可分為熱情和情操兩種。熱情的像《詩經》中所說的「哀哀父母，生我劬勞……欲報之德，昊天罔極」。人遇到極度傷心、悲憤、或是高興時，情感不可控制，他無暇細說，就把心中的積愫全部迸發直衝出來，這是熱情。情操的表現則不然，他是不自覺的，在文學作品中，是一種含蓄的蘊藏的無形的流露，在人的行為中，是一種持久的德操。熱情像潮水，來得快，去得也快。情操雖然是感情表現的最低度，但它卻是持久的。莊子的感情，就是持久性的情操，看似無情，實是至情。他無論是表達自己的意見，或是慨嘆人心之險詐，永遠是那麼的從容不迫、委婉有致，如〈天地〉篇描述反對機巧的一段故事說：

子貢南遊於楚，反於晉，過漢陰，見一丈人方將為圃畦，鑿隧而入井，抱甕而出灌，搰搰然用力甚多而見功寡。子貢曰：「有械於此，一日浸百畦，用力甚寡而見功多，夫子不欲乎？」為圃者卬而視之曰：「奈何？」曰：「鑿木為機，後重前輕，挈水若抽，數如泆湯，其名為槔。」為圃者忿然作色而笑曰：「吾聞之吾師，有機械者必有機事，有機事者必有機心，機心存於胸中，則純白不備；純白不備，則神生不定；神生不定者，道之所不載也。

吾非不知，羞而不為也。」

莊子要說明一個道理，往往都是這樣的曲折從容，不是臉紅脖子粗的和你爭辯，要使聽的人，自然的接受他的意見。所以，莊子的情，不是「相呴以濕，相濡以沫」的小情，而是「相忘於江湖」的大情。從前阮籍跟朋友下棋，有人告訴他母親死了，他下棋如故，但當回家時，就大哭吐血數升。(見《晉書》本傳)這和莊子妻死鼓盆而歌如出一轍，我們能說這是無情嗎？前人詩中有句話說：「此時無聲勝有聲」，莊子也是「無情勝有情」的呀！莊子的情，正如他自己說的：

吾所謂無情者，言人之不以好惡內傷其身，常因自然而不益生也。(〈德充符〉)

這幾句話的意思，就是說：「我所說的無情，是說人不因好惡的感情而傷自己的天性，常因自然的變化，不用人為增益自然的本性」。簡單的說，莊子所說的情，是自然界的大情，不是對某一事物或某一個人的感情，而是對天地間無論有生命、沒有生命的所發生的至情，是超乎個人的感情，因此反而像是無情的樣子。文學家所具備的感情，正是這種對自然界的至情，才能創造出偉大的作品來，〈齊物論〉篇中，敘述自然界的聲音說：

夫大塊噫氣，其名為風。是唯不作，作則萬竅怒呺。而獨不聞之翏翏乎？山林之畏佳，大木百圍之竅穴，似鼻、似口、似耳、似枅、似圈、似臼、似洼者、似汙者；激者，謞者，叱者，吸者，叫者，譹者，宎者，前者唱于而隨者唱喁。泠風則小和，飄風則大和，厲風濟則眾竅為虛。

宇宙萬眾中，惟風最為難畫。山谷自贊云：詩成無色之畫，畫出無聲之詩，天地間無形無影的風，可聞而不可見的聲，莊子卻就筆頭畫得出。今天我們掩席而坐，還可聽到「翏翏」之在耳哩！但莊子的文學技巧，不僅是表現在形式上給人美的感覺，而尤具內容上情的動人。宣穎讀過這一段文字後曾說：

引子綦一段，世間原未有我，風聲甫濟，眾竅為虛，真氣將歸，形骸自萎，不特大命既至，自家不得主張，抑且當場傀儡，未知誰是提線，我於此處，直欲大哭。乃猶較長論短，所爭是何閒氣邪！（《南華經解》）

豈但是宣穎被那「厲風濟則眾竅為虛」的情景所激動，就是任何人讀過那時而如萬馬奔騰，波濤洶湧的風聲，突然間變成秋空夜靜，四顧寂然的情景，也不能無動於中吧！

但是，莊子的文章，不可能把它很明顯的分為科學的、或是情感的，它是科學和感情綜合的藝術表現。我們很難給它下一界說。因為《莊子》一部書十九是寓言。寓言是譬喻的具體描寫。它需要科學的推理，抽象的理論、隱含著突出的情景，用藝術的手法表達出來。而這幾個特徵，又是結合在一起，牢不可分。當我們讀了莊子的文章，事實上也很難去區分它是形式結構的優美，還是內容情節的動人，因為他那豐富的情意，就寄寓在優美的文辭之中。看去像是顯著憂愁，忽然又是喜悅，忽然又是憂喜兩忘。我們實在無法去稱美它。〈齊物論〉說：

> 昔者莊周夢為蝴蝶，栩栩然蝴蝶也，自喻適志與！不知周也。俄然覺，則蘧蘧然周也。不知周之夢為蝴蝶與，蝴蝶之夢與周與？周與蝴蝶，則必有分矣，此之謂物化。

這一段話充分說明莊子文學的特質，當他夢為蝴蝶時，則是活潑潑的一隻蝴蝶，消失了自己的存在，忽然間，一覺醒來，又實實在在是莊子自身，蝴蝶已不知去向。到底是莊周夢為蝴蝶呢？還是蝴蝶夢為莊周呢？連莊子自己也弄不清楚，我們又將如何去區別他文學上的形式之美與內容之美呢？

莊子文學的本質是「通而為一」的，莊子的文學境界則是「乘天地之正，御六氣之辯，以遊無窮」的，這兩者基本上也是相通的。「乘天地之正」可以說是宇宙間各種具體的形象，「御六氣之辯」可以說是宇宙具體形象的變化，「正」與「變」對文（郭慶說：「辯讀為變」，「辯」「變」古字相通）。宇宙具體形象的變化，如陰陽、春夏秋冬的轉換，而後才能產生萬物。但這兩者是一體的兩面。就像我們掌握著幾何的圓規畫圓一樣，一個不動的腳為中心，一個動的腳在畫圓，這不動與動的兩個腳，必須密切的配合，才能畫出圓形來。但畫圓形的雖是兩個腳，而上面卻是通而為一的。這種道理，也唯有達者知通為一。所以莊子文學的境界，可以說是無邊無垠的，與宇宙化合，與自然為一，說是合乎科學的，或是富於情感想像的，都可以說是藝術的，也沒有什麼不對，其實莊子文學的意境是超科學、超情感、超藝術的。他是「寂寞無形，變化無常，死與生與，天地並與，神明往與，芒乎何之！忽乎何適？萬物畢羅，莫足以歸」（〈天下〉篇）的。他又是「上與造物遊，下與外死生無終始者為友」，我們從何去稱說他呢？從前人評論顏回，居陋巷，簞食瓢飲，人不堪其苦，回不改其樂，這是樂貧。但「樂貧」還是見我之處貧，不足以為樂。或以為非樂簞瓢陋巷，而是「樂道」，但是「樂道」則是見有我之處道，也不足以言樂。（詳見《柳文指要》引）莊子則是處其所以處，所以無貧之見，無我之跡，發之於文學，則如天馬行空，飄忽無蹤，不容易捕捉他的神理。

或且說：莊子的文學意境既然不可稱說，那他文學的形式又是如何表現呢？我們知道，莊子雖然說「大道不稱」，但「不言又不足以明道」，道還是要稱說的。不過莊子表現的方式是「言無言」。王夫之說：「莊子之文，隨說隨掃，不予人可尋之迹」（《莊子解》）。前人評莊子文章的表現，像「蜻蜓點水，著而不著」（《莊子因》），大概就是指這方面說的吧！陶淵明最懂這個「言則離道，不言不足以明道」的道理，所以他在寫〈桃花源記〉又添了一段說：

> （漁人）既出，得其船，便扶向路，處處誌之。及郡下，詣太守，說如此。太守即遣人隨

> 其往，尋向所誌，遂迷不復得路。南陽劉子驥，高尚士也。聞之，欣然規往。未果，尋病終。後遂無問津者。

這一段文章作法上說是餘波，當然還有作者自述情懷的意味。但最大的作用是迎合〈桃花源記〉這篇文章的題旨。所謂桃花源，就是與世隔絕的世外桃源，外人不可得而入的地方。假如每個人都可自由進出，那豈不變成觀光地區了嗎？就與〈桃花源記〉題旨不合了。所以陶淵明特地安排這一段，並結以「後遂無問津者」，保存了一個完整名符其實的桃花源，既然是桃花源，應該連漁人都不該進去才對，但是如果漁人都不能進去的話，這篇文章又無從寫起，這就是所謂「言則離道，不言不足以明道」的道理。但這漁人也只能進去一次，第二次絕不能再進去，這就是所謂「言無言」了，莊子的文章，大都是以這種「言無言」的方式表達出來的。所以像羚羊掛角，無處可尋。大凡意境高妙的文學作品，全是用這種「寄言以出意」的手法表現出來的。所以古人說當於無字處體會文章的含義、道理或即在此。莊子自己也說：

> 荃者，所以在魚，得魚而忘荃。蹄者，所以在兔，得兔而忘蹄。言者，所以在意，得意而忘言。（〈外物〉）

文學的技巧能夠表現於「寄言以出意」，那才是文學的極致，所謂不著一字，盡得風流。文章最忌正面道破，必須側面徵引，則自然滋生，風韻盎然。後人評論柳宗元永州諸記，以〈鈷鉧潭西小丘記〉風韻差短，就是因為其中說到「茲丘之勝，致之灃、鎬、鄠、杜，則貴游之士爭買者，日增千金而愈不可得」的緣故，這句話類似正面叫喊，使讀者意趣立覺索然。李白詩云：「問余何事棲碧山，笑而不答心自閒」，此其妙處，在於不答，設若回答，不問答作何語，則將不成為太白的詩了。（參見洪邁《容齋隨筆》及《柳文指要》之說）莊子文章的真意，就是寄寓於文字之外，如空中之音，相中之色，水中之影，鏡中之象，透徹玲瓏，不可湊拍。千載之下，讀之立覺當時的人物似與己相會，因而古今人物彼此，都匯而為一，引吭微誦，其文字字沁人心脾，感受到一種無言的妙處，這是文學意境的最高的表現。

近世美學家有所謂「移情作用」，就是把我的感情移注到物裡面去，分享物的生命。人類感情的分享，不僅可以和鳥鵲齊飛、麋鹿共舞，也可以和一棵長芽發青的樹木分享它新生的快樂。莊子不僅是感情與外物的分享，而是把整個生命溶鑄於整個宇宙之中，所以凡是物存在的地方，也是他生命存在的地方，生命充滿了宇宙，宇宙無一處不洋溢著生命，可以對髑髏論辯，可以與秋水共語。他曾與惠施遊於濠梁之下。說道：

> 儵魚出游從容，是魚樂也。

惠子不解文學上的「移情作用」，所以就反駁說：

子非魚，安知魚之樂？

惠施是名家，不是文學家，名家只知循名責實，不能分享宇宙間生命的樂趣，莊子則能體悟出宇宙間生物沒有一件是沒有生命的，所以才能創造出不朽的名著。惠施則只是一個辨析事物、勞精疲神、據梧而眠的詭辯者。從前法國女小說家喬治桑（George Sand）在她的《印象和回憶》裡說：

> 我有時逃開自我，儼然變成一棵植物，我覺得自己是草，是飛鳥，是樹頂，是雲，是流水，是天地相接的那一條橫線，覺得自己是這種顏色或是那種形體，瞬息萬變，來去無礙。我時而走，時而飛，時而潛，時而吸露。我向著太陽開花，或棲在葉背安眠。天鷚飛舉時我也飛舉，蜥蜴跳躍時我也跳躍，螢火和星星閃耀時我也閃耀。總而言之，我所棲息的天地彷彿全是由我自己伸張出來的。（見開明書店編《文藝心理學》第三九頁）

這種說法，正和莊子的「萬物與我為一」的理論相似。莊子在〈大宗師〉篇說：

> 浸假而化予之左臂以為雞，予因以求時夜，浸假而化予之右臂以為彈，予因求鴞炙，浸假而化予之尻以為輪，以神為馬，予因以乘之，豈更駕哉！

不過，喬治桑的理論，還有自我的存在，莊子則是把自己的生命注入於宇宙萬物之中，沒有對立，沒有物我，因任自然，與萬化冥合，所以在文學的境界上說，似乎更高一層了。

總而言之，莊子的文學，給予後世文學家的影響是深遠的，魏晉的阮籍、嵇康、向秀、陶淵明，唐代的韓愈、柳宗元，宋代的蘇軾，不勝列舉❸。即以崇尚經學的漢代諸儒，也或多或少的受了莊子的影響，賈誼的〈鵩鳥賦〉，其中心思想即根據莊子思想演化而來，其他如司馬遷及董仲舒的〈士不遇賦〉，受莊子的影響也很大。吳經熊博士說：

> 莊子的散文在中國古代未有其匹，後代的陶淵明與李白都從莊子的散文中汲取靈感，但是他的影響不限於文學，而普及整個中國思想史，無論是佛教和儒教的第一流思想家，沒有一個不用莊子的灼見來解脫他們的頭腦，並用莊子的思想充實他們自己的思想。

這都可說明莊子在中國文學的思潮中，有一股巨大的影響力，但這還不能說明莊子在中國文學的地位，莊子給予後世文學的最大影響力，不在於文學的形式，而是在於文學的靈魂，當我們看到後世偉大的文學家與思想家，寫下他光芒萬丈的不朽巨著時，誰能知道那就是莊子思想的化身呢？

---

❸ 阮籍有《達莊論》。嵇康據《晉書》云篤好老莊，以莊周為模則。向秀有《莊子注》。陶淵明詩文受莊子影響的，到處都是。韓愈雖然排斥佛、老的思想，他認為莊子有〈田子方〉篇，疑莊子為儒家的門徒。其〈答李翊書〉據林西仲說，即從《莊子．養生主》脫化而出。柳宗元之〈永州八記〉，可以說是莊子文學理論之具體表現。蘇軾有〈莊子祠堂記〉，他說莊子之所以批評孔子，也都是出於陽擠而陰助之。林西仲說：「熟讀前、後〈赤壁賦〉，勝讀《南華》一部」，都可以說明莊子給予後世文學的影響。

從感情理智科學的角度看莊子的文學

文學的定義，很難下一個界說，有人從廣義的立場來下文學的定義，認為文字的起源，也就是文學的起源，所以文學的範圍應該包括經史子集，這大概是受了《易經》及《說文》的影響，《易・繫辭》下說：「物相雜故曰文。」《說文》說：「文，錯畫也。」中國古代的學者，大都抱這種見解。這種說法，一直到了六朝梁昭明太子，才有了新的發展。他認為文學的範圍只限於「贊論之綜緝辭采，序述之錯比文華，事出於沉思，義歸乎翰藻」❶的範圍，把經傳諸子都擯斥在文學的範圍之外，換言之，也就是主張狹義的文學，就是近世所謂純文學。自從五四以後，許多文學家都脫離了傳統的說法，引進西洋文學的學說，理論很多，給它歸納起來，不外乎是：文學是通過作者的想像感情，而訴之於讀者的想像感情，使一般人都容易了解，能激動讀者產生一種美的滿足。這個定義，其實也不是一成不變的，因為文學的本身不斷的在改變，它像女孩子的裙子，男人的領帶一樣，一會兒長，一會兒短，一會兒寬，一會兒狹。從前看打狹領帶的人，都說他是時髦，現在看起來又已經落伍了。譬如《論語》說：「文學子游、子夏。」晉范寧注為「善先王

❶ 見《昭明文選・序》。

典墳」。梁皇侃注為「博學古文」。宋邢昺說是「謂文章博學」，這種解釋，在當時大家都以為是，但在六朝的時候，又以為非了。所以要給文學下一個定義是很困難的事。不過假使能夠給文學下個永久不變的定義，恐怕世間也就不會有文學批評這東西產生了。大雪紛紛何所似？為什麼撒鹽空中未若柳絮因風舞❷，這可充分說明文學的多變。

所以近人只說明文學所具的幾種必要的要素和條件，從文學的要素和條件中去看出文學的定義，這可以說是比較適當的說法。他們歸納的文學要素，就是㈠文字、㈡思想、㈢感情、㈣想像、㈤藝術，根據這五個要素，可以給文學下個不成熟的定義。所謂文學，是為了要表達某一思想，通過了作者的想像和感情，用藝術的方法寫成的文字❸。

這種說法，可以說是面面顧到，比較沒有毛病的說法。不過，個人認為應該從另一個角度來衡量文學的標準，再從這個角度來觀察莊子的文學，或許比較簡捷確切一點。個人認為文學必須具備三個要素，第一是情感的，第二是理智的，第三是科學的，文學必須是情感的，大概沒有人反對，為什麼文學還必需是理智的呢？文學固然不能沒有感情，但必須以理智來配合，《中庸》上說：「喜怒哀樂未發之謂中，發而皆中節謂之和，致中和，天地位焉，萬物育焉。」文學也是由人類的喜怒哀樂的情感發抒出來的產物，但是如果發而不中節，就不能成為有價值的文學。這裡

❷ 見《世說新語》。

❸ 見趙景琛《文學概說講話》及本間久雄《文學概論》。

所說的「中節」，就是我所謂的理智部分。中國古代的學者稱感情的部分叫人心，稱理智的部分叫道心，人心是感情的，容易偏差，因此必須理智的道心來調和，使無過不及之差，那才是美滿的人生。所以宋蔡沈說：「人心易私而難公，道心難明而易昧，要道心為之主，而人心聽命焉。無過不及之差，而言能執其中矣」❹。換句話說，理智是感情的引導者。理智與感情能夠調和，那一個人的行為自然能夠發乎情止乎禮。所以古人說《詩經．關雎》，樂而不淫，哀而不傷。也就是說《詩經．關雎》是情感與理智結合的作品，所以才能流傳千古。

文學為什麼還要具備科學的條件呢？一般人都認為文學是不科學的，所謂「神而明之，存乎其人，不可豫說」❺。有人認為中國的文學，如天馬行空，飄忽無蹤，沒有科學可言。其實不然，文學如果不科學就不成為文學。大家都知道文學的要素有想像和藝術，其實想像不合乎科學，那只是造假，文學的想像則是合乎科學的虛構。造假與虛構不同，我們常說小說不是真實的人生，但是可能的人生，不是真實是虛構，可能則是合乎科學的原則。陶淵明的〈桃花源記〉，是虛構的人生，但他虛構的事理，卻合乎科學的原則。像他在〈桃花源記〉最後一段記述漁人出了桃花源之後說：

---

❹ 見《尚書．集傳》。

❺ 本文出於王弼《論語疑義》（原書已佚，見《論語集解》引），然一般文學家多引用為形容文學之空靈，姑沿用之。

>（漁人）既出，得其船，便扶向路，處處誌之。及郡下，詣太守，說如此。太守即遣人隨其往，尋向所誌，遂迷不復得路。南陽劉子驥，高尚士也。聞之，欣然規往。未果，尋病終。後遂無問津者。

為什麼太守派人隨漁人尋向所誌，而迷不復得路呢？我們都知道即使再笨的人，也不會如此。但是我們知道這篇文章是桃花源，假使讓每個人都能進去，豈不變成了觀光地區了嗎？那就與文章的題旨不合，所以作者不讓任何人進去，即使是南陽高士劉子驥想去，也是不得其門而入。作者結尾說「後遂無問津者」，成為一個名符其實的桃花源。這就是科學的原則。

上面所說的情感，就是美，理智就是善，科學就是真。文學必須具備了科學的真、理智的善、感情的美這三個要素，才能發揮文學的功能，感染改變人的氣質，美化人生。我們讀了之後，無形中受其影響，促進人生的奮發，社會的進步，發揚人性光輝的一面。所以孔子作《春秋》，而亂臣賊子懼。孟子述仁義，而揚墨之道熄。歐洲十八世紀之初，蒙特斯鳩著《法意》，倡立憲政府；盧梭著《民約論》，主張極端自由，而後有法蘭西之大革命，文學之可貴，全在於真善美的內容，使人有鼓舞興奮的感情，真理之所在，即使赴湯蹈火，亦義無反顧。這才是文學的真價值。

現在我們就從這個角度來探討莊子的文學，是不是也是具備科學的真，理智的善，情感的美？先說情感吧！或許有人奇怪莊子不是沒有情感的嗎？他的妻子死了，惠子去弔唁，莊子則正蹲在那裡鼓盆而歌呢！（〈至樂〉）他並且和惠子討論過人有情無情的問題，莊子是肯定的認為人是無情的❻，但其實莊子是具有濃厚的熱烈情感。這個話怎麼說呢？我們知道，莊子所謂情，不是人類好惡佔有物慾的情感，莊子所具備的情感，是超脫人類好惡、利害觀念欣賞萬物的至情。這種情感，是文學上所不可缺少的最高情感。文學中所表現情感的強弱，大致可以分為熱情和情操。熱情的像《詩經・鄘風・柏舟》：「汎彼柏舟，在彼中河。髧彼兩髦，實維我儀，之死矢靡它，母也天只，不諒人只！」這種情感是人們遇到極大的刺激，情感不可控制，他無暇細說，把心中所要說的話直沖出來。梁啟超先生稱之為迸發的情感❼。情操的表現，與熱情不相同，他是不自覺的，在文章中是一種含蓄蘊藏無形的流露，在人的行為中是一種持久的德操。熱情像潮水，來得快，去得也快；情操雖然是情感表現的最低度，但它卻是持久性的。莊子的情感，就是持久性

---

❻《莊子・至樂》篇原文為「莊子妻死，惠子弔之，莊子則方箕踞鼓盆而歌。惠子曰：「與人居，長子老身，死不哭亦足矣，又鼓盆而歌，不亦甚乎！」」本篇為講演詞，故原文皆用口語直述，茲特抄附以供參考。下仿此。莊子與惠子討論人有情無情，原文為「惠子謂莊子曰：「人故無情乎？」莊子曰：「然。」惠子曰：「人而無情，何以謂之人？」莊子曰：「道與之貌，天與之形，惡得不謂之人？」惠子曰：「既謂之人，惡得無情？」莊子曰：「是非吾所謂情也，吾所謂無情者，言人之不以好惡內傷其身，常因自然而不益生也。」」

❼見梁啟超〈中國韻文裡頭所表現的情感〉。

的情操。其實說是持久性的情操也不對，我們姑且這麼說，因為莊子是超感情的，超感情不是無情，也不是對某一個人的感情，而是對天地間的至情。他對天地之間各種物體，無論是有生命的，沒有生命的，都發生了感情，所以看似無情；其實是至情。他自己也說：「我所說的無情，是說人不因好惡而損傷自己的本性，常因自然的變化，不用人為的去增益天然的天性❽」。可見莊子所說的無情，不是說超乎個人事物的天性至情，而是指某一個人或某一件事物的偏狹情感。文學家所具備的情感，不是偏狹的感情，而是那種對自然界的至情。所以莊子無論寫什麼東西，都能維妙維肖，因為他已經把全部感情融會在宇宙事事物物之中。他寫一個形體殘缺不全的人，頭低下來，縮在肚臍底下，兩個肩膀高出在頭頂，髮髻指著天，五臟的脈管都在背脊上突起，兩股幾乎成了兩脇❾。就是形容馬，也非常的傳神，像〈馬蹄〉篇只用兩句話「喜則交頸相摩，怒則分背相踶」，把馬的神態，寫得栩栩如生。莊子不但刻劃人物如此的生動，就是描寫自然界無形的風聲，也能夠令人驚心動魄。他從大塊噫氣，其名為風，風吹則萬竅怒號，百圍的大樹上，像鼻子，像嘴巴，似耳朵，像瓶子，似杯子，似椿臼，像深池，像小池的洞穴，發出各種各樣不同的聲音，像水浪沖激的聲音，像怒罵的聲音，有的像哭，有的像笑，有的像哀嘆，真像萬馬奔騰，波濤洶湧。但當厲風濟，眾竅為虛，突然又變成秋空夜靜，四顧悄然的情景❿。從前山谷自贊說：「詩

❽ 見〈德充符〉篇，原文見❻。

❾ 見《莊子・人間世》篇。原文為「支離疏者，頤隱於齊，肩高於頂，會撮指天，五管在上，兩髀為脅。」

成無色之畫，畫出無聲之詩。」那還是就具體的形象說，而天地間無形無影的風，可聞而不可見的聲音，莊子卻就筆尖畫得出，所以古人說，讀了這一段，掩卷而坐，猶覺翏翏風聲之在耳[11]。這都是由於莊子把自己的感情都灌注到物裡面去，他是在寫風，其實他是在寫自己生命的一部分，風就是他，他也就是風，所以清朝的宣穎當時讀了這一段，受了很大的感動，說道：「引子綦一段，世間原未有我，風聲甫濟，眾竅為虛，真氣將歸，形骸自萎，不特大命既至，自家不得主張，抑且當場傀儡，未知誰是提線，我於此處，直欲大哭」[12]。莊子的文章，能令人大哭，我們能說他是無情的嗎？其實這種表面上看似平淡，而骨子裡包含人類的至情，只有莊子的文章才能表現得出來。前人告訴我們，讀莊子當從側面去體悟，不要從正面去看它，也唯有從側面去體悟，才能了解他對自然界的至情。林西仲曾批評莊子的文章說：「有天地以來，止有此一種至文，絕不許前人開發一字，後人摹倣一字」[13]。可以說是很能道出莊子文章的精妙處。

但是莊子這種對自然界的至情，卻是建築在理智的基礎上，他並不是毫無理由的濫發情感，也因為他的理智掩蓋了感情，所以看似是無情，就以他妻子死鼓盆而歌這段故事來說吧！惠子曾

---

[10] 見林西仲《莊子因》。

[11] 見劉須溪《莊說點校》。

[12] 見《南華經解》。

[13] 見林西仲《莊子雜說》。

經批評他說：「和妻子共同生活，替你扶養子女，年老死了，不哭也罷了，反鼓盆而歌，不覺得太過分了嗎？」莊子回答說：「不是的，當她剛死的時候，我怎麼能不哀傷呢？但是觀察她起初，本來沒有生命，不但沒有生命，而且沒有形體，非但沒有形體，而且連氣息都沒有，以後摻雜在恍恍惚惚的中間，變而有氣息，氣息變化而有形體，形體變化而有生命，現在生命又變化而死亡，這種演變的過程，就像春夏秋冬四時的循環運行一樣，她正安睡在天地的大房間之中，而我卻在旁邊哇哇的哭，那不是太沒有理智了嗎？所以我才不哭」⓮。莊子當他妻子死了，他是曾經哀傷的，哀傷則是情的表現，但當想到人死不過是自然的現象，自然的現象有什麼可哀傷，這是理智勝於情的說明，因此他妻子死就不哀傷了。後人就認為他是無情，其實莊子何嘗無情呢？他是用理智來調和情感，所以莊子的文學，影響後世之深遠，先秦諸子沒有一個可以和他比匹，不是沒有原因的。《晉書》說阮籍跟朋友下棋，人家告訴他他的母親死了，他下棋如故，但當回家時，大哭吐血數升⓯，可以說是深受莊子無情之情的影響。在〈大宗師〉篇也有一段討論理智與感情的

⓮ 見〈至樂〉篇。原文為「莊子曰：『不然，是其始死也，我獨何能無慨然！察其始而本無生，非徒無生也而本無形，非徒無形也而本無氣。雜乎芒芴之間，變而有氣，氣變而有形，形變而有生，今又變而之死，是相與為春秋冬夏四時行也。人且偃然寢於巨室，而我噭噭然隨而哭之，自以為不通乎命，故止也。』」

⓯ 見《晉書》本傳。

故事，據說子桑戶、孟子反、子琴張三個人是朋友。子桑戶死了，子貢去弔喪，看見孟子反和子琴張兩人，一個在編曲，一個在彈琴，兩個人唱起歌來。子貢就問說：「對著朋友的屍體唱歌，合乎禮嗎？」他兩人相視而笑，說：「你那裡知道禮的意義。」⑯這裡有兩個「禮」字，前人說得不很清楚。子貢問「臨尸而歌，禮乎」的「禮」字，當然是儒家的禮；孟子反、子琴張說的「你那裡知道禮的意義」的「禮」，這個「禮」字是道家的禮。禮的本意是理（道理、理由的理），儒家所說的禮是人理，其本質是感情；道家所說的禮是天理，其本質是理智。按感情說，人死應該盡哀；按理智說，人死是自然現象，由生到死，由死到生，就像春夏秋冬，白天黑暗天理循環一樣，所以人死不值得大驚小怪，可以臨尸而歌。這很可以說明，莊子的感情是建築在理智上，也因為太理智了，所以看似沒有感情。《莊子》全書幾乎全是在說理，因為莊子主張去智、忘言，所以他所說的理，都是含蓄的、隱藏的，他常常提出「未始有物」、「物之初」等名詞，〈齊物論〉說：「古代的人，知識到了登峰造極的程度。」怎麼到登峰造極的程度，那就是「未始有物」。一提到「未始有物」，則天大的理，都盡在不言中了。這是我說理智勝於感情而又不見莊子在說理的原因。而且即使是人為的事，莊子也認為是天理，人為與天理，感情與理智，已經化合為一而不

---

⑯ 原文為「子桑戶死，未葬。孔子聞之，使子貢往待（待一作侍）事焉。或編曲，或鼓琴，相和而歌曰：「嗟來桑戶乎！嗟來桑戶乎！而已反其真，而我猶為人猗！」子貢趨而進曰：「敢問臨尸而歌，禮乎？」二人相視而笑曰：「是惡知禮意！」

可分了。〈養生主〉篇說：「公文軒看見右師，驚訝的說：『這是什麼人呢？為什麼被斷去了一隻腳呢？這是由於天（理），還是由於人（情）呢？』右師說：『這是由於天，不是由於人，天生叫他只有一隻腳。因為人的形貌是兩隻腳的，所以知道這是由於天，不是由於人。』」這是很奇怪的一種說法，明明是遭受刑戮被砍斷一隻腳，莊子卻視為是由於天，而不是由於人。所以王先謙把這裡的「介者」（一隻腳）與〈德充符〉篇的「兀者」區別為兩種不同的解釋，視為「介者」是天生，「兀者」是人患。但是如果了解莊子所謂「人」（情感）與「天」（理智）是不分的，那就不足為奇了。這是理智與情感的混合，其實也就是調和。莊子的文學，影響後世之深遠，這一點是很重要的，因為惟有感情與理智的調和，那才是文學的極致。

莊子的感情和理智的結合，還可以用〈秋水〉篇中和惠施的論辯的一段話來說明：

莊子和惠子在濠水的橋上玩，莊子說：「白魚從容在游水，這是魚的快樂。」惠子說：「你不是魚，怎麼知道魚的快樂？」莊子說：「你不是我，如何知道我不知魚的快樂？」惠子說：「我不是你，固然不知道你，但是你也不是魚，你不知道魚的快樂，是可以完全確定的了。」莊子說：「我們從問題的開始說吧！你說『你怎麼知道魚的快樂』那句話，你是已經知道了我知道魚的快樂才問我的。（不過是問怎樣知道的罷了，現在我告訴你，）我是在濠水旁邊知道的呀！」

莊子知道「魚之樂」，這是情注之於物，近世美學家叫移情作用。「請循其本」則是屬於理智的宣茂公所謂反其真意，反真則真在我，安往而不與物同樂，反真即理的說明。抒發情感必以理智調和之，其情才能真。古今許多流傳不朽的著作，大抵都是真的流露，真情必循其本。談到本，莊子本來可以無言，惠子亦可無問，所以太白詩「問余何事棲碧山，笑而不答心自閒。」但莊子在這裡所以有這議論的緣故，則是因為至言無所託，無以破除後世把物與我分離的偏差的見解。後世文學家在「情注於物」與「情發於我」兩者，或各有所長，莊子則兼而有之。

莊子的文學，不單是情與理的結合，他還包含有科學的因素，那也可以說是想像與藝術的結合，文學的想像必合乎科學的推理，那才能得文學的真。所謂藝術，就是配合得恰到好處，那才能顯出文學的美。所謂美就像是增一分則太長，減一分則太短，施朱則太紅，敷粉則太白，那才所謂美。增一分、減一分雖然沒有客觀的標準，但其中實含有科學的原則。俗語說：「情人眼中出西施。」那是個人的愛憎，其實西施就是西施，無鹽還是無鹽。莊子的文學，多為寓言，寓言則必出於想像，但莊子的想像，必合乎科學的推理，如〈逍遙遊〉所說的：

> 天之蒼蒼，其正色邪？其遠而無所至極邪？其視下也，亦若是則已矣。

這種由地球看天空，在極高空中看地球，是同樣的情形的說法，在過去科學不發達的時代完全是出於想像，但在今天科學的證明，莊子所說的其視下也，亦若是而已矣，是非常合乎科學的結論。莊子的文章，後人有認為合乎生物進化論的規律者[17]，這姑且不談。不過莊子文章之合乎科學的

[17] 見胡適之《中國古代哲學史》。

規律，也到處都是，我們之所以不容易去發覺，是因為莊子寫作的技巧往往沒有章法可尋，像蜻蜓點水，著而不著⑱，而其說理又是隨說隨掃⑲，不留給人可尋之跡。其實莊子的文章是合乎科學的法則。我們看〈齊物論〉形容辯者的狀態說：「辯者發言，好像射出去的利箭，專門窺伺別人的是非去攻擊。其固執自己的意見又像盟誓一般，那是等候致勝的機會。」今日就辯論的立場看，是非常合乎科學的說法。我們知道辯論的主要條件其一是能立，其二是能破，能破是攻擊對方的言論，那就要「發言像利箭」，能立是防守自己的言論被對方攻破，所以要「固執己見如盟約」。就是論說宇宙萬物的產生，莊子的見解，也是非常科學的，他說：「萬物的生長，像是快跑，又像是奔馳，沒有一個動作不在變化，沒有一個時刻不在移動，該做什麼呢？不該做什麼呢？其本身將會自然的變化。」⑳這種宇宙的變動說，是很合乎科學的理論。當然，莊子文學的內容，合乎科學的規律，並不足以說明莊子文學的本質是科學的。莊子文學合乎科學的規律，主要的是已經與情感、理智的部分結合起來了，我們只看到他文學所發射出來的一種光輝的美，我們被這光耀的美所眩惑，分不出那是情感的美，那是理智的美，那是科學的美了。

⑱ 林西仲《莊子離說語》。

⑲ 王夫之《莊子解語》。

⑳ 見〈秋水〉篇。原文為「物之生也，若驟若馳，無動而不變，無時而不移。何為乎？何不為乎？夫固將自化。」

莊子的學統及淵源，因為資料不夠，所知道的不多，但是根據司馬遷說，他「其學無所不窺，雖王公大人不能器之。」㉑「其學無所不窺」正是一個文學家所必備的條件，文學的本質就是建築在豐富的學識與高度的藝術配合的基礎上，莊子在這一方面確是高人一等。

近人都認為莊子是一個不修邊幅的浪漫的哲學家，但他還是一個博學富有藝術氣息的文學家。他把他的生命溶於無窮的宇宙中，看宇宙間任何物體都是有生命的，可以和髑髏論辯，也可以和秋水共語，可以和蝴蝶齊飛，又可以和大鵬展翼，宇宙間任何東西都是他寫作的好材料，所以吳經熊博士說：「莊子的散文在中國古代未有其匹，後代的陶淵明、李白都是從莊子的散文中吸取靈感。」這可以說明莊子文學的價值。

以上所說的還不能傳達莊子文學的精彩於萬一，不過我要特別聲明，莊子文學的妙處是很難說明的，我們看他情感豐富的地方他又理智起來，當我們發現他文學的邏輯的美，他又是科學的，我們實在無從說明他的真像。莊子的文學，是情感的美、理智的善、科學的真三者緊緊的結合在一起，就像細砂、水泥和水調和起來，凝固成一個完美的整體，我又能如何去分析出他的真相呢？

㉑ 見《史記・老子韓非列傳》。

關於《莊子》向秀注與郭象注

自《世說新語》謂郭象《莊子》注乃竊自向秀注之後，各家議論紛起，或謂其是，或謂其非，所見者除近人楊明照所列高似《孫子略》，王應麟《困學紀聞》，焦竑《筆乘》，胡應麟《四部正譌》，謝肇淛《文海披沙》，陳繼儒《續狂夫之言》，王昶《春融堂集》，袁守定《佔畢叢談》，《四庫全書總目提要》及《簡明目錄》，陸以湉《冷廬雜識》，錢曾《讀書敏求記》，王先謙《莊子集解》，吳承仕《經典釋文序錄疏證》，劉盼遂〈申郭象注莊子不盜向秀義〉之外❶，尚有顧炎武《日知錄》，劉蕺山《人譜類記》，壽普暄〈由經典釋文試探莊子古本〉，馮友蘭〈郭象之哲學〉，陳寅恪〈逍遙遊向郭義及支遁義探源〉，湯用彤〈向郭義之莊周與孔子〉，王叔岷〈莊子向郭注異同考〉，近人〈莊注疑案的究明〉，牟宗三〈向郭之注莊〉，錢賓四〈記魏晉玄學三宗〉，周紹賢〈向郭注莊〉，嚴靈峰〈為郭象辨誣〉，一波〈抄襲和編纂〉，何啟民〈向郭注比照與向郭注解析〉，及〈莊學的研究〉。日本學者則有武內義雄〈莊子考〉，福永光司〈郭象莊子注與向秀之莊子注〉❷。

❶ 以上各篇見楊明照〈郭象莊子注是否竊自向秀檢討〉，文刊《燕京學報》第二十八期。

❷ 顧炎武《日知錄》見卷十八，劉蕺山《人譜類記》見卷五。劉蕺山曰：「昔時註《莊子》者數十家，皆

綜其內容，不外分為兩派。一主郭象竊自向秀。一持反對之說，其他則為調和派，在依違兩可之間。主張郭象《莊注》竊自向秀，始創其說者，為《世說新語》。《世說・文學》篇曰：

> 初注《莊》者數十家，莫能究其要旨，向秀於舊注外為解義，妙析奇致，大暢玄風，唯〈秋水〉、〈至樂〉二篇未竟而卒。秀子幼，義遂零落，然猶有別本。郭象者，為人薄行有雋才，

莫究其旨，獨向秀於舊註外另有解義妙演奇，致大暢元風，惟〈秋水〉、〈至樂〉二篇未竟而卒，時郭象為人行薄，以秀義不傳於世，遂竊之以為己註，誇衒於世，時秀門人，亦有得其稿者，出與比勘，則象所註止〈秋水〉、〈至樂〉二篇而已，象為愧欲死。」（《人譜》卷五）劉氏為學崇實務篤，不輕言以誣古人，所記當可得其實也。壽普暄〈由經典釋文試探莊子古本〉，文刊《燕京學報》第二十八期。馮友蘭〈郭象之哲學〉，文刊《哲學評論》。陳寅恪〈逍遙遊向郭義及支遁義探源〉，文刊《清華學報》第十二期。湯用彤〈向郭義之莊周與孔子〉，文見《魏晉玄學論稿》第一〇三頁。王叔岷〈莊子向郭注異同考〉，文刊《中央圖書館館刊》第一期。〈莊注疑案的究明〉，見《中國思想通史》第三冊。牟宗三〈向郭之注莊〉，文見《魏晉玄學》第七五頁。錢賓四〈記魏晉玄學三宗〉，文見《莊老通辨》下卷第三一九頁。周紹賢〈向郭注莊〉，文見《魏晉清談述論》第九二頁。嚴靈峰〈為郭象辨誣〉及一波〈抄襲和編纂〉，文刊民國五十七年《中央日報・副刊》。何啟民〈向郭注比照與向郭注解析〉，及〈莊學的研究〉，分見《竹林七賢研究》第一一九頁與《魏晉思想談風》第一〇三頁。武內義雄〈莊子考〉，見《諸子考略》，附老子原始後。福永光司〈郭象莊子注與向秀之莊子注〉，文刊《東方學報（京都）》第三十六期。

見秀義不傳於世，遂竊以為己注，乃自注〈秋水〉，〈至樂〉二篇，又易〈馬蹄〉一篇，其餘眾篇，或點定文句而以已。後秀義別本出，故今有向郭二《莊》，其義一也。❸

繼之者有高似《孫子略》，文句則全錄《世說》。其他各家，其說如次：

《困學紀聞》云：

向秀注《莊子》，而郭象竊之，郗紹作晉中興書而可法盛竊之，二事相類。❹

焦竑《筆乘》云：

郭象注，《世說》謂為向秀本，象竊之耳，其自注者，獨〈秋水〉、〈至樂〉兩篇，《世說》去晉未遠，當得其實。❺

《四部正譌》云：

又有非偽而實偽者，化書本譚峭所著，而宋齊丘竊而序傳之，《莊子》本向秀所作，而郭子

❸ 藝文影印本上冊第一二五頁。

❹ 世界影印元本《困學紀聞》卷十。

❺ 粵雅堂叢書本《焦氏筆乘》卷二。

玄取而點定之類是也。❻

《文海披沙》托名條云：

《莊子注》，中興書竊人之書以為己作者也，《周秦行紀》，《香奩集》，《龍城錄》，《碧雲暇》，以己書嫁名於人者也，竊為己作者，不過穿窬之心，嫁名於人者，幾成口舌之禍，罪業莫大焉。❼

《續狂夫之言》云：

顧莊生非仙，而文則仙也，惜解者非郭子玄輩耳，子玄為東海王越太傅主簿，當權薰灼，素論去之，子玄烏能為《莊子》解，特以此注竊自向子期，郭不足傳，而向故不足傳歟，先是注《莊子》者罕究統旨，子期隱解為舊注解外，振起奇趣，惟〈秋水〉、〈至樂〉二篇未竟而卒，子玄自注二篇，餘皆點定文句，冒為己作。❽

❻ 見《古叢考辨叢刊》第一集，顧頡剛點校本。

❼ 見日本寶曆七年皇都書林安田千助刊本卷七。

❽ 見《寶顏堂祕笈》，萬曆三十四年繡水沈氏尚白齋刊本。

《冷廬雜識》云：

竊人之書為己有，自昔已然，如虞預之竊王隱，郭象之竊向秀，何法興之竊褚生，宋齊邱之竊譚子是也。❾

《春融堂集》云：

先是注《莊子》者數十家，向秀於舊注外而為解義，大暢元風，惟〈至樂〉、〈秋水〉二篇未竟而秀卒。秀子幼，其零落，然頗有別本遷流，象遂竊以為己注，乃自注〈秋水〉、〈至樂〉二篇，又易〈馬蹄〉一篇，其餘眾篇，或點定文句而已。後秀義別本出，故今有向郭二《莊》，其義一也。（按以上引自《晉書・郭象傳》）然自晉以後註，迄用郭不用向，而陸明德遂謂子元之註得《莊子》之大旨，而忘其出於秀也。矧史稱東海王越引象為太傅主簿，權薰灼內外，由是素論去之，然則象固非能注《莊》者。❿

《日知錄》云：

---

❾ 見咸豐六年自序刊本。

❿ 見嘉慶十二年青浦王氏塾南書舍刊本。

漢人好以自作書而托為古人，張霸百二《尚書》，衛宏〈詩序〉之類是也。晉人以下，則有以他人之書，而竊為己作，郭象《莊子注》，何法興晉中興書之類是也。⓫

近人楊明照氏並列舉《釋文》及《列子》張湛注引向秀《莊注》八十七條與郭象《莊注》兩相比較得其義相同者，四十有七條，其義相似者十有五條，其義相異者二十有七條，以見出郭象之竊向注，至為顯明，其結論云：

> 辜榷較之，厥同踰半。雖全豹未窺，難以槩定，然侏儒一節，長短可知。是子玄河分崗勢，春入燒痕之嫌，實有莫辯矣。⓬

壽普暄亦錄《釋文》及《列子》張注引向所謂隱解者，與郭注比較，得有向注而無郭注者十六條，向郭二注各異者十六條，向郭二注相同者二十二條其言曰：

> 各書（《釋文》、《列子》、《文選》等）所殘存之向注，或謂郭所無，或與郭全異，實未可據以證定二注分行，郭未取於向也。此無寧反證郭盜取於向，存其精華，而遺其糟粕之較為妥實也。⓭

⓫ 見道光十四年仲冬嘉定黃氏西谿草廬重刊定本。

⓬ 見❶。

近人亦以《列子・黃帝》篇張湛注引向秀義二十七條與郭象注比較，得其文義相同者十有三條，文異而義同者六條，文義同而點定文句或存其總旨者四條，向注而郭刪者四條，其結論云：

> 由上看來，向注與郭注有文義都是相同的，有文略異而義相同的，有同而點定文句的，有義同而略加補綴的，然無道理上不一致的。這不是郭象攘善的確證麼？⓮

並為此椿公案予以判決曰：

> 郭象確犯了盜竊罪行，應將其《莊子注》的版權撤消，並賠償向秀千古的名譽損失，以為世之鈔書者警戒。⓯

以上所論，雖以郭象《莊子注》乃竊自向秀，然除近人楊明照、壽普暄、王叔岷舉證較詳外，其他各家最大根據，不外為兩點：一為《焦氏筆乘》所云：「《世說》去晉未遠，當得其實」及《春融堂集》所云：「史稱東海王越引象為太傅主簿，權薰灼內外，由是素論去之，然則象固非能注《莊》者。」其餘僅相與祖述而已。然據此兩條實足以為郭象盜自向秀之證，蓋古代冒名頂

⓭ 見❷。

⓮ 見近人《中國思想通史》第三冊。

⓯ 見⓮。

替者多，同時代之人且有不實之言，「去晉未遠」實不足以為據，王昶所謂以郭象行薄，為太傅主簿，權薰灼內外，由是素論去之」，則為謂其固非能注《莊》者，殊失之武斷，「權薰灼內外，素論去之」與「注《莊》」固為兩事，不可混為一談，且《世說》與《晉書》俱謂其有雋才，劉孝標注引《文士傳》曰：

> 象字子玄，河南人，少有理材，慕道好學，托志老莊，時人咸以為王弼之亞，作《莊子注》，最有清辭道旨。

故以上所說，不足以證郭象《莊注》之盜自向秀，惟最有力之證據為今之郭象《莊注》與向秀《莊注》之比較，始可得其實，則楊明照壽普暄王叔岷氏之文，及《四庫全書總目》所引《釋文》者是也。

持反對之說者，以錢曾《讀書敏求記》為始，其所持理由僅以「時代遼遠，傳聞異詞」之說[16]，實不足以為據。《四庫全書總目提要》記已斥其非，其言曰：「案向秀之注，陳振孫稱宋代已不傳，但時見陸氏《釋文》，今以《釋文》所載校之，如〈逍遙遊〉有蓬之心句，《釋文》郭向並引，絕不相同，〈胠篋〉篇聖人不死，大盜不止句，《釋文》引向注二十八字，又為斗斛以量之句，《釋文》引向注十六字，郭本皆無，然其餘皆互相出入。又張湛《列子注》中，凡文與《莊子》相同

---

[16] 見長洲章氏丙寅年刊本。

者，亦兼引向郭二注，所載〈達生〉篇痀僂丈人承蜩一條，向注與郭一字不異。〈應帝王〉篇神巫，季咸一章皆棄而走句，向郭相同。列子見之而心醉句，向注曰，迷惑其道也。而又奚卵焉句，向注六十二字，郭注皆無之。故使人得而相汝句，郭注多七字。示之以地文句，向注塊然如土也，郭注無之。是殆見吾杜德機句，鄉吾示之以壤句，名實不入句，向郭並同。是殆見吾善者機也句，向注多九字，子之先生坐不齋句，向注二十二字，郭注無之。鄉吾示之以太沖莫勝向，郭改其末句。淵有九名，此處三焉句，郭增其首十六字，尾五十一字，鄉吾示之以來淵有九名，此郭三焉句，郭增其首十六字，尾五十一字。鄉吾示之以始未出吾宗句，故逃也句，食豨如食人句，向郭並同。於事無與親以下則大同小異，是所謂竊據向書，點定文句者，殆非無證。又〈秋水〉篇與道大蹇向。《釋文》云：蹇，向紀輦反，則此篇向亦有注，併《世說》所云，象自〈秋水〉、〈至樂〉二篇者，尚未必實錄矣。錢曾乃曲為之解，何哉？」⑰

蓋郭象盜竊向秀《莊子注》自《世說新語》以來，似已成定論，無庸置疑，《晉書》且謂「竊人之財，猶謂之盜，子玄竊譽攘善，將非盜乎？」後人之所以為郭象辯誣者，其所持理由為：㈠郭象少有材理，亦好老莊，能清言。雖抄竊仍有其新意，所謂薄行而有儁才也。㈡《晉書》依違兩可，既曰：「象以秀義不傳於世，遂竊以為己注。」又曰：「惠帝之世。郭象又述而廣之。」劉承仕亦謂郭注為：「獨標新義，則辭旨未充，因成舊文，而玄風益暢，郭向之事，宜與同比，

⑰ 見《欽定四庫全書總目》卷一百四十六「子部・道家類」。

非剽竊之科也。」⓲即使近人判決郭象為「盜竊」。然於引述《莊》注時亦向郭並稱。此皆受《晉書》「述而廣之」之說之影響，予郭象留有餘地步，使後人迷離撲朔，莫知其實。㈢因向郭之注，本身具有時代之價值，足可代表一時代之哲學思想，以內容思想之佳，時代之近，而忽其真假之辨，如馮友蘭所云：「此外還有一個歷史底問題，就是上所引之《莊子注》，究竟是郭象的或是向秀的。《晉書．郭象傳》說，向秀注《莊子》未竟而卒，郭象『遂竊為己注，乃自注〈秋水〉、〈至樂〉二篇，又易〈馬蹄〉一篇。其餘眾篇，或點定文句而已。』但〈向秀傳〉：「莊周著書內外數十篇……秀乃為之隱解，……惠帝之世，郭象又述而廣之。『述而廣之』與『或點定文句而已』，大有區別。究竟事實若何，我們現在亦不必考問。我們只以為以上所述是一個很好底哲學系統。至於此哲學系統，是姓郭或姓向，在哲學上不是多大的問題。即在哲學史上也不是多大底問題，因為向、郭之時代相差不甚遠，也都是所謂清談家。無論我們說這個系統姓郭姓向，都不致於錯代表時代。」因之此千古疑案，亦不了了之矣。㈣後人雖有舉證。然偏而難全，或其義相同者，亦可以為異，如，〈在宥〉篇「嚆矢句」：

郭注：「嚆矢，矢之猛者。」

《釋文》引向云：「嚆矢，矢之鳴者。」

⓲ 見《經典釋文序錄疏證》。

嚴靈峰氏謂其解不同，以證郭象不竊自向秀，楊明照則以其相近，以證郭象竊自向秀。職是之故，一般學者雖就《列子》張湛注及《釋文》所引向郭注參合較之，謂同者謂之同，異者謂之異。既曰郭象竊自向秀，證據確鑿。又曰郭象述而廣之，亦係事實，使是非不明，涇渭難分矣。

有此數端，故《莊注》之作者問題自《世說》以來仍為疑案。前人以向郭二注類聚並列比較者，有劉盼遂、楊明照、壽普暄、王叔岷、何啟民、嚴靈峰氏、武內義雄諸家，以楊明照、王叔岷氏所搜集為備，其他各家，僅就部分而言，玆特總檢《列子》張注及《釋文》所引向郭二家之音注解義參合比較，以探究其本源之。

一、《列子》部分

(1) 蹈火不熱，行乎萬物之上而不慄。

張注引向秀曰：「天下樂推而不厭，非吾之自高，故不慄者也。」

按《莊子・達生》篇郭注曰：「至適，故無不可耳，非物往可之。」文字雖異而義旨不背。

(2) 物與物何以相遠也？

張注引向秀曰：「唯無心者獨遠耳。」

按《莊子・達生》篇作「物也，物何以相遠。」郭注曰：「唯無心者獨遠耳。」此條文義全同。

(3) 夫奚足以至乎先？是色而已。

張注引向秀曰：「同是形色之物耳，未足以相先也，以相先者，唯自然也。」

按《莊子・達生》篇郭注曰：「同是形色之物耳，未足以相先也。」文義全同而稍略。

(4)彼得全於酒而猶若是。

張注引向秀曰：「醉故失其所知耳，非自然無心也。」

按《莊子・達生》篇郭注曰：「醉故失其所知耳，非自然無心者也。」郭注多一者字。文義皆同。

(5)五六月，纍垸而不墜，則失者錙銖。

張注引向秀曰：「累二丸而不墜，是用手之停審也，故承蜩所失者，不過錙銖之間耳。」

按《莊子・達生》篇郭注曰：「異二丸于竿頭，是用手之停審也。故其承蜩所失者不過錙銖之間也。」文義同而略點定文句。

(6)善游者數能。

張注引向秀曰：「其數自能也。言其道數必能不懼舟也。」

按《莊子・達生》篇郭注曰：「言物雖有性，亦須數習而后能耳。」文異而義同。

(7)乃若夫沒人，則未嘗見舟而謖操之者也。

張注引向秀曰：「能鶩沒之人也。」

按《莊子・達生》篇郭注引云：「沒人，謂能鶩沒于水底。」文異而義同。

⑻鄭人見之，皆避而走。（避一本作棄）

張注引向秀曰：「不喜自聞死日也。」

按《莊子・應帝王》篇郭注曰：「不喜自聞死日也。」文義皆同。

⑼衆雌而無雄，而又奚卵焉。

張注引向秀曰：「夫實由文顯，道以事彰。有道而無事，猶有雌而無雄耳。今吾與汝雖深淺不同，然俱在實位，則無文相發矣，故未盡我道之實也。此言至人之唱，必有感而後和者也。」

按《莊子・達生》篇郭注曰：「言列子之未懷道也。」按「未懷道」與「未盡我道之實」義實相承。

⑽而以道與世抗，必言矣。夫故使人得而相汝。

張注引向秀曰：「亢其一方以必信於世，故可得而相也。」

按《莊子・應帝王》篇郭注曰：「未懷道則有心，有心而亢其一方，以必信於世，故可得而相之。」文義皆同而點定文句。

⑾罪乎不誫不止。（罪一作萌）

張注引向秀曰：「萌然不動，亦不自止，與枯木同其不華，死灰均其寂魄，此至人無感之時也。夫至人，其動也天，其靜也地，其行也水流，其湛也淵嘿。淵嘿之與水流，天行之與地止，其於不為而自然一也。今季咸見其尸居而坐忘，即謂之將死，見其神動而天隨，便為之有生。苟無心而應感，則與變升降，以世為量，然後足為物主而順時無極耳。豈相者之所覺哉？」
按《莊子・應帝王》篇郭注曰：「萌然不動亦不自正（正當作止），與枯木同其不華，濕灰均於寂魄。此乃至人無感之時也。夫至人，其動也天，其靜也地，其行也流水，其止也淵默。淵默之與水流，天行之與地止，其于不為而自爾，一也。今季咸見其尸居而坐忘，即謂之將死，睹其神動而天隨，因為之有生，誠應不以心，而理自玄符，與變化升降，而以世為量，然後足為物主，而順時無極，故非相者，所測耳。此〈應帝王〉之大意也。」文義皆同而點定文句。

(12)是殆見吾杜德幾也。

張注引向秀曰：「天懷之中，覆載之功見矣。比地之文，不猶外乎？」
《莊子・應帝王》篇郭注曰：「天懷之中，覆載之功見矣，比之地文不猶卵乎，此應感之容也。」文義皆同而略改定文句。

(13)名實不入。

張注引向秀曰：「任自然而覆載，則名利之飾皆為棄物。」（「名利之飾」北宋本作「名利之作」）
《莊子・應帝王》篇郭注曰：「任自然而覆載，則天機玄應，而名之飾，皆為棄物。」文義皆同而略加說明。

(14)是殆見吾善者幾也。

張注引向秀曰：「有善於彼，彼乃見之，明季咸之所見者淺也。」

《莊子．應帝王》篇郭注曰：「機發而善於彼，彼乃見之。」文義皆同而略改定文句。

⒂向吾示之以太沖莫眹。

張注引向秀曰：「居太沖之極浩然泊心，玄同萬方，莫見其跡。」

《莊子．應帝王》篇郭注曰：「居太沖之極，皓然泊心，而玄同萬方，故勝負莫得厝其間也。」文義皆同而點定文句。

⒃鯢旋之潘為淵，止水之潘為淵，流水之潘為淵，濫水之潘為淵，沃水之潘為淵，氿水之潘為淵，雍水之潘為淵，汧水之潘為淵，肥水之潘為淵，是為九淵。

張注引向秀曰：「夫水流之與止，鯢旋之與龍躍，常淵然自若，未始失其靜默也。」

張注又引郭象曰：「夫至人用之則行，舍之則止。雖波流九變，治亂紛紜，若居其極者，常澹然自得，泊乎無為也。」

按《莊子．應帝王》篇原文作「鯢桓之審為淵，止水之審為淵，流水之審為淵，淵有九名，此處三焉。」郭象注曰：「淵者，靜默之謂耳，夫水常無心，委順外物，故雖流之與止，鯢桓之與龍躍，常淵然自若，未始失其靜默也。夫至人用之則行，捨之則止，行止雖異，而玄默一焉，故略舉三異以明之，雖流九變，治亂紛如，居其極者，常淡然自得，泊乎忘為義也。」文異而義實相承。

(17)向吾示之以未始出吾宗。

張注引向秀曰：「雖進退同群，而常深根寧極也。」

《莊子・應帝王》篇郭注曰：「雖變化無常，而常深根冥極也。」文義同而點定文句。

(18)吾與之虛而猗移。

張注引向秀曰：「無心以隨變也。」

《莊子・應帝王》篇郭注曰：「無心而隨物化。」文義同而點定文句。

(19)不知其誰何。

張注引向秀曰：「汎然無所係者也。」（各本「無者」也二字）

《莊子・應帝王》篇郭注曰：「汎然無所係也。」文義同而點定文句。

(20)因以為茅靡，因以為波流，故逃也。（「茅靡」當作「頹靡」）

張注引向秀曰：「變化頹靡，世事波流，無往不困，則為之非我。我雖不為，而與群俯仰。夫至人一也，然應世變而時動，故相者無所用其心，自失而走者也。」

《莊子・應帝王》篇郭注曰：「變化頹靡，世事波流，無往而不因也。夫至人一耳，然應世變而時動，故相者無所措其目，自失而走。此明應帶者無方也。」文義同而點定文句。

(21)食狶如食人。

張注引向秀曰：「忘貴賤也。」

《莊子・應帝王》篇郭注曰：「忘貴賤也。」文義皆同。

(22)於事無親。(《莊子》作「於事無與親」)

張注引向秀曰：「無適無莫也。」

《莊子・應帝王》篇郭注曰：「唯所遇耳。」文異而義同。

(23)雕琢復朴，塊然獨以其形立。

張注引向秀曰：「雕琢之友，復其真朴，則外事去矣。」

《莊子・應帝王》篇郭注曰：「去華取實，外飾去也。」文異義同而點定文句。

(24)忿然而封戎。(《莊子》作「紛而封哉」)

張注引向秀曰：「真不散也，戎或作哉。」

《莊子・應帝王》篇郭注曰：「雖動而不真不散也。」文異義同而點定文句。

(25)壹以是終。

張注引向秀曰：「遂得道也。」

《莊子・應帝王》篇郭注曰：「使物各自終。」文異義同而點定文句。

(26)時其飢飽，達其怒心。

張注引向秀曰：「達其心之所以怒而順之也。」

《莊子・人間世》篇郭注曰：「知其心之所以怒而順之。」

以上《列子》張注引郭象、向秀兩注，並列而觀，其中或文異而義同，或僅點定文句而已，《世說》所云殆非無據。又《列子》張注引向秀注而郭未注者凡十條，其中除字訓不論外，若從文義而言，郭象盜竊之跡，亦甚顯然，茲引述如次：

(1) 故生物者不生，化物者不化。

張注曰：「《莊子》亦有此言，向秀注曰：吾之生也，非吾之所生，則生自生耳，生者豈有物哉，無物也故不生也。(原本無「無物也」三字，據王叔岷《列子補正》補) 吾之化也，非物之所化，則化自化耳，化化者豈有物哉！無物也，故不化焉。若使生物者亦生，化物者亦死，則與物俱化，亦奚異於物，明夫不生不化者，然後能為生化之本也。」

按此條處未引郭注，特標明「《莊子》亦有此言」。然今本《莊子》無此文，可見向本原有此文，郭本刪之也。張處度特為注明「《莊子》亦有此言」。《列子》所引《莊子》今本所無者多，而處度未特為注明，而獨此句為注耶？蓋向注「生生」之義，實為郭象「自生」說之所本。處度特為注明《莊子》亦有此言。以見郭象刪《莊子》「生物者不生，化物者不化」句而竊向秀「自生」之義為有，散注於《莊》注之中。茲引證如次：

〈大宗師〉篇郭注曰：「天者自然之謂也，夫為為者不能為，而為自為耳，為知者不能知，而知自知耳。自知耳，不知也，不知也，則知出於不知矣，自為耳不為也，不為也則為出於不為矣，故以故為為主，知出於不知，故以不知為宗，是故真人遺知而知，不為而為，自然而生，坐忘而得。故知稱絕而為名去也。」〈知北遊〉篇郭注曰：「明物物者無物，而物自物耳，物自物耳，故冥也。」

此「為為者不能為，而為自為耳，為知者不能知，而知自知耳。」與「明物物者無物，而物自物耳。」與「生自生耳」，「化自化耳」豈其義相同，其句型亦相似。郭象之「物自物」，即超出物具體存在之本體。故曰：「物自物耳，故冥也。」與向秀之「化化者豈有物哉！無物也。」實同義。「無物」始能玄同，而冥然無跡矣。

又郭象「無不能生有」之概念，於邏輯言亦與向注「生生」之說相似，向注云：「生生者豈有物哉！無物也。」明生生不生，如生生者亦生，則與生者無以異矣，則同歸於化，何能生生耶？故不生不化，始能為生化之本。此不生不化者，實即非生非化超出生化之宇宙本體。郭象亦以宇宙之產生，非無亦非有，乃超出無，有之本體，自生耳。如：

> 〈齊物論〉注曰：「無既無矣，則不能生有，有之未生，又不能為生，然則生生者誰哉？塊然自生耳！」

「自生」之說為郭注《莊子》主要之理論，若向本之「生物者不生，化物者不化」句尚存，則郭象「自生」之說無從表現，故必刪其此句，而以向秀所注「自生」之說據為自己之意見，此《世說新語》所以謂其薄行，殆非虛語，否則古人引書，理無禁例，而獨為郭象之竊自向秀，其理可知。張湛離晉世未遠，知其原委故特標明《莊子》亦有此言，下繫向秀注曰，以明郭象

《莊注》「自生」之說，其義實竊自向秀耳。善乎湯用彤曰：「依今所悉，郭氏精義，似均源出向之隱解。雖嘗而廣之，然根本論據，恐無差異，故《世說》曰：向郭二《莊》，其義一也。」⓳

近人唐長儒以「不生不化之生化之本不是物，頗有無生有之傾向」，而認為郭象《莊注》為崇有論與向注自生之說不同。（詳見《魏晉南北朝史論叢》第三三四頁）與鄙見相異，此當於另文論述之。

(2)死生驚懼不入乎其胷是故選物而不慴。

張注引向秀曰：「遇而不恐也。」

按《莊子・達生》篇郭略未注。

(3)而況得全於天下乎？

張注引向秀曰：「得金於天者，自然無心，委順至理也。」

按《莊子・達生》篇郭略未注。

(4)列子見之而心醉。

張注引向秀曰：「迷惑或道也。」

按《莊子・應帝王》篇郭略未注。

⓳ 見《魏晉玄學論稿》第一〇三頁。

(5)向吾示之以地文。

張注引向秀曰：「塊然若土也。」

按《莊子・應帝王》郭略未注。

(6)子之先生坐不齊。(或無「坐」字)

張注引向秀曰：「無往不平，混然一之。以管窺天者，莫見其崖，故以不齊也。」

按《莊子・應帝王》篇郭略未注。

(7)然後列子自以為未始學而歸，三年不出。

張注引向秀曰：「棄人事之近務也。」

按《莊子・應帝王》篇郭略未注。

(8)為其妻爨。

張注引向秀曰：「遺恥辱。」

按《莊子・應帝王》篇郭略未注。

(9)文人曰：汝逢衣徒也。

張注引向秀曰：「儒服寬而長大。」

按今本《莊子》無此文。

以上各條，雖郭略而未注，或為《莊子》佚文，然向秀《莊注》之義，亦多為郭象所盜用。如：

〈大宗師〉篇郭注曰：「無所藏都任之，則與物無不冥，與化無不一。」與向秀所注之「混然一之」義併相似。

又如：〈刻意〉篇郭注曰：「任自然而運動。」又曰：「付之天理。」〈天地〉篇注曰：「皆因而任之。」與向秀所注之「自然無心，委順至理也」義亦近似。此又按知郭非略此而移彼耶。

又《列子・黃帝》篇「其殺之之怒也」句，張注曰：「恐以殺以致怒。」與郭注「恐其因有殺心而遂怒也」文義相同。是張湛或盜自向秀，亦可見郭象攘善之證也。

二、《釋文》部分

以《釋文》向、郭所注比較而觀，其義相同及近似者亦甚多。

如：〈逍遙遊〉所注之「夫大鵬之上九萬尺，鷃之起榆枋，小大雖差，各任其性，苟當其分，逍遙一也。然物之芸芸，同資有待；得其所待，然後逍遙耳。唯聖人與物冥而循大變，為能無待而常通，豈獨自通而已。又從有待者不失其所待，不失，則同於大通矣。」據《世說新語・文學》篇劉峻注引云：向郭義並同，其他如：

(1)宋人有善為不龜手之藥者。

向云：拘坼也。

郭注：其藥能令手不拘坼。

(2)海運則將徙於南冥。

向云：非海不行，故曰海運。

郭注：非冥海不足以運其身。

(3)是其言也，猶時女也。

向云：時女虛靜柔順，和而不喧，未嘗求人，而為人所求也。

郭注：謂此接輿之所言者，自然為物所求。

(4)則夫子猶有蓬之心也夫。

向云：蓬者，短不暢，曲士之謂。(「士」原誤作「土」)

郭注：蓬生非直達者也。

齊物論

(1)厲風濟，則象竅為虛。

向郭云：烈風又濟，向云：止也。

郭注：濟，止也。烈風作，則眾竅實，及其止，則眾竅虛。

(2)而獨不見之調調之刁刁乎？

向云：調調、刁刁，皆動搖貌。

郭注：調調、刁刁，動搖貌也。

(3)今是適越而昔至也。

向云：昔昔，昨日之謂也。

郭注：今日適、越，昨日何由至哉？

(4)為其脗合。

向云：若兩脣之相合也。（「兩」原誤作「雨」）

郭注：脗然無波際之謂也。（「波」原誤作「被」）

(5)罔兩問景。

向云：景之景也。

郭注：罔兩，景外之微陰也。

(6)置其滑涽。

向云：汩昏，未定之謂。

郭注：而滑涽紛亂、莫之能正。

養生主

(1)臣以神遇。

向云：暗與理會謂之神遇。

郭注：闇與理會。

(2)而況大軱乎？

向云：軱戾大骨也。

郭注：軱戾大骨。

(3)惡乎介也！

向郭云：偏刖也。

郭注：介，偏刖之名。

(4)不蘄畜乎樊中。

李云：藩也，所以籠雉也。向郭同。

郭注：樊，所以籠雉也。

(5)以有涯隨無涯，殆已。

向云：疲因之謂。

郭注：以有限之性，尋無極之知，安得而不困哉？

(6)官知止。

向云：專所司察而後動，謂之官智。（《音義》云：「知，向音『智』。」）

郭注：司察之官廢，縱心而順理。

人間世

(1)死者以國量乎澤若蕉。

向云：草芥也。

郭注：舉國而輸之死地，不可稱數，視之曰草芥也。

(2)有而為之其易邪？

向崔云：輕易也。

郭注：夫有其心而為之者，誠未易也。

(3)適有蚉寅僕緣。

向云：僕僕然蚉寅緣馬稠概之貌。

郭注：僕僕然群著馬。

(4)結駟千乘，隱將芘其所賴。

向云：蔭也，可以隱芘千乘也。

郭注：其技陰，可以隱芘千乘。

(5)行其獨。

向云：與人異也。

郭注：不與民同欲也。

(6)易之者皡天不宜。

向云：皡天自然也。

郭注：以有為為易，未見其宜也。

(7)虛室生白。

向云：虛其心則純白獨著。（《文選》嵇康〈養生論〉李善注引）

郭注：夫視有若無，虛室者也，虛室而純白獨生矣。

(8)今吾朝受命而夕飲冰我其內熱與？

向云：食美食者必內熱。

郭注：所饌儉薄，而內熱飲冰者，誠憂事之難，非美食之為。

德充符

(1)踵見仲尼。

向郭云：頻也。

郭注：踵，頻也。

大宗師

(1)其顙頯。

向本作䫉，云：大朴貌。

郭注：頯，大朴之貌。

(2)於謳聞之玄冥。

向郭云：所以名無而非無也。

郭注：玄冥者，所以名無而非無。

(3)浸假而化予之左臂以為雞。

向云：漸也。

郭注：浸、漸也。

(4)眾人之息以喉、屈服者其嗌言若哇。

向云：喘悖之息，以喉為節，言情於奔競所致。

郭注：氣不平暢。

(5)翛然而往，翛然而來已矣。

向云：翛然自然，無心而自爾之謂。

郭注：寄之至理，故往來而不難。

(6)邴邴乎其似喜乎？

向云：喜貌。

郭注：至人無喜。暢然和適，故似喜也。

(7)崔乎其不得已乎？

向云：動貌。

郭注：動靜行止，常居必然之極。

(8)此古之謂懸解也，而不能自解者物有結之。

向云：懸解，無所係也。

郭注：一不能自解，則眾物共結之矣；故能解則無所不解，則無所而解也。

(9)造適不及笑，獻笑不及排。

向云：獻，善也。

郭注：排者，推移之謂也。夫禮哭必哀，獻笑必樂，哀樂存懷，則不能與適推移矣。今孟孫常適，故哭而不哀，與化俱往也。

(10)吾願遊遊於藩。

向云：崖也。

郭注：不敢復求涉中道也，且願遊其藩傍而已。

胠篋

(1)聖人已死，則大盜不起。

向云：事業日新，新者為生，故者為死，故曰聖人已死也。乘天地之正，御日新之變，得實而損其名，歸真而忘其途，則大盜息矣。

郭注：竭川非以虛谷而谷虛，夷丘非以實淵而淵實，絕聖非以止盜而盜止，故止盜在去欲，不在彰聖知。

(2)為之斗斛以量之，則並與斗斛而竊之；為之權衡以稱之，則並與權衡而竊之；為之符璽以信之，則並與符璽而竊之；為之仁義以矯之，則並與仁義而竊之。

向云：自此以下，皆所以明苟非其人，雖法無益。

郭注：小盜之所因，乃大盜之所資而利也。

向云：綢繆也。

郭注：綢繆以持之。（楊曰：按此注原隸下外內韇者道德不能持句下。）

(3)數米而炊。

向云：理於小利也。

郭注：理錐刀之末也。

徐无鬼

(1)頡滑有實。

向云：頡滑，謂錯亂也。

郭注：萬物雖頡滑不同，而物物各自有實也。

外物

(1)謀稽乎誸。

向本作弦，云：堅正也。

郭注：誸，急也。急而後考其謀。

在宥

(1)而萬物炊累焉。

向云：如塵埃之自動也。

郭注：若遊塵之自動。

(2)焉知曾史之不為桀跖嚆矢也。

向云：嚆矢，矢之鳴者也。

郭注：嚆矢，矢之猛者。

(3)其進也縣而天。

向云：希高慕遠，故曰縣天。

郭注：動之則係天而踴躍也。

天地

(1)手撓顧指，四方之民，莫不俱至。

向云：顧指者，言指麾顧眄而治也。(楊曰眄當作眄)(按當作眄)

郭注：言其指麾顧眄而民各至其性也。任其自為故。

繕性

(1)心與心識。

向本作識，云：彼我之心，競為先識也。

郭注：彼我之心，競為先識，無復任性也。(《音義》云：「郭注既與向同，則亦當作也。」)

(2)謂之倒置之民。

向云：以外易內，可謂倒置。

郭注：營外虧內甚倒置也。

秋水

(1)證曏今故。

向郭云：明也。

郭注：曏，明也。

庚桑楚

(1)且夫二子者，又何足以稱揚哉！

向崔郭皆云：堯舜也。

郭注：二子，謂堯舜。

(2)內韄者不可繆而捉。

郭注：韄者，繫縛之名。繆，殷勤也。

(3)日中穴阫。

向云：阸，牆也。言無所畏懼。

郭注：無所復顧。

(4)將內揵。

向云：揵，閉也。(原誤作「閑」，據別本改)

郭注：揵，關建也。

(5)其妾之挈然仁者，遠之。

向云：知也。

郭注：挈然於仁。

(6)擁腫之與居，鞅掌之為使。

向云：二句朴纍之謂。

郭注：擁腫，朴也。鞅掌，自得。

(7)今吾日計之而不足，歲計之而有餘。

向云：無旦夕小利也（上句）。又：順時而大穰也。

郭注：夫與四時俱者無近功。

(8)趎勉聞道達耳矣。

向云：勉，強也。僅達於耳，未徹入於心也。

郭注：早聞形隔，故難化也。

(9)能侗然乎。

向云：直而無累之謂。

郭注：無節礙也。

寓言

(1)搜搜也。

向云：動貌。

郭注：動運自爾。

天下

(1)其風窢然。

向郭云：逆風聲。

郭注：逆風所動之聲。

(2)以巨子為聖人。

向本作鉅，云：墨家號其道理成者為鉅子。若儒家之碩儒。

郭注：巨子最能辯其所是以成其行。

綜上所列，《釋文》中或向注文字訓詁郭略而未及外，其他注文文義則幾全相同，其不同者，或僅為文字之相異，而文義基本上仍為相同。如〈在宥〉篇「嚆矢」句，向注云：「矢之鳴者」。郭注云：「矢之猛者」。於表面文字觀之則誠相異，然就其內容含義而論，則無二致。蓋矢之猛者始鳴，「鳴」與「猛」義實相涉。又如〈人間世〉篇「內熱」句，向注云：「食美食者必內熱」。郭注云：「所饌儉薄，而內熱飲冰者，誠憂事之難。」據此可證郭注就向注點定文句，苟有未合己意，稍為修訂而已，《晉書》所謂「述而廣之」即指此而言歟？壽普暄列舉向、郭注各異者計十六條，其說未允。惟其所謂：「向、郭相異（或有向無郭），雖有百條不足明郭未取向。向、郭相同，即有一處，亦可證向注為郭所襲。蓋苟各自撰者，容或不謀而合。未必全相雷同，今竟長者數十百言，多至一二十處，文義詞句，如出一口。此實古今事理之必不能有者，雖具百喙，亦無法為子玄解也。」可稱不易之論。然則，就文義而論。向、郭之《莊注》雷同者，豈僅一二十處而已耶？

莊子筆下的孔子

前人嘗說，莊子的書，詆毀孔子。因此有些後世儒家之徒，認為應該燒掉他的書，廢絕他的門徒，而後天下才可以太平；而好莊子之道的儒者，卻稱他的思想，來自儒家，把他認為是田子方的弟子。這都是過與不及，兩失其情，不足稱為真正了解莊子。本來，《莊子》一書，都是有所寄託而言的，書中提到孔子的地方，似貶實褒，似抑實揚，王夫之氏曾說：甫近而又遠之，甫然而又否之。（見《莊子解義》）這正說明莊子對宇宙事物的看法。柳子厚也說莊子對孔子，是「陽擠而陰助之」。（見〈莊子祠堂記〉）所以說莊子詆毀孔子，說莊子攻擊儒家，也許是不對的。至於說莊子的思想，源出於儒家，那當然也是可笑的。莊子於學無所不窺，他當然熟悉古代的思想，熟悉舊法世傳之史，也了解《詩》、《書》、《禮》、《樂》，及孔子的思想的。但莊子有他自己的思想，顯然不是儒家的思想，他書中屢次提到孔子及孔子的弟子，無非是利用當時一般人所稱道的人物，來表達自己的思想罷了！我們讀《莊子》，應該先明白這一點，然後才不致被無端崖之辭所迷惑，誤會了莊子真正的意旨。孟子說：「說詩者，不以文害辭，不以辭害意，以意逆志，是為得之。」〈外物〉篇也說：「言者所以在意，得意而忘言。」可以作為我們讀《莊子》的座右銘。

那麼，莊子對孔子，到底是敵是友？前人主張以《莊子》解釋莊子，我想以莊子筆下的孔子，來看莊子對孔子的態度，相信是比較客觀的辦法。《莊子》全書提到孔子的地方有五十一處，其中外、雜諸篇，後人多辨其偽，茲不具列，僅就內篇中述及孔子的地方，提出說明之：首先我要提出的是：莊子重要的思想，都是寄託孔子來表達，如〈人間世〉篇：

顏回曰：「敢問心齋。」仲尼曰：「一若志，無聽之以耳而聽之以心，無聽之以心而聽之以氣！聽止於耳，心止於符。氣也者，虛而待物者也。唯道集虛。虛者，心齋也。」

虛者，是莊子重要的思想，《莊子》篇中所說的「遊於物初」、「遊於大漠之國」、「遊於道德之鄉」、「遊心乎德之和」……可以說都是遊於虛而已。這是莊子入世而不為世所攖的原因。所以說，「虛船觸舟，雖有惼心之人不怒。」（〈山木〉）又同篇：

仲尼曰：「……夫事其親者，不擇地而安之，孝之至也；夫事其君者，不擇事而安之，忠而盛也；自事其心者，哀樂不易施乎前，知其不可奈何而安之若命，德之至也。……且夫乘物以遊心，託不得已以養中，至矣。……」

不可奈何，不得已，都是理之必然。寄必然之事，養中和之心，哀樂自然不能入於胸次了。這種遊心致命的人生觀，也是莊子重要思想之一。〈德充符〉篇：

哀公曰：「何謂才全？」仲尼曰：「死生存亡，窮達貧富，賢與不肖，毀譽飢渴寒暑，是事之變，命之行也；日夜相代乎前，而知不能規乎其始者也。故不足以滑和，不可入於靈府。使之和豫通而不失於兌；使日夜無郤而與物為春，是接而生時於心者也。是之謂才全。」「何謂德不形？」曰：「平者，水停之盛也。其可以為法也，內保之而外不蕩也。德者，成和之修也。德不形者，物不能離也。」

人之生命有限，而願望無窮，要想以有限的生命去追求無窮的願望，這是危險的事，所以人當順著自然的正道以為常法，才可以保身，可以全生，可以養親，可以盡年，要達到這目的，必須內心安靜，注重自己內在的修養，而才全德不形就是修養天性的最高境界，這樣，才能忘掉煩惱，逍遙自在的生活於無何有之鄉。〈大宗師〉篇：

顏回問仲尼：「孟孫才，其母死，哭泣無涕，中心不戚，居喪不哀。無是三者，以善處喪蓋魯國。固有無其實而得其名者乎？回壹怪之。」仲尼曰：「夫孟孫氏盡之矣，進於知矣。唯簡之而不得，夫已有所簡矣。孟孫氏不知所以生，不知所以死；不知就先，不知就後；若化為物，以待其所不知之化已乎！且方將化，惡知不化哉？方將不化，惡知已化哉？」

莊子要人一切都依道而行，道就是自然的道理，人生下來，是順自然而生；死，也是順自然而死，一切都是隨自然的大循環而已。天地之間，無論何物，分散則為萬體，聚合起來則成一形，死與生是名稱的不同，不是實質的互異，所以在〈德充符〉篇又託孔子說出：「自其異者視之，肝膽楚越也，自其同者視之，萬物皆一也。」生不足樂，死也不必悲傷哭泣了。

以上所舉的「心齋」、「遊心以致命」、「才全德不形」、「死生如一」等節，都是莊子重要的思想，而又都是寄託孔子來表達。〈寓言〉篇說：「重言十七。」郭象說：「重言，是世所重之言。」成玄英說：「重言，是長老鄉閭尊重之言。」莊子把重要思想託孔子來表達，可見出他對孔子的尊仰。但是這樣，也並不是說莊子的思想，是根源於孔子。反之，莊子與孔子的思想是有顯著的不同。下面我們先引幾處批評孔子的地方來看看。

丘也與女，皆夢也。予謂女夢，亦夢也。（〈齊物論〉）

孔子適楚，楚狂接輿，遊其門曰：「鳳兮，鳳兮，何德之衰也！來世不可待，往世不可追。天下有道，聖人成焉；天下無道，聖人生焉。方今之時，僅免刑焉。」（〈人間世〉）

無趾語老聃曰：「孔丘之於至人，其未邪？彼何賓賓以學子為？彼且蘄以淑詭幻怪之名聞，不知至人之以是為己桎梏邪？」老聃曰：「胡不直使彼以死生為一條，以可不可為一貫者，解其桎梏，其可乎？」無趾曰：「天刑之，安可解！」（〈德充符〉）

以上所舉的，後人都認為是譏評貶抑孔子，其實也不盡然。楚狂接輿章雖是譏誚孔子，但《論語》裡也記載這段話，與〈人間世〉所記的，只是小異罷了。這也可以說明莊子與孔子思想的不同。蓋孔子為入世而救世，因為要救世，必須示人以可行之跡，使後人力行實踐，以達於至善至美的境地。所以無趾說他「蘄以諔詭幻怪之名聞」。莊子則為入世而出世，一切順乎自然，不示人以可踐之跡，所以說「材與不材之間，還是似之而非之，要乘道德而浮遊。」（〈山木〉）這是兩人觀點根本的差異，孔子自己也說：「彼，遊方之外者，而丘，遊方之內者也，外內不相及。」（〈大宗師〉）這種外內不相及，也只是道不同不相為謀而已，不像與惠施有利害的衝突存在。（見〈秋水〉篇）我們知道，莊子是不反對人的，因為莊子自己就沒有立場，他認為宇宙是混一體的。天地與我並生，萬物與我為一。所以說孔子是夢，馬上又說自己也在夢中。假使莊子有了立場，那就不成其為莊子了。

總而言之，莊子與孔子的思想雖不相同，但莊子是尊敬孔子的，只有偉大的孔子，才能使不同思想的莊子尊敬他，也只有曠達的莊子，才能了解孔子的偉大。他眼見當時春秋戰國的諸侯，互相殺伐兼併，他看集儒家大成的孔子，周遊列國，倡仁義，法堯舜，恢復固有的倫理道德，未有所獲，只好刪《詩》、《書》，訂《禮》、《樂》，修《春秋》，以留真正儒家修己治人之典則於後世，不致誤於似儒非儒之熒惑。至於孟子遊說各國興義止戰，惜乎當日戰國之君，急於功利，以王道迂闊而不為，乃講學，闡明先聖之真義。故嘗說：「吾豈好辯哉」。因理愈辨而愈明，道愈辨而愈解，其有功於儒家思想之偉大，未可道里計。老莊對於儒家仁義之說，是由反面的推崇。老子嘗說：「大道廢，有仁義，六親不合有孝慈」，非毀仁義孝慈也，不過步趨之不同，實殊途而同歸耳。這也可為老莊對孔孟學說是「陽攻而陰助之」的一證明。

釋《莊子》中的「不」與「弗」

《莊子》中的否定詞有不、弗、勿、未、非、無、莫、否等字，但是出現次數最多的是「不」字，「不」字又與「弗」字無論在聲韻上、意義上，都有密切的關聯，所以先來談談「不」字與「弗」字。

不

「不」字是應用很廣泛的一個否定詞，在《莊子》書中共出現一千九百三十多次。「不」字的原來意義，據《說文解字》說：「不，鳥飛上翔不下來也。从一，一猶天也。」後人也有作「花下萼」解的，但本意都不是語詞，「不」字用為語詞，是後代借用的結果。「不」字之所以應用那麼廣，大概跟發音有關。朱駿聲說，「不」當作「柎」，「柎」漢讀如「否」，因此假借為「否」，否、非、無、弗一聲之轉，所以又借為「非」，又借為「無」（詳見《說文通訓定聲》第五部），因此它在否定詞類中，應用之廣，可以說是一枝獨秀。至於它在《莊子》中的用法，大致可以分為以下幾種。

(一)加在動詞之前而否定它的：

它可以是否定帶賓語的動詞，也可以否定不帶賓語的動詞，茲分別列舉之：

(甲)否定帶賓語的動詞，如：

(1)予惡乎知惡死之非弱喪而不知歸者邪！（〈齊物論〉）

「歸」本來是個動詞，現在和「者」結合，變成詞組，做「知」的賓語，「歸者」就是回家的人。整句是敘事繁句，這一句的主語是「予」，「知」是動詞，「惡乎」是限制詞，修飾動詞「知」，「惡死之非弱喪而不知歸者邪」是組合式詞結做動詞「知」的「賓語」。「不知歸者」又是一個詞結，「知」是動詞，「歸者」是動詞「知」的賓語。主詞是「惡死者」，省略了。「不」字否定「及物動詞」「知」。

(2)古之真人，不逆寡，不雄成，不謨士。（〈大宗師〉）

「逆」、「雄」、「謨」都是動詞，「寡」、「成」、「士」都是賓語，主語是「古之真人」。三個「不」字分別否定「逆寡」、「雄成」、「謨士」。

(3)不知周之夢為蝴蝶與？蝴蝶之夢為周與？（〈齊物論〉）

這一句的主語是「予」省略了。「周之夢為蝴蝶與」和「蝴蝶之夢為周與」都是動詞「知」

的賓語，「不」字否定這個動賓結構。

(4)若殆不信厚言，必死於暴人之前矣。（〈人間世〉）

這是假設關係構成的複句，「若」是主語，「厚言」是動詞「信」的賓語，「不」字否定「信」。

(5)子獨不知至德之世乎？（〈胠篋〉）

「子」是主語，「至德之世」是一個詞組做動詞「知」的賓語，「不」字否定動詞「知」，這一句是反詰的敘事簡句。

這裡所選的例子，各有其不同的形式，第一句所帶的賓語，它本來是一句判斷句，「惡死（乃）弱喪而不知歸者」（繫詞「乃」省略），但是作者為加強語氣，在謂語「弱喪不知歸者」的上面加上一個「非」字，句末添一個語氣詞「邪」字，於是變成「非弱喪而不知歸者邪」，以反詰語氣出現，文句當然生動多了。然後又在主語「惡死者」和謂語「非弱喪而不知歸者邪」的中間，插進去一個關係詞「之」字，又把判斷句變成一個詞組，使文句更加緊湊起來。所以這一句「不」字所否定動賓結構，只是本句中的一小成分而已，這是一種形式。

第二句是敘事簡句，三個「不」字分別否定「逆寡」、「雄成」、「謨士」三個動賓結構。這又是一種形式。

第三句是句補充關係構成的複句，「周之夢為胡蝶」，「胡蝶之夢為周」，都是解釋性的準判斷句，上一句「周」是主語，「胡蝶」是謂語。下一句「胡蝶」是主語，「周」是謂語，「夢為」是準繫詞。但是因為主語與謂語的中間，加了一個「之」字，都變成詞組，做「知」的賓語，以「不」字否定之。這句主語概括性的省略了，這又是一種形式。

第四句是假設關係構成的複句，「不」字否定假設句，下一句是說明假設的後果，後者是否能成為事實，完全以前者為轉移。這又是一種否定的形式。

第五句原是敘述的否定，但是採「獨……乎」的句型，變成反詰的語氣，和第二句的否定句型不同，這又是另一種形式。

《莊子》中「不」字否定帶賓語的動詞的句型很多，但不外有這幾種形式，不過比《莊子》更早的典籍裡，「不」字大都是否定不帶賓語的動詞，或形容詞。否定帶動賓結構的句型比較少見，《論語》中「不」字有五百多字，大多數都是「否定」形容詞和不帶賓語的動詞。如「席不正不坐」。（〈鄉黨〉）上一「不」字否定形容詞，下一「不」字否定不帶賓語的動詞。像「知者不失人，亦不失言」這類否定帶賓語的句型很少，這或許是與句型結構的發展有關吧！

以上的各種否定句型，在《莊子》書中很多。這類的「不」字和現在口語的「不」字相當，「不知」可以說「不知道」，「不逆寡」可以說「不逆拒寡少」，「不信」可以說成「不相信」，但有少數的卻是例外。像：「子獨不見狸狌乎？東西跳梁，不避高下。」（〈逍遙遊〉）現在口語要說成「你難道沒有看見狸狌嗎」，「不見」要說「沒有看見」，不說「不看見」。這類句子在《莊子》書中也屢見不鮮。

(乙)否定不帶賓語的動詞，如：

(1)憂而不救。(〈人間世〉)

這句是假設關係構成的複句，意思是說「假使心中憂慮，那就沒救了」。「憂」和「不救」都是謂語，主語省略了。呂叔湘氏認為這種句子是：第一小句提出一個假設，第二小句說明假設的後果。後者是否成為事實，視前者為轉移，也可以說是以前者為條件。

(2)觀者如市，匠伯不顧，遂行不輟。(〈人間世〉)

「匠伯不顧」是敘事簡句，不過像這類的句子都已經形容詞化了，其他的例子：

(3)名實不入。(〈應帝王〉)

(4)聖人不死，大盜不止。(〈馬蹄〉)

(5)掊斗折衡，而民不爭。(〈胠篋〉)

(6)聖人已死，則大盜不起。(〈胠篋〉)

(7)純粹而不雜，靜一而不變。(〈刻意〉)

(8)夫醉者之墜車，雖疾不死。(〈至樂〉)

(9)先生必無往，孔子不聽。(〈盜跖〉)

有許多句子，雖然在動詞的後面沒有賓語，但也可以說是賓語的省略，它原來是有賓語的，如：

> 人臣之禮也，人皆為之，吾敢不為邪。（〈人間世〉）

「為之」與「不為」互舉，「不為」的下面省略賓語「之」字是很顯然的。有時這類的詞結和「所」字結合時，「不」字下的動詞，因為省略了賓語，於是替代了名詞的地位，如：

> 人不忘其所忘，而忘其所不忘，此謂誠忘。（〈德充符〉）

「所忘」指「形體」，「所不忘」指「道德」。以前的文法學家都認為「所」字是一個稱代詞，許（詩英）先生認為「所」字是一個詞頭❶，假使是詞頭的話，那「不忘」的名詞性就更加明顯了。楊聯陞氏在他〈漢語否定詞雜談〉那篇文章中引陳夢家說❷，「不」可以和「若」結合而成為一個名詞，他所舉的例是《左傳》宣公三年裡面的「不逢不若」。注說：「若，順也」。「不若」就是「不順之物」，指「螭魅罔兩」。這個例子和「不忘」相同，「不忘」是指抽象的「道德」，也是名詞。照這個例子推論，「不」字和形容詞結合也可以成為名詞，這留在下面再談吧。其實嚴格的說，「所不忘」也可以說是「所不忘者」的省略，「者」字才是真正的代詞，這樣子，「不忘」倒變

---

❶ 見開明《中國文法講話》五十七年九月修訂版第二一頁。

❷ 《清華學報》九卷第一、二期合刊第一八〇頁。

成為「形容性的加詞」了。不過，也就因為「者」字省略，「不忘」才取代了名詞的地位哩。

㈡加在形容詞之前，而否定它的：

「不」字否定形容詞的用法很廣，有許多和不帶賓語的動詞很相似，但是動作和形態還是有區別的。

(1)南面而不釋然。（〈齊物論〉）

這句是表態句，「釋然」成玄英解釋為「怡悅貌」。這是否定形容詞帶詞尾「然」的句型。

其他的例子如：

(2)大多政，法而不諜。（〈人間世〉）

「諜」字俞樾解為「便僻」，「法而不諜」，謂有法度而不便僻。

(3)鑑明則塵垢不止，止則不明也。（〈德充符〉）

「止則不明」是因果關係構成的複句，原句是「塵垢止則不明」，主詞是鑑，承上省略了。

(4)子之先生不齊，吾無得而相焉。（〈應帝王〉）

這是「不」字否定謂語的例子，「子之先生」是主語，「齊」是謂語，「不齊」是「氣色變化無定」的意思。

(5)一曰五色亂目，使目不明；二曰五聲亂耳，使耳不聰。（〈天地〉）

這是因果關係構成的複句，因「五色亂目」，故「使目不明」。第二小句又是表態句，「不」字否定表態句的謂語「明」。

(6)大知觀於遠近，故小而不寡，大而不多。〈秋水〉

這是條件關係構成的複句，第一句「大知觀於遠近」是條件，「小而不寡，大而不多」是後果小句，用關係詞「故」連繫起來。

(7)吾又未知樂之果樂邪？果不樂邪？〈至樂〉

這是對待關係構成的複句，這兩小句雖然是正反的問句，但其答案既不是「樂」，也不是「不樂」。這是肯定問句與否定問句的並列，是表示可以把「樂」看做「樂」，也可以看做「不樂」。在《莊子》書中這類肯定與否定對待並舉的句子很多，如：

(8)方可方不可，方不可方可。〈齊物論〉

(9)不知其與是類乎？其與是不類乎？〈齊物論〉

「可」也可以說成「不可」，「不可」也可以說成「可」；「類」可以說成「不類」，「不類」也可以說成「類」。

(10)吾食也執粗而不臧。〈人間世〉

這是敘事繁句，「執粗」與「不臧」都是指「日常食物」，「臧」是「善」的意思。

(11)夫地非不廣且大也，人之所用容足耳。〈外物〉

「廣且大」是詞聯，用「不」字否定它。不過，在「不」字上面還有一「非」字，「非不」連用等於肯定，這種用法，在後面另為說明。

(12)莊子曰：「不然」。〈至樂〉

這是敘事簡語，「不」字否定止詞「然」。

《莊子》中另有一種「×不×」的句型，如：《莊子．齊物論》「何謂和之以天倪？曰：是不是，然不然」。〈天地〉篇「夫子問於老聃曰：有人治道若相放，可不可，然不然。」〈秋水〉篇「公孫龍問於魏牟曰：然不然，可不可。」這種相同的句型，其含意則頗不相同。郭象於〈齊物論〉篇「是不是，然不然」句注曰：「是非然否，彼我更對，故無辯。」於〈秋水〉篇「然不然，可不可」句注曰：「公孫龍稟性聰明，率才弘辯，可為不可，然為不然。」楊聯陞氏也有相似的說法：「〈齊物論〉的『是不是，然不然。』是說是不必果是，然不必果然。是可以變成不是，或看作不是；然可以變成不然，或看作不然。〈秋水〉篇的『然不然，可不可。』是說可以把然講成不然，把可講成不可，是辯者之能事。」❸《莊子》中「不」字否定形容詞的，還是以表態句為多，如「風之積也不厚」（〈逍遙遊〉）、「聖賢不明，道德不一」（〈天下〉）等。

(三)在「不」字下動詞前插進另外補詞的：

❸ 同❷第一八三頁。

(1)不以辯飾知，不以知窮天下，不以知窮德。〈繕性〉

這裡的「以辯飾知」，「以知窮天下」，「以知窮德」都是用關係詞「以」字介進補詞「辯」、「知」，「知」放在動詞之前。這個「以」字和白話「拿」的含義相當，用來連接一個補詞，作為動作完成的工具。或憑藉這個補詞完成這個動作，「以辯飾知」等於說「用言辯來點綴智慧」。「以知窮天下」等於說「用機智困累天下人」。「以知窮德」等於說「用聰明虧損自己的德行」。用「不」字分別否定這三個介進補詞的詞結。其他的例子，如：

(2)言人之不以好惡內傷其身。〈德充符〉

(3)是之謂不以心捐道，不以人助天，是之謂真人。〈大宗師〉

(4)不以生生死，不以死死生。〈知北遊〉

(5)不以物己者。〈徐无鬼〉

(6)不敢以全物與之。〈人間世〉

以上例句都是補詞放在動詞之前而加以否定的。句中的動作都是憑藉這補詞來完成的，如「不以好惡內傷其身」，「好惡」是「傷其身」的工具。「不以心捐道」裡面的「心」，是「捐道」的工具。用「以」字介進補詞的，可以放在動詞之前，也可以放在動詞之後，但在《莊子》書中還沒有發現。〈達生〉篇「不如食以糠糟」，「不如」連用，含有所取的意思，和否定的含義不同。純粹的把補詞放在動賓語之後而加以否定的，只有〈人間世〉篇「拊之不時」，可以提出一談，「拊之不時」就是「拊之不以時」，但「以」字省略了，而且這類的例子也不多見。

也有用「以」字介進補詞是表示原因而加以否定的，如：

(7)狗不以善吠為良，人不以善言為賢。（〈徐无鬼〉）

「以……為……」的句型有意謂的意思，相當於口語的「把……當……」。「以善吠為良」就是「把善吠當做良狗」。「以善言為賢」就是「把善言當做賢能」。而分別以「不」字否定它。但也有沒有「為」字的例子，如：

(8)不以人之壞自成也，不以人之卑自高也，不以遭時自利也。（〈讓王〉）

這類句子中的「以」字，有「因為」的意思，表示原因的補詞一定要放在動詞或形容詞的前面，其他的例子，如：

(9)夫不為頃久推移，不以多少進退者，此亦東海之大樂也。（〈秋水〉）

「為」字和「以」字對舉，都有「因為」的意思。

(10)故不為軒冕肆志，不為窮約超俗。（〈刻意〉）

(11)勢為天子，而不以貴驕人；富有天下，而不以財戲人。（〈盜跖〉）

《莊子》書中，有許多用關係詞「以」介進補詞，既不表示憑藉，也不表示原因，如〈秋水〉篇「明於權者，不以物害己」。郭象注說：「既明權實之無方，故能安排而去化。死生無變於己，何物之能害哉？」「物不能害己」的原因是能「明於權」。「明於權」者「物自不能害」，所以「物」字可以說它是原因補詞，也可以說它是目的補詞，也可以說什麼名稱都不是。這大概是因為《莊子》的本身是一部沒有立場的哲學書的緣故吧！不過，我的意見還是暫時把「物」字當做原因補詞看。這可以說是「不」字否定補詞中少數的特殊的例子。

有的「不」字否定介進的補詞，是一個關切補詞。如：

(12)親父不為其子媒。(〈寓言〉)

(13)有不為大盜積者乎。(〈胠篋〉)

「其子」是關切補詞，「為」字是關切補詞的關係詞，以「不」字否定它。後一句是反詰句，「不為大盜積者乎」就是「為大盜積」。仍以「不」字否定之。這類的例子，有時關切補詞可以省略，如：

(14)湯之時，八年七旱，而崖不為加損。(〈秋水〉)

「崖不為加損」的「為」字下，省略了關切補詞「之」字。「之」字指「八年七旱」這件事。一般說來，否定關切補詞指人的比較多，指事的比較少見。

(四)雙否定的句型：

《莊子》中雙否定的句子很多，句型也有種種的不同，常見的是採「不亦……乎」的形式。

如：

(1)而猶出言若是，不亦過乎？（〈德充符〉）

(2)夫兼愛，不亦遷乎？（〈天道〉）

(3)夫至人有世，不亦大乎？（〈天道〉）

(4)是直用管窺天，用錐指地，不亦小乎？（〈秋水〉）

(5)而人以為己寶，不亦悲乎？（〈庚桑楚〉）

(6)欲復歸根，不亦難乎？（〈知北遊〉）

(7)必盛卒徒而後敢出焉，不亦知乎？（〈至樂〉）

(8)今不脩之身，而求之人，不亦外乎？（〈漁父〉）

(9)身死不哭亦足矣，又鼓盆而歌，不亦甚乎？（〈至樂〉）

「不亦……乎」構成的句型，「不」字否定的含意被「乎」字沖淡了。所以《孟子》趙岐注說：「不亦，亦也。」其實「亦」字是一個加強語氣的語氣詞。因為沒有「亦」字，單是「不……乎」的形式仍是肯定的句子。如：

(10)計中國之在海內，不似稊米之在太倉乎？（〈秋水〉）

(11)可不謂大疑乎？（〈則陽〉）

有時「不」字和「哉」字呼應，「不」字上面加「何嘗」，也是表肯定，不過多少仍帶有申辯、商榷的語氣。如：

(12) 何嘗不法聖人哉？（〈胠篋〉）

假使用「何不」連用的形式，就比這種句型語氣來得堅決。如：

(13) 何不樹之於無何有之鄉。（〈逍遙遊〉）

(14) 夫子何不譚我於王。（〈則陽〉）

這種形式不但語氣比「何嘗不」的形式來得堅決，而且帶有責備的意思。不過，假使句末有了「乎」字，那又把堅決的語氣沖淡了。如：

(15) 河伯曰，然則我何為乎？何不為乎？（〈秋水〉）

「何為」跟「何不為」互舉，已是商量的語氣了。然類似這種句子的意思，是既不能「為」，也不能「不為」，既沒有否定的意思，也沒有肯定的意思，《莊子》書中否定和肯定對舉的文句，大多類此。

「不」字和「莫」、「無」、「非」等字結合成為雙否定的形式，肯定的意思很強，如：

(16) 莫不中音。（〈養生主〉）

(17) 天下莫不奔命於仁義。（〈駢拇〉）

(18) 因其所大而大之，則萬物莫不大；因其所小而小之，則萬物莫不小。（〈秋水〉）

(19) 廣廣乎其無不容也。（〈天道〉）

(20)夫天無不覆，地無不載。(〈德充符〉)

(21)天地無為也，而無不為也。(〈至樂〉)

(22)其為物無不將也。(〈大宗師〉)

(23)無不賓服而聽從君命者矣。(〈說劍〉)

(24)非不呺然大也。(〈逍遙遊〉)

(25)其德非不同也。(〈庚桑楚〉)

(26)天地非不廣且大也。(〈外物〉)

(27)吾非不知，羞而不為也。(〈天地〉)

以上(16)(17)(18)三句是「不」和「莫」結合構成的雙否定形式。(19)(20)(21)(22)(23)五句是「不」和「無」(无同)結合構成的雙否定句型。(24)(25)(26)(27)四句是「不」和「非」結合構成的雙否定句型。在形式上說，都是雙否定，表示肯定的意思，但因為「莫」和「無」跟「不」字結合後，其本身是無定代詞和動詞，所以「莫不」、「無不」等於說「沒有不這樣的」。「非不」連用是「不是不」的意思。「非不呺然大也」，等於說「不是不虛而且大呀」。「不」字和作無定指稱的「莫」、「無」結合，是敘述的肯定。但「不」字和「非」字結合，並不表示肯定，而且帶有申辯的語氣。這是兩者不同的地方。有時表示肯定，則在「無」和「不」的中間插進必須的條件。如秋水篇「無動而不變，無時而不移」，上一句說明「變」的條件是

「動」，下一句說「移」的條件是「時」。其他的例子如：

(28) 無物不然，無物不可。

「非」字和「不」的中間也可以插進條件來表示肯定的語氣。如〈天地〉篇「故形非道不生，生非德不明」。「形生」的條件是「道」，「生明」的條件是「德」。然「莫」與「不」的中間插進表示必須的條件的文句，還沒有發見。

有時用「不可不……」雙否定的形式，來表示肯定的語氣。如：

(29) 賤而不可不任者，物也；卑而不可不因者，民也；匿而不可不為者，事也；麤而不可不陳者，法也；遠而不可不居者，義也；親而不可不廣者，仁也；節而不可不積者，禮也；中而不可不高者，德也；一而不可不易者，道也；神而不可不為者，天也。（〈在宥〉）

(30) 物者莫足為也，而不可不為。（〈在宥〉）

「不可」和「不」的中間也可以插進程度的補詞，如〈盜跖〉篇「不可一日不為乎」。後來俗語所說的「不可一日無此君」，則把「不」字換為「無」了。「可」字下有時加一「以」字，構成「不可以不……」的形式，表示肯定的意思一樣，但語氣較為舒緩。如〈天地〉篇「君子不可以不刳心焉」。這種形式在《莊子》中只有出現一次。

有時用「不……不……」的句型，變為必然的因果關係的語氣，就是「要……才……」的意思。如：

(31)故金石有聲，不考不鳴。（〈天地〉）

「不考不鳴」就是要考才鳴，表示必須的條件，和上面所說的「非……不……」的語氣相似。其他的例子如：

(32)善人不得聖人之道不立，跖不得聖人之道不行。（〈胠篋〉）

(33)無親則不愛，不愛則不孝。（〈天運〉）

(34)眾至則不比，不比則不利也。（〈徐无鬼〉）

(35)無行則不信，不信則不任，不任則不利。（〈盜跖〉）

(33)(35)兩句用「無……不……」的形式，並在兩「不」的中間插進轉接語氣詞「則」字，仍是雙否定帶條件的形式。

用「不得不……」的形式，雖然也表示肯定，但其含意卻是出於自然而然，如：

(36)天不得不高，地不得不廣，日月不得不行，萬物不得不昌。（〈知北遊〉）

只有「不疾不徐」（〈天道〉），既非肯定，亦非否定。所謂「口不能言也」。（郭象注）其他如：

(37)上而不下，則使人善怒，下而不上，則使人忘善，不上不下，中身當身則為病。（〈達生〉）

「不上不下」所謂「上下不和」（《釋文》李云）也是既非肯定，亦非否定。又如：

(38)緣則不離，率則不勞；不離不勞，則不求文以待形。（〈山木〉）

只有「不震不正」（〈應帝王〉）雖採用雙否定形式，而並不表示肯定，是真正的雙否定。這類的句子如：

(39)夫不恬不愉，非德也。（〈在宥〉）

(40)真者，精誠之至也，不精不誠，不能動人。（〈漁父〉）

(41)至人之用心若鏡，不將不迎，應而不藏。（〈應帝王〉）

(42)雖然，不該不徧，一曲之士也。（〈天下〉）

(43)後世之學者，不幸不見天地之純。（〈天下〉）

「不」字和「豈」字結合，構成「豈不……」的句型，仍是肯定的意思。如：

(44)見利輕忘其身，豈不惑哉？（〈讓王〉）

(45)多危身棄生以殉物，豈不悲哉？（〈讓王〉）

(46)先生不受，豈不命邪？（〈讓王〉）

(47)吾葬具豈不備邪？（〈列禦寇〉）

(44)(45)兩句語尾語氣詞用「哉」，(46)(47)兩句用「邪」為語尾語氣詞，都帶有感傷痛惜的意思。這類的句子可以和「不亦……乎」的句型比較看。

「不」字和「免」字結合構成「不免於（乎）……」的句型，也是表示肯定的意思。「免」字有否定的意思。《論語》皇疏解「免」為「脫」，《禮》、《樂記》注解「免」為「自止」。今天閩南語中常用「免」，相當北平「甭」的意思。因此「不」字附加在「免」上，也是雙否定成為肯定。

「不免於什麼」就是「陷於什麼」。如：

(48)或不免於洴澼絖。《逍遙遊》

(49)而身不免乎戮。《胠篋》

(50)然且不免於罔羅機辟之患。《山木》

(51)則不免於罔罟之患。《庚桑楚》

(52)而不免於患也。《盜跖》

(53)而不免於魭斷。《天下》

(54)而所言之韙不免於非。《天下》

有時可以省略「於」字，如〈盜跖〉篇「幾不免虎口哉」。〈漁父〉篇「恐不免其身」。有時則連「免」後的補詞一併省略了。如：

(55)我諱窮久矣而不免。《秋水》

(56)故不免也。《山木》

有時在「不」上附加一「所」字，則「不免」變為名詞，如：

(57)無知無能者，固人之所不免也。《知北遊》

(58)夫務免乎人之所不免者。《知北遊》

(55)句「不免」下省略補詞「於窮」。(56)句「不免」下省略「於患」。(57)句之「不免」表示肯定，有「有」的意思。「所不免」即「所有者」。[58]句「所不免」下加一者字，和前句「所不免」都是指「無知無能」那件事。不過因為有一個「所」字，下面「之事」省略罷了，不能算做真正的名詞。不過「不免」已經結合在一起，不能分開了。這情形在〈漁父〉篇「而幾於不免矣」句裡，「不免」結合的不可分更為明顯。

(五)加在名詞或代名詞的前面而否定它的：

(1)君子不友，明君不臣。（〈漁父〉）

(2)物物而不物於物。（〈山木〉）

(3)下與上同德則不臣。（〈天道〉）

(4)上與下同道則不主。（〈天道〉）

(5)不形之形，形之不形。（〈知北遊〉）

(6)不際之際，際之不際也。（〈知北遊〉）

(7)知形形之不形乎。（〈知北遊〉）

(8)且又為不神者求邪。（〈知北遊〉）

「不」字的這種用法，大致出現在判斷句中，假使就意義上說，「君子不友，明君不臣」，口語可以說成君子不是朋友，明君不是臣子。但是這樣說法是不通的，因為它們都已經活用為謂語了。在文法上說，「友」、「臣」本身是個名詞，但是因為被「不」所附加，而「不」字通常都是附加在乙級詞，像動詞、形容詞的前面，是個丙級詞，現在卻附加在甲級詞上，而使名詞變成了乙級詞。所以我們仍認為這「不」字是否定名詞。因為「不」字否定名詞，產生了詞類通轉的現象。

「不」字放在代名詞之前的，那是古代漢語的特點。在古代漢語裡，用「不」、「毋」、「未」、「莫」四個否定詞的否定句，如果賓語是代詞，一般都放在動詞的前面，變成否定代詞的形式。如：

(1) 若勝我，我不若勝，若果是也，我果非也邪？我勝若，若不吾勝，我果是也，而果非也邪？（〈齊物論〉）

(2) 非不我應，不知應我也。（〈知北遊〉）

(3) 狂屈中欲告我，而不我告，非不告我，中欲告而忘之也。（〈知北遊〉）

(4) 以為莫己若者，我之謂也。（〈秋水〉）

(5) 愧不若黃帝，而哀不己若者。（〈徐无鬼〉）

(6) 其於不己若者不比之，又一聞人之過，終身不忘。（〈徐无鬼〉）

以上六句「若」、「我」、「己」都是代詞，所以都放在動詞的前面，變成「不」字否定代詞的形式，這種句子就形式上說，叫做「賓語的倒裝」。但在文法上說，它是一種規律。不過在「不」字否定句中這個規律並不是絕對的嚴格，也間有例外的，如〈人間世〉篇「以為不知己詬厲也」，〈知北遊〉篇「無為謂不應我也」，動賓的結構並沒有改變。

「不」字附加在「相」字上面的，因為「相」字有「偏指」與「互指」的區別，如果動詞前有偏指的「相」，則賓語隱而不顯，這是文言文的通例。（詳見呂叔湘〈「相」字偏指釋例〉）因為賓語不顯，所以有人說「相」字是一個代詞。〈人間世〉篇「凡交，近則必相靡以信，遠則必忠之以言」，以「相」和「之」為互文，可見其代詞性很明顯。然就《莊子》書中「不」字附加在「相」字前的許多句子看來，「相」字為代詞的說法，並不盡然。如：

(7)化聲之相待，若其不相待。（〈齊物論〉）

(8)天與人不相勝也。（〈大宗師〉）

(9)外內不相及。（〈大宗師〉）

(10)民至老死而不相往來。（〈胠篋〉）

(11)是始終本末不相坐。（〈天地〉）

(12)不相與為怪，不相與為謀，不相與為事。（〈庚桑楚〉）

以上的例句，賓語雖然都省略了，但要說「相」字可以替代賓語的位置，還有商榷的必要。「天與人不相勝」是天不勝人，人也不勝天，《詩經》疏云：「相者，兩相之辭」，是比較妥適的說法。「相」字有稱代的作用，那應該是在漢以後的事，《莊子》書中並沒發現，姑且附在「不」字否定代名詞後說明之。

(六)「不」字和「如」、「若」結合構成的句型：

「不」字和「如」、「若」結合構成的句型，大概都含有比較的意義。如：

(1)騏驥驊騮，一日而馳千里，捕鼠不如狸狌。(〈秋水〉)

(2)不如食以糠糟。(〈達生〉)

(3)曾不如早索我於枯魚之肆。(〈外物〉)

(4)與其譽堯而非桀，不如兩忘而閉其所譽。(〈外物〉)

(5)其並乎周以塗吾身也，不如避之以絜吾行。(〈讓王〉)

(6)明之不如已也。(〈天下〉)

(7)以指喻指之非指，不若以非指喻指之非指也。以馬喻馬之非馬，不若以非馬喻馬之非馬也。(〈齊物論〉)

(8)魚相處於陸，相呴以濕，相濡以沫，不若相忘於江湖。(〈天運〉)

(9)計人之所知，不若其所不知；其生之時，不若未生之時。(〈秋水〉)

(10)明見無值，辯不若默；道不可聞，聞不若塞。(〈知北遊〉)

(11)全而鬻之則難，不若刖之則易。(〈徐无鬼〉)

(12) 親父譽之，不若非其父者也。(〈寓言〉)

(13) 為後世慮，不若休之。(〈列禦寇〉)

「不如」和「不若」實有所取的意思，「不如什麼」有「要什麼」的意思。用「與其……不如（不若）……」構成的句型，那所取的意義就更為明顯。這類句子，大多都是準否定判斷句。但也有例外的，如〈列禦寇〉篇「不若人」，只是「不及別人」的意思，是陳述的語氣，並沒有判斷的意味。

(七)「不」字和「肖」字結合成為名詞：

上面提過「不」字和「若」字結合而成為名詞（陳夢家說），楊聯陞氏舉《左傳》宣公三年「不逢不若」的例子。按《左傳》注曰：「若，順也。」竹添光鴻說：「不若即螭魅罔兩」。假使「不若」可以說是名詞，那也是以名詞的修飾語替代名詞罷了。「不若」是「不順之物」的省略，「不順之物」指的是「螭魅罔兩」。「不」字和「肖」字結合，名詞性的成分更強，固然「不肖子」、「不肖臣」可以把「不肖」看為形容詞，但如：

(1) 且苟為悅賢而惡不肖。(〈人間世〉)

這裡的「不肖」可以說是名詞了。在《莊子》書中「不肖」連用，也有作形容詞用和作名詞用的分別。如：

(2)則必有不肖之心應之。（〈人間世〉）

(3)所行而善，則世俗謂之不肖子。（〈天地〉）

(4)所行而善，則世俗謂之不肖臣。（〈天地〉）

(5)丘不肖。（〈漁父〉）

(6)不肖人得矣。（〈列禦寇〉）

以上各句，都是用為形容詞，「不肖子」可以說成「不肖之子」，「不肖臣」可以說成「不肖之臣」，「丘不肖」可以說成「丘不賢」。但假使「不肖」下不帶「子」、「臣」，那「不肖」就取代了名詞的地位，如：

(7)賢與不肖毀譽。（〈德充符〉）

(8)貴賤履位，仁賢不肖襲情。（〈天道〉）

(9)賢則謀，不肖則欺。（〈山木〉）

(10)有長若不肖，有順懁而達。（〈列禦寇〉）

(7)(8)(9)(10)四句「不肖」實已變成名詞了。

《莊子》書中除了「不」字和「肖」字結合外，類似的有「不」字和「材」字結合構成的雙音詞。因為「材」字本來是名詞。如〈人間世〉篇「未嘗見材如此之美也」、「此必有異材」，都可以把它當做名詞看。「材」字上附加「不」字，變成「不材」，否定的意思輕，而修飾的意味重，它可以作為形容性加詞，如：

(1)是不材之木也。(〈人間世〉)
(2)此果不材之木也。(〈人間世〉)
(3)周將處乎材與不材之間。(〈山木〉)

也可以做補詞用，如：

(4)神人以此不材。(〈人間世〉)
(5)此木以不材得終其天年。(〈山木〉)
(6)以不材死。(〈山木〉)

第(5)(6)兩句可以說是「以其不材」而如何如何，「其」字省略，「不材」實際已取得名詞地位。第(4)句「神人以此不材」，「以」字下帶一指示詞「此」字，更可以看出它的名詞性。

這類句子可以和第六項否定名詞的例子比較看。

「不」字除了和「肖」、「材」結合外，還可以和「言」字結合，如〈齊物論〉篇「不言之辯」，〈德充符〉篇「固有不言之教」等，做形容詞用，似乎也可以作為名詞用，〈寓言〉篇「不言則齊，齊與言不齊。」成玄英解「齊與言不齊」說：「齊，不言也，不言與言，既其不一，故不齊也。」「齊」解釋為「不言」，則「不言」也可以作為名詞用了。不過在《莊子》中，還沒有直接的證據。

「不」字在《莊子》中的用法非常廣泛，除了以上的各例外，還有〈天地〉篇「大愚者，終身不靈」句中的「不」字，一般語法家都解為「無」，那又是作動詞用了。像這種句子，殊不多見，只能算是例外，所以不再另為列舉。

弗

「弗」字和「不」字還有聲音的關係，根據董同龢氏的《上古音韻表稿》「不」是Piwəg，「弗」是Piwət，起音都是不吐氣的P-。「不」和「弗」音韻的關係，有楊樹達、邢公畹、楊聯陞諸先生的說明❹，而且也不在本文討論範圍之內，姑暫不談。關於「不」和「弗」這兩個字文法上的區別，前人論述很多，最早的有丁聲樹氏的〈釋否定詞「弗」、「不」〉（文刊《慶祝蔡元培先生六十五歲論文集》），分別立了幾條規律：

(1)「弗」字只用在省去賓語的外動詞或省去賓語的介詞之上。

(2)內動詞、帶有賓語的外動詞、帶有賓語的介詞，上面只用「不」字而不用「弗」字。

(3)狀詞（形容詞、副詞）之上也只用「不」字而不用「弗」字。

(4)「弗」字似乎是一個含有「代名詞性的賓語」的否定詞，略與「不之」二字相當，不字

❹ 楊樹達說見《高等國文法》，邢公畹說見《國文月刊》第六十六期，楊聯陞說見前書第一九七頁。

則是一個單純的否定詞。

前人對於「不」與「弗」的看法，都很含混，如《廣雅・釋詁》四說：「弗，不也。」《集韻》說：「不，通作弗。」《正字通》說：「弗，與不通。」《論語》皇疏也說：「弗，不也。」最早提出「不」與「弗」有區別的是何休《公羊》的解詁。桓公十年《公羊傳》曰：

秋，公會衛侯于桃丘，弗遇。會者何？期辭也，其言弗遇何？公不見要也。

何休解詁曰：「時實桓公欲要見衛侯，衛侯不肯見，公以非禮動，見拒，有恥，故諱使若會而不相遇。言弗遇者，起公要之也，弗者，不之深也，起公見拒深。傳言公不見要者，順經諱也。」（《春秋》僖公二十六年《公羊傳》何休《解詁》有同樣的記載）「弗」解為「不之深也」，是明確的區別「不」和「弗」不同，但其如何的不同，仍沒有進一步的說明。以後段玉裁的《說文解字注》有比較具體的說明。他在《說文解字》卷十二上「不」字注說：

「不」音古在一部，讀如德韻之北音轉入尤有韻，讀甫鳩甫九切，與「弗」字音義皆殊。音之殊，則「弗」在十五部也；義之殊，則「不」輕「弗」重。如嘉肴弗食，不知其旨；至道弗學，不知其善之類可見。《公羊傳》曰：「弗者不之深也。」俗韻書謂「不」同

「弗」，非是。

又在同書卷十二下「弗」字下注說：

> 今人矯弗皆作拂，而用弗為不，其誤蓋亦久矣。《公羊傳》曰：「弗者不之深之也。」固是矯義。凡經傳言「不」者，其文直；言「弗」者，其文曲。如《春秋》「公叔敖至京師不至而復。晉人納捷菑於邾，弗克納。」「弗」與「不」之異也。《禮記》「雖有嘉肴，弗食，不知其旨也；雖有至道，弗學，不知其善也。」「弗」與「不」不可互易。（以上兩段亦見《古漢語語法學資料彙編》引）

楊聯陞氏對段玉裁的說法有補充的說明，他說：

> 以「不輕弗重」及「言不者，其文直；言弗者，其文曲」為文別，正可互相發明。所謂「不可互易」，自然不可死看，意思是要互易則語氣不同，不是說絕對不可互易。❺

根據楊氏這段話的意見，推測他並不是完全接受丁聲樹的見解，所以對於丁氏所說的「略與」一詞很欣賞，他又提醒讀者注意說：

---

❺ 同❹第一七七頁。

丁先生說的是「略與」「不之」二字相當，態度很謹慎。他又所謂「不」字則是一個單純的否定詞，單純二字或易引起誤解，或不如說用法寬泛的否定詞。

因此他贊成周法高氏的說法，周氏在《中國古代語法‧稱代篇》裡舉出了許多先秦文獻中（甲骨文、金文、《書經》）「弗」字用在有賓語的述詞之上的例子。所以他給丁聲樹的結論定了一個範圍，就是把甲骨文、金文、《書經》除外。

在比較早一點的有邢公畹，在他討論〈論語中的否定詞系〉裡對丁聲樹的見解也提出懷疑的意見。他說：

丁聲樹先生在他所作〈釋否定詞不、弗〉一文中曾有一個解釋：弗字是一個含有「代名詞性的賓語」的否定詞，而「不」字則只是一個單純的否定詞。譬如：「雖有至道，弗學，不知其善也。」等於說「雖有至道，不之學，不知其善也。」不過，他的說法並不能給人多少安全感。譬如他有個條例說：「弗」字只用在省去賓語的介詞之上；帶有賓語的介詞之上只用「不」，不用「弗」。他舉例如《禮記》、《曲禮》的「姑姊妹女子已嫁而返，兄弟弗與同席而坐，弗與同器而食。」如果「弗」等於「不之」的話，那麼《曲禮》文就該等於說「不之與同席而坐，不之與同器而食」。但這種說法是不對的；如果對，那麼《論語》的「可與言而不與之言」的說法是錯了。不過《論語》皇本、唐石經、宋十行本、岳珂本、考文引古本、足利本、高麗本「不與」下都沒有「之」字，但就是沒有也不足以證明這被省略的「之」字原在「不」字之下，「與」字之上；《韓詩外傳》：「可與之言而不與之言謂之隱」。）倒只能證明這個「不與」跟《曲禮》的「弗與」是一樣的句式罷了。另一個條例說：「弗」字決不與狀詞（包括副、形）連用，狀詞前只用「不」，不用「弗」。譬如《孟子・盡心》：「不仁哉！梁惠王也。」這裡「仁」字丁說是一個形容詞，而同篇：「君子之於物也，愛之而弗仁；於民也，仁之而弗親。」這裡「仁」字，丁說是一個外動詞。若照我們的說法，否定詞「不」、「弗」後面所跟的詞，只是詞品中的連繫次品。這些連繫次品，若從詞類的觀念去看，則多是「謂詞」。所謂形容詞，就是我們的靜謂詞，所謂動詞，就是我們的動謂詞。我們把形、動兩詞合而稱之為謂詞，在研究漢語文法上是有許多方便的。我們甚至想大膽說，是合於漢語文法的本然的。因為在有些情形中，謂詞的動靜是不可分的，動謂詞的內外也是不可分的。現在，對於這裡的「仁」字，我們也這樣看。「不仁哉」的「仁」固然是一個謂詞，「愛之而弗仁」的「仁」也是。「弗仁」的「仁」之所以使人有「外動」的感覺，就因為它是承「愛之」而說的。同篇：「食而弗愛，豕交之也。」「食」「愛」兩字之所以使人有「外動」的感覺，就因為它們是啟「交之」而說的。「愛」字之所以有「外動性」，並非上面有「弗」字纔知道。果然「弗」等於「不之」，就不容下文「愛而不敬，獸畜之也。」與上句相對成文。何況《易經・小過》九三爻辭：「弗

過防之，從或戕之。」若照通常對此句「過」字之訓，則所謂「弗」字決不與狀詞連用的說法也是有問題的。❻

邢氏的意見可分兩方面說明，第一是以反證法說明「弗」不等於「不之」，反之，「不與」跟「弗與」是同樣的句式。第二是觀念的不同，因此和丁氏的結論有些出入。最後邢氏提出自己的結論說：

> 「不」、「弗」兩否定詞的區別，若依照傳統的說法：「弗者不之深也。」是最沒有危險性的。說「弗」是「不之深」，則只就意義言，是漢朝人的說法。《公羊傳》桓公十年何休「解詁」）陳立疏云：《周禮・諸子職》云：「司馬弗正」。注：「弗，不也。」《廣雅・釋詁》：「弗，不也。」《儀禮・士昏禮》：「又弗能及。」注：「古文弗為不。」經傳多以「弗」即「不」，然「弗」「不」實有輕重、深淺之別，「弗」有矯厲之義，「不」則非否之辭耳。那麼「不」之與「弗」，就同「頗」之與「最」的情形一樣，是一種程度、分量上的差別了。

邢氏的結論，大致繼承何休的意見，沒有什麼創見，不過他所說的「謂詞的動靜是不可分的」也

❻《國文月刊》第六十六期。

是事實。丁聲樹氏的區別「不」與「弗」的意見，周法高氏認為應增加一條「甲骨文、金文、《書經》除外」，確為有見，但是假使以《莊子》書中「不」與「弗」的用法來說，應該把《莊子》也包括除外之列。《莊子》書中的「弗」字，共有三十五個，和「不」字的用法不太有區別，如：

(1)禹之時，十年九潦，而水弗為加益；湯之時，八年七旱，而崖不為加損。（〈秋水〉）

這句是「弗」字和「不」字否定關切補詞的例子，但上一句用「弗」字，下一句用「不」字，可見「弗」與「不」的區別不太嚴格

(2)至矣，盡矣，弗可以加矣。（〈庚桑楚〉）

〈齊物論〉作「至矣，盡矣，不可以加矣。」可見在《莊子》書中「不」字和「弗」可以互用。

(3)弗知乃知乎，知乃不知乎。（〈知北遊〉）

上一句用「弗知」，下一句用「不知」。

(4)無始曰：「不知深矣，知之淺矣；弗知內矣，知之外矣。」（〈知北遊〉）

上一句用「不知」，下一句用「弗知」，都可以看出「不」和「弗」的共通性。其他如：

(5)故其好之也一，其弗好之也一。（〈大宗師〉）

「弗」字否定帶賓語的動詞，這和丁氏「弗」字用法的規律是有抵觸的。其他否定不帶賓語的動詞，如：

(6)若然者，過而弗悔，當而不自得也。〈大宗師〉

(7)莊公以為文弗過也。〈達生〉（「文」字《御覽》卷七百四十六引作「造父」）

(8)吾思夫使我至此極者而弗得也。〈大宗師〉

(9)化貸萬物而民弗恃。〈應帝王〉

(10)子之先生死矣！弗活矣！〈應帝王〉

(11)已滅矣，已失矣，吾弗及已。〈應帝王〉

(12)雖有軒冕之賞弗能勸，斧鉞之威弗能禁。〈胠篋〉

(13)鴻蒙拊脾雀躍掉頭曰：吾弗知，吾弗知。〈在宥〉

(14)逆物之情，玄天弗成。〈在宥〉

(15)天與之名而弗受。〈天道〉

(16)其心以為不然者，天門弗開矣。〈天運〉

(17)古之所謂隱士者，非伏其身而弗見也。〈繕性〉

(18)始吾弗信，今我睹子之難窮也。〈秋水〉

(19)貨財弗爭，不多辭讓。〈秋水〉

(20)至德者，火弗能熱，水弗能溺，寒暑弗能害，禽獸弗能賊。〈秋水〉

(21)不知論之不及與，知之弗若與。〈秋水〉

(22) 若是則無窮之弗知。(〈知北遊〉)

(23) 其去弗能止。(〈知北遊〉)

(24) 抑固窶耶，亡其略弗及邪。(〈外物〉)

(25) 為天下害而弗能教也。(〈盜跖〉)

(26) 莊子弗受。(〈說劍〉)

(27) 夫子弗受。(〈說劍〉)

(28) 神者弗齒。(〈列禦寇〉)

其實第(17)句「伏其身而弗見也」的「見」字，《釋文》讀「賢遍反」，應該是個形容詞，這和丁氏第三條規律也是有抵觸的，其他甚而有否定形容詞的如：

(29) 而恐大臣父兄之弗安也。(〈田子方〉)

(30) 其得罪於君也，將弗久矣。(〈徐无鬼〉)

近人呂叔湘也曾經區分「不」與「弗」字用法的不同，他說：

「不」和「弗」在詞彙意義上相同的，它們都是表示一般的否定，但是它們的語法意義並不相同。具體說來，它們的區別有兩點：第一，「不」字既可以否定動詞，又可以否定形容詞。「弗」字只能否定動詞，不能否定形容詞。這只是就先秦語法來說，後來「弗」字也就能否定形容詞了，但仍不多見。第二，「不」字後面的動詞既可以是及物動詞又可以是不及物動詞，既可以帶賓語，又可以不帶賓語。「弗」字後面的動詞一般是及物動詞，而且動詞後面往往不帶賓語。「不」和「弗」都不能否定名詞。用在「不」字後面的名詞，用如形容詞或動詞，用在「弗」字後面的名詞，用如及物動詞。

不過呂氏的這種說法，也還有商榷的餘地。第一，在先秦語法（《莊子》語法）中「弗」字可以否定形容詞，但極少數而已。第二，「弗」字後面的動詞也可以帶賓語。第三，「不」字和「弗」字在《莊子》書中的用法，不太有嚴格的區別❼。

前人對於「不」字和「弗」字用法的區分，都下過很深的功夫，但都是就一般性來說，往往有例外。假使從一本本的典籍來作精密的統計與分析，我想例外的可能還要增加。「不」字和「弗」字在文法上所以有區分，我想大概是因為「不」字使用的次數多，「弗」字使用的次數少。《莊子》書中「不」字有一千九百三十多字，「弗」字只有三十五字，《論語》書中「不」字有五百七十三字，「弗」字只有六字，一個用為人名，一次重複，實際使用的只有四次。因為「不」字使用的次數多，所以它的用法廣；因為「弗」字使用的次數少，所以它使用的範圍狹，所以「不」

❼《莊子》書的著述時代，後人討論很多，但內篇大致可以說是莊子的著述。詳請參閱《文史季刊》三卷第一、二期〈關於莊子及莊子書〉一文。

字可以用的，而「弗」字不能用，其實不是不能用，而是沒有機會用。從「弗」字用法偶也與「不」字相同的例子看，不難得到答案，假使古人是大量的使用「弗」字，我想它的用法一定也和「不」字沒有區別了。至於為什麼古人使用「弗」字的次數少，使用「不」字的次數多，這大概是「弗」字語氣太重，段玉裁也說：「義之殊，則不輕弗重。」（見前）我曾以這個問題向許（詩英）先生請教兩字在古代的發音，是否也有些關聯。承告以：（附原信）

所談「不、弗」二字的問題，現在答覆於左，「不」字上古屬「之」部入聲，它的音值是 pjuək，「弗」字上古屬「微」部入聲，它的音值是 pjuət。如果說「弗」是「不之」的合音，那麼「之」字上古屬「之」部陰聲，它的音值是 tjəg，於是：

弗 = 不 + 之 = pjuək + tjəg = pjuəg

這樣「不」跟「弗」就只韻尾的不同了，-k 是不送氣舌根清塞音，-g 是不送氣舌根濁塞音，它們的不同只清濁的差別而已，如果說清音讀起來輕些，濁音讀起來重些，那麼說古人喜歡用發音輕一些的「不」字，而不喜歡用重一些的「弗」字也未始不是一個道理，又「不」字筆畫少，「弗」字筆畫多，古人喜歡用筆畫少的「不」字做否定詞而不喜歡用筆畫多的「弗」字，也未始不是一個原故，特將管見寫出以供吾弟參考焉。

特錄之以為本文之結束。

魏晉之莊學

一、前言

莊子以天下為沉濁，不可與莊語。故其著書，自言皆寓言，重言，巵言也。（見〈寓言〉篇）太史公亦稱其文大抵率寓言也。（見《史記・老子韓非列傳》）夫寓言者，反覆譬喻，不可端倪，支離曼衍，莫可究詰。類皆正言若反，空語無事實，然正言易知，反言則意曲而隱，故其文洸洋自恣以適己，雖王公大人不能器之。（見《史記・老子韓非列傳》）以其寄意玄冥，令人莫知其所指也。王夫之謂之「甫然而又否之，甫近而又遠之，隨說隨掃，不使人有可循之跡。」（見《莊子解》大意如此）可謂深得莊子之旨趣。職是之故，自漢以來說《莊》者，無慮百數十家，然皆見仁見智，得其一遍之道而已。蓋莊子本無立場，呼我牛也，而謂之牛。呼我馬也，而謂之馬。（見〈天道〉篇）浸假而化予之左臂以為雞，予因以時夜；浸假而化予之右臂以為彈，予因以求鴞炙；浸假而化予之尻以為輪，以神為馬，予因以乘之，豈更駕哉！（〈大宗師〉篇語）此無往不因，無因不可之態度，波瀾詭譎，令人惶惑。晉王坦之謂為「在儒而非儒，非道而有道，而莫知誰氏？」

（見〈廢莊論〉）然莊子固猶莊子也。非牛，非馬，非雞，非彈，非儒亦非道。推而極之，玄同彼我，為蝴蝶耶？為莊周耶？而莊子亦非莊子也。終而乘夫莽眇之鳥，出乎六極之外，遊於無何有之鄉，無名無己，人烏得而相之哉！

是故，後世研治莊學者，或以為佛，如具區馮氏謂為佛氏之先驅。（見《南華經解・序》引）姚鼐謂莊子真乃禪學（見《莊子章義》），近世章太炎氏《齊物論釋》，以佛附莊，皆是也。或又以為儒，如宣茂公謂《莊子》與《中庸》相表裡。並曰：「竊謂孔子之絕四也，顏子之樂也，孟子之浩然，莊子之逍遙，皆心學者。」（見《南華經解》卷一）以莊子之學與孔孟之道合而為一矣。韓愈以莊子乃田子方之門人。近人疑為顏回學派之弟子。（見《十批評書》，大意如此）諸如此類，皆是也。治莊子思想者，或以與西洋哲學相比附，如曹受坤之莊子哲學是也。文章家又恆以莊屈並稱，韓愈〈進學解〉曰：「上規姚姒，渾渾無涯，下逮莊騷，太史所錄。」錢澄之有莊屈合詁皆是也。究其原因，蓋以莊子之文，長於譬喻。其玄映空明，解脫變化，有水月鏡花之妙，使人得就其性之所近，心之所得，附會以申其說，然未必皆為莊子之本意。所謂言者有言，所言未定者也。抑亦莊子之思想玄遠飄忽，與化冥合，世人莫測其極，僅就所見而述之也。

而其文之詭譎，如峽雲層起，海市幻生，遠望似是，逼視又非。故治莊學者，應體悟其真如，必目無全牛，然後能盡有全牛也。若遠求之儒釋，必近失之漆園，此不可不知也。

雖然，莊子之文，豈易知也矣哉。其時如萬馬奔騰，洪濤洶湧。時而如秋空夜靜，四顧悄然，後人讀之，僅知其駘蕩之姿，浩瀚之勢，空靈幻化，殊詭清越之趣。至莊子之真精神，逍遙之樂，天籟之境，喪我之機，豈易知哉！豈易言哉！昔茅氏鹿門嘗曰：「太史公於莊子之學，未必知夫。」以太史公能賞其文，尚未知其學，況其凡乎？余性也魯，好其文之曲折奇幻，而不知其化境，心悟其託意之微妙，難言其玄風。僅摭拾先賢遺文，撮以成篇，以見前人研治莊學之途轍，兼示演變之過程。惟所見有限，難以概全，幸識者垂教焉。

二、魏晉前之莊學

莊子之學，肇自西漢。緣漢自惠帝除挾書之律，即大收篇籍，廣開獻書之路，建藏書之策，置寫書之官，下及諸子傳記，皆充祕府。（見《漢書．藝文志》）故漢人之學，不專治經也。周秦諸子之學，漢世實能綜括而章明之。《漢書．賈誼傳》云：「賈生年少，頗通諸子百家之學。」具可概見。而《淮南》諸篇，已具解《莊》之趣。其〈原道訓〉、〈道應訓〉、與〈俶真訓〉諸篇，尤能闡發莊子〈逍遙〉、〈齊物〉之義，謂之《莊》注，亦無不可也。然漢世之初，皆稱黃老，罕言老莊。蓋世稱老氏尚術，長於治世，所謂無為而無所不為。漢興，承秦之弊，天下初定，瘡痍未復，時君臣多主無為，與民休養生息，故黃老之說，應運而起。史載曹參為齊丞相。時天下初定，悼惠王富於春秋，參盡召長老諸先生，問所以安集百姓。而齊故諸儒以百數，言人人殊，參未知所定。聞膠西有蓋公，善治黃老言，使人厚幣請之，既見蓋公，蓋公為言治道貴清靜，而民自定，推此類具言之。參於是辟正堂，舍蓋公焉。其治要用黃老術，故相齊九年，齊國安集，大稱賢相。〈見《漢書》卷三十九〈蕭何曹參傳〉〉文景時代，亦因用黃老之學，成為太平盛世。《漢書・食貨志》云：「至武帝之初，七十年間，國家無事，郡國廩庾盡滿，而府庫餘財，京師之錢，眾百鉅萬。太倉之粟，陳陳相因，眾庶街巷有馬，阡陌之間成群。」俱可見老子之學，用於治政之成效。而莊子尚虛。云：「至人無己。」獨與天地精神相往來。可資以避世，不適於治道。〈列禦寇〉篇云：「宋人有曹商者，為宋王使秦。其往也，得車數乘，王說之，益車百乘。反於宋，見莊子。曰：『夫處窮閭阨巷，困窘織屨，槁項黃馘者，商之所短也。一悟萬乘之主，而從車百乘者，商之所長也。』莊子曰：『秦王有病，召醫。破癰潰痤者，得車一乘。舐痔者，得車五乘。所治愈下，得車愈多。子豈治其痔邪，何得車之多也？子行矣。』」此段文字，未必是真，然莊子鄙視富貴，不以外物累心之意向，於茲可見。《史記・老子韓非列傳》亦云：「楚威王聞莊周賢，使使厚幣迎之，許以為相。莊周笑謂楚使者曰：『千金、重利；卿相、尊位也。子獨不見郊祭之犧牛乎？養食之數歲，衣以文繡，以入太廟。當是之時，雖欲為孤豚，豈可得乎？子亟去，無汙我。我寧游戲汙瀆之中自快，無為有國者所羈，終身不仕，以快吾志焉。』」〈〈秋水〉篇亦載此事，文稍異〉亦足以說明莊子晦跡遠害，不適於治道之一般。故漢初莊子之學，不顯於時。又漢世尚經學，不重寓言。劉向《列子書錄》云：「列子者，鄭人也。與鄭繆公同時，蓋有道者也。其學本於黃帝老子，號曰道家。道家者，秉要執本，清虛無為。及其治身接物，務崇不競，合於六經。而〈穆王〉、〈湯問〉二篇，迂誕恢詭，非君子之言也。孝景皇帝時，貴黃老術，此書頗行於世，及後遺落，散在民間，未有傳者，且多寓言，與莊周相似，故太史公司馬遷不為列傳，僅第錄。」（見《全漢文》卷二十七）可見漢初視迂誕恢詭，非君子之言者，均在排斥之列。開明如司馬遷，且不為寓言作家列子列傳，僅第錄而已。其餘經生衛道之流，更無論矣。而《莊》書又自稱為寓言，其言又迂誕恢詭，故莊子之學，在漢世宜乎其暗而不明也。抑亦莊子之書，司馬遷所謂詆訿聖人之徒。西漢尚儒術，為一般學者所鄙棄耶？抑亦朱熹所謂，「莊子只在僻處自說，不使人知」。（見《朱子語類》卷一百二十五）漢人知之者寡耶？雖然，莊子之學，其本身自具有吸引人之偉大力量。故莊子之學，不顯於朝，而仍顯於野。一般文人學者，皆受其或多或少之影響。據《文選》李善注引漢代有《莊子略要》及《莊子後解》兩書，皆劉安所撰，惜已不傳。今惟《淮南》所引，猶可見漢代解《莊》之旨趣。或述其文義，或援以釋老。例如：

〈原道訓〉云：「兩木相摩而然，金火相守而流，員者常轉，窾者主浮，自然之勢也。」

此引《莊子・外物》篇以釋自然之趨勢。

又云：「夫井魚不可與語大海，拘於隘也；夏蟲不可與語寒雪，篤於時也；曲士不可與語至道，拘於俗、束於教也。故聖人不以人滑天，不以欲亂情。」

此引〈秋水〉篇釋不以人為害自然也。

〈道應訓〉云：「仲尼遽然曰：『何謂坐忘？』顏回曰：『隳支體，黜聰明，離形去智，洞於化通，是謂坐忘。』仲尼曰：『洞則無善也，化則無常，而夫子薦賢，丘請從之後。』故老子曰：『載營魄抱一，能無離乎？專氣至柔，能如嬰兒乎？』」

此引〈人間世〉篇文以證老氏之義。

又曰：「桓公讀書於堂上，輪扁斲輪於堂下，釋其椎鑿而問桓公曰：『君之所讀者，何書也？』桓公曰：『聖人之書。』輪扁曰：『其人在焉？』桓公曰：『已死矣。』輪扁曰：『是直聖人之糟粕耳！』桓公悖然作色而怒曰：『寡人讀書，工人焉得而譏之哉？有說則可，無說則死。』輪扁曰：『然，有說。臣誠以臣之斲輪語之：大疾，則苦而不入；大徐，則甘而不固。不甘不苦，應於手，厭於心，而可以至妙者，臣不能以教臣之子，而臣之子亦不能得之於臣。是以行年七十，老而為輪。今聖人所言者，亦以懷其實，窮而死，獨其糟粕在耳！』故老子曰：『道可道，非常道。名可名，非常名。』」

此引〈天道〉篇文以釋老子之道。

其他如〈齊俗訓〉之「庖丁用刀十九年，而刀如新剖硎」以喻神會之技，父不能以教子，兄不能以喻弟。〈道應訓〉之「朝菌不知晦朔，蟪蛄不知春秋」，以喻明之有所不見。〈俶真訓〉之釋「有始未始」之義等皆是。惟《淮南》所解《莊》書之義，與莊子原意不盡契合，此或古人斷章取義之遺風耶？抑亦漢初《莊》注之特徵耶？

由上文可證西漢雖重黃老，莊子仍有其地位，《淮南・要略》篇且老莊並舉（按老莊並稱當自此始），亦可見重視莊學之一般。至於《莊子》在漢代文學史上，更有其不可磨滅之地位。漢代詩文辭賦之內容思想，仍或多或少受莊子之影響。如賈誼之〈鵩鳥賦〉：

> 至人遺物兮，獨與道具，眾人惑惑兮，好惡積億，真人恬漠兮，獨與道息，釋智遺形兮，超然自喪，寥廓忽荒兮，與道翱翔，乘流則逝兮，得坻則止，縱軀委命兮，不私與己，其生兮若浮，其死耶若休，澹乎若深泉之靜，泛乎若不繫之舟，不以生故自寶兮，養空而浮，德人無累，知命不憂，細故蔕芥，何足以疑。（見《全漢文》卷十六）

賈誼為西漢儒生，〈鵩鳥賦〉及〈弔屈原〉文之內容思想，均源於《莊子》。「其生若浮，其死若休」，且引自《莊子》之文。又《賈子新書》，內容亦多據自《莊子》。〈制不定〉篇曰：「屠牛坦一朝解十二牛，而芒刃不頓者，所排擊所剝割皆眾理也。」（見《賈子新書》）屠牛坦雖出於《管子》，然其事顯然據自《莊子・養生主》。

董仲舒為有漢一代儒宗，後人稱為自孟子之後，未有及者（見《春秋繁露》汪明際序），然其思想亦有源於莊子者，如《春秋繁露・為人者天》篇曰：「為天不能為人，為人者，天也。人之為人（依盧注增為字），本於天，天亦人之。」此說實源於《莊子》「天與人一也」之說。（見《莊子・山木》篇）仲舒之學，雖本於儒家，然漢代學風不純，故時雜莊子之說。其〈士不遇賦〉之內容，尤為顯證也。（〈士不遇賦〉見《全漢文》）

又東方朔〈誡子〉云：「有群者累生，孤貴者失和，遺餘者不匱，自盡者無多，聖人之道，一龍一蛇，形見神藏，與物變化，隨時之宜，無有家常。」（見《全漢文》卷二十五）東方朔亦為漢代儒生，而嵇康〈六言詩〉稱其「東方朔至清，外似貪汙內貞，穢身滑稽隱名，不為世累所攖，所以知足無營。」（見魯校《嵇康集》）可為莊子行為之寫照。《史記》稱：「朔行殿中，郎謂之曰：人皆以先生為狂。朔曰：如朔等，所謂避世於朝廷間者也。古之人，乃避世於深山中。時坐席中，酒酣，據地歌曰：陸沈於俗，避世金馬門，宮殿中可以避世全身，何必深山之中，蒿廬之下。」（見《史記》本傳）其內容似與《莊子・寓言》篇「天有歷數，地有人據」之意吻合。

又司馬遷有〈悲士不遇賦〉。其文曰：「吁嗟闊兮，人理顯然，相傾奪兮，好生惡死，才之鄙也，好貴夷賤，哲之亂也，理不可據，智不可恃，無造禍先，無觸禍始，委之自然，終歸一矣。」（見《全漢文》卷二十六）「委之自然，終歸一矣」實源自莊子「道通為一」之思想。

漢世詩文辭賦受莊子思想之影響者甚多，或引其文，或襲其意，類皆如此，不可勝舉。其中堪可注意者，有班嗣者，著〈報桓譚書〉，獨尊莊子，貶抑儒術，為漢代莊學發展過程中之特殊現象。其〈報桓譚書〉曰：

若夫嚴子者，絕聖棄智，修生保真，清虛淡泊，歸之自然，獨師友造化，而不為世俗所役者也。漁釣于一壑，則萬物不奸其志，栖遲于一丘，則天下不易其樂，不絓聖人之罔，不鶤驕君（原文君作居，依嚴校改）之餌，蕩然肆志，談者不得而名焉，故可貴也。今吾子已貫仁誼之羈絆，繫名聲之韁鎖，伏周孔之軌躅，馳顏閔之極摯，既繫戀于世教矣，何用大道為自眩曜，昔有學步于邯鄲者，曾未得其髣髴，又復失其故步，遂匍匐而歸耳，恐似此類，故不進。（見《全漢文》卷五十六）

按嚴子即莊子，蓋避明帝之諱。內容之意，以莊子之道為可樂，而指仁誼名聲為韁鎖，獨崇莊子之學。與賈誼，董仲舒以儒家兼修莊學者迥異，與老莊並稱者亦有別。為漢世莊學之特點。

綜觀漢代莊學，類為老氏之附庸，悉皆老莊並舉，且頗有批評之者，以莊周為寓言，如「堯問孔子，皆為妄作。」（見《桓子新論．本造》篇）縱有援引莊子之文者，多隱括其意，少顯言其名，如班嗣之獨樹莊子之學於一幟者，其人蓋寡。然仍以所謂儒道兼修之調和派為多，馬融，張衡，可為標準典型之代表。馬融之〈長笛賦〉云：「徬徨縱肆，曠瀁敞罔，老莊之概也。溫真擾毅，孔孟之方也。」（見《全漢文》卷十六）以老莊孔孟並列，可見調和之意。張衡雖欲迴駕蓬廬，歸隱田園，然仍不忘彈五絃之妙指，詠周孔之圖書。（詳見〈歸田賦〉，文載《全後漢文》卷五十三）此亦道亦儒之思想，自漢至魏晉，大體如是也。湯用彤氏云：「歷史之變遷，常具繼續性，文化學術，雖異代不同，然其因革推移，悉由漸進。」（見《魏晉玄學論稿．言意之辨》篇）魏晉莊學之內容，或以儒合道，或論儒道同，實導源於漢代亦道亦儒之思想也。

三、魏晉之莊學

莊子之學，至魏晉而大盛，其間固時勢使然，抑亦有其原因焉。前人嘗論魏晉老莊學說之興起，魏武之破壞名節，實肇其端，曰：「近者魏武好法術，而天下貴刑名，魏文慕通達，而天下賤守節。其後綱維不攝，而虛無放誕之論，盈於朝野。」（見傅玄〈舉清遠疏〉，文載《晉書》本傳）然魏武雖破壞名節，亦不甚重視道家之術也。魏文帝且曾頒禁吏民不得禱祀老子之詔，有「漢桓帝不師聖法，以嬖臣而事老子」之譏。（詳見《全三國文》卷六）可見「莊學老說」之興，與魏武之破壞名節關係並不大。魏晉莊學之興，其最大因素，乃為文人逃避政治之殺戮異己。蓋儒家重進取，道家主守成。而老子尚術，《漢書．藝文志》謂道家者流，秉要執本，清虛以自守，卑弱以自恃，此君人南面之術也。故時人雖洛誦老氏剛強之誡，仍不能免禍。司馬懿之殺王淩，司馬師之殺夏侯玄，司馬昭之殺諸葛誕，何晏至為謹慎，且論老子虛無之旨，仍有「常畏大網羅，憂禍一旦并」（見《全三國詩》卷十五）之憂。時文人學者，以莫須有之罪名死於司馬氏之手者，不可勝計。史稱嵇康二十年未嘗有喜慍之色（王戎語，見《晉書》本傳），亦罹於難。而莊子之道玄遠，不切人事，荀子謂其「蔽於天而不知人。」（見《荀子・非十二子》篇）揚雄所謂「莊周放蕩而不法。」（見《法言》）「不知人」與「放蕩而不法」正是處亂世之護身符。故時人之研治《莊子》，非以揚名，乃以避禍，莊學於是乎興。

其次為時代思潮風氣所趨，老莊之學，為當時文人學者所樂道，所謂「三日不讀《道德經》」（《晉書》作論），即舌本間強。（見《晉書・殷仲堪傳》）《晉書・愍帝紀》云：「學者以老莊為宗，而黜六經。談者以虛薄為辯，而賤名檢。行身者以放濁為通，而狹節信。仕進者以苟得為貴，而鄙居正。當官者以望空為高，而笑勤恪。」（見《全晉文》卷一百二十七）皆可見當時信從莊老風氣之盛。干寶《晉紀總論》亦曰：「學者以莊老為宗，而黜六經」流風所及，天下靡然從風。儒學之士，甚而謂莊子之利天下也少，害天下也多。（見王坦之〈廢莊論〉）必欲廢之而後快。范寧謂之「游辭浮說，波蕩後生，飾華言以翳實，騁繁文以惑世。搢紳之徒，翻然改轍，洙泗之風，緬焉將墮。遂令仁義幽淪，儒雅蒙塵。」（見何晏〈王弼論〉）莊老之說，能令「搢紳之徒，翻然改轍，洙泗之風，緬然將墮」，其影響力之大，風氣之盛，可以概見。衛道之士，雖排擊不遺餘力，然莊子之說，仍普遍流傳，此蓋時勢所趨，思潮所至，終莫可遏阻也。

又魏晉莊學之興，與時人性格有關，魏晉人士之風神，俱皆俊邁。飄如遊雲，矯若驚龍。何晏面似敷粉，杜弘治眼如點漆，皆神仙中人。潘安仁，夏侯湛，人稱雙璧。裴楷號為玉人。嵇康巖巖如孤松獨立，王夷甫人謂處眾人中似珠玉在瓦石間。（以上皆見《世說新語》）魏晉人物，觸目如見琳琅珠玉。或其行跡曠放，與世相違。劉伶縱酒放達，脫衣裸形在屋中，自謂以天地為棟宇，屋室為幝衣。阮籍與嫂為別，謂禮非為我輩而設。（以上皆見《晉書》本傳）此與莊子妻死，鼓盆而歌之意正復相似，故莊子之學，魏晉特盛焉。

然一時代之學術思潮，雖有其發展之原因，亦有其發展之過程。其始也必以漸，繼而盛，終而蔚為風氣，而匯成思潮。魏晉莊學之發展過程，約而言之，可分為四期，茲分述如次：

(一)先驅期

魏代莊學，承漢代遺風，附《老》、《易》而流播，何晏有《論語集解》、《道德論》，王弼注《易》、注《老》，固未有《莊子》之著述也。《全三國文》徵引《易》、《老》者多，稱述莊周之說者少。間有老莊並舉者，亦以老氏為主體，莊子似處附庸地位。蓋莊子行為曠放不羈，頗為禮法之士所不滿。《蔣子萬機論》曰：「莊周婦死而歌，夫通性命者，以卑及尊，死生不悼，周不可論也。夫象見死皮，無遠近必泣，周何忍哉！」（見《全三國文》卷三十三）後沐德信雖為莊子迴護，然一部分學者排斥莊周，卻是事實。沐德信《豫作終制戒子儉葬》書中可見。其文曰：

> 昔莊周闊達，無所適莫，又楊王孫裸體，貴不久容耳。至夫末世，緣生怨死之徒，乃有含珠鱗柙玉床象衽，殺人以徇，壙穴之內，錮以紵絮，藉以蜃灰，千載僵燥，託類神仙，於

是大教陵遲，競於厚葬，謂莊子為放蕩，以王孫為戮屍，豈復識古有衣新之鬼，而野有狐霾之蛬乎哉？（見《全三國文》卷三十五）

謂莊子為放蕩，可以代表時人對莊子之批評。雖然，莊子之學，有其永恆普遍之價值，雖遭批評，而流風仍遠被也。且與《老》、《易》思想，大體相近，一般學者撰文，仍或多或少，受其影響，此亦先驅期莊學之特徵也。此時期以何晏、王弼為代表。

何晏，字平叔，（約西元一九三—二四九）南陽宛人。漢大將軍何進孫也，父咸，建安初，曹操為司空，納晏母尹氏為夫人，因之晏自幼長於宮省。七歲時，即慧天悟，曹操極愛之，以女金鄉公主配之。晏少以才秀知名，好言老莊，文帝時拜駙馬都尉，明帝時為冗宮，齊王即位，進散騎侍郎，遷侍中，尋為吏部尚書，封關內侯，坐曹爽誅，有《論語集解》十卷，《道德論》二卷，集十一卷。

王弼，字輔嗣，（約西元二二六—二四九）山陽高平人。父業，為魏尚書郎，弼幼而慧察，年十餘，好老氏，通辨能言，正始中，黃門侍郎累缺，晏既用賈充，裴秀，朱整，又議用弼，致高邑王黎於曹爽。爽用黎，於是以弼補臺郎。初除，覲爽，請間，爽為屏左右，而弼與論道，移時，無他所及，爽以此嗤之，弼在臺既淺，事功亦雅非所長，益不留意焉，卒年僅二十四，有《周易注》六卷，《老子注》二卷，集五卷。

王弼與何晏，名並重於時，為世所推，譽為清談之宗。王弼年輕於晏，而聲名似高過之。《魏書・鍾會傳》注引何劭曰：「于時，何晏為吏部尚書，甚奇弼，嘆之曰：『仲尼稱後生可畏，若斯人者，可與言天人之際乎！』」又曰：「弼天才卓出，當其所得，莫能奪也。性和理，樂游宴，解音律，善投壺。」由上所述，可見王弼之才藝卓越不凡也。近人稱其曰：「史稱其為天縱之才，他確乎是義理的承前繼後者，他不但把戰國的形而上學混合起來，成為中世紀之玄學，而由此建立了一個溫室，使佛學輸入之種子，易於發芽生長。」（見《中國通史》）顧炎武云：「正始之間，上承漢末淵源，下啟六朝流變。」（見《日知錄》卷十三）而王弼實為承上啟下之關鍵人物。

世之論莊學者，皆以向、郭為主，實則何晏王弼雖重《老》、《易》，亦仍不廢莊子學，《論語集解》，《易》注多闡莊子之旨。蓋漢經學雜陰陽，故注《易》者偏於象數，卒以陰陽為家。魏晉經學雜以玄談，注《易》者趨於純理，遂常以老莊解《易》。湯錫予氏曰：「何王雖皆精《易》，然皆以老莊解《易》。」（見《魏晉玄學論稿》）今觀何晏、王弼之論著，亦多與莊子旨趣相契合。何晏有名之思想論文為〈無名論〉。其文曰：

為民所譽，則有名也；無譽，無名者也。若夫聖人，名無名，譽無譽；謂無名為道，無譽為大。則夫無名者，可以言有名矣；無譽者，可以言有譽矣。然與夫可譽可名者，豈同用哉！此比於無所有，故皆有所有矣。而於有所有之中，當與無所有相從，而與夫有所有者不同。同類無遠而相應，異類無近而不相違。譬如陰中之陽，陽中之陰，各以物類，自相求從。夏日為陽，而夕夜遠與冬日共為陰；冬日為陰，而朝晝遠與夏日同為陽，皆異於近而同於遠也。詳此異同，而後無名之論可知矣。

又曰：

夫道者，惟無所有也。自天地以來，皆有所有矣。然猶謂之道者，以其能復用無所有也。故雖處有名之域，而沒其無名之象，由於在陽之遠體，而忘其自有陰之遠類。夏侯玄曰：「天地以自然運，聖人以自然用。」自然者，道也。道本無名，故老氏曰：「強為之名。」仲尼稱堯蕩蕩無能名焉，下云巍巍成功，則強為之名，取世所知而稱耳，豈有名而更當云「無能名焉」者邪？夫唯無名，故可得遍以天下之名名之，然豈其名也哉？唯此喻而終莫悟，是觀泰山崇崛，而謂元氣不浩芒者也。（均見《列子・仲尼》篇注）

本文可分兩方面論之。其一是「道本無名」，其一是「自然為用」。因道本無名，故推而廣之，世間一切存在之事物，因其為無所產生，故亦皆無名也。今之所以有名，乃聖人取世所知而稱之耳，非其本有名也。惟其無名，乃可遍以天下之名名之，非其本有名也。亦惟其無名，故得遍以天下之名名之，此「無」之所以為貴也。其〈無為論〉曰：

天地萬物，皆以無為為本（據《讀書記》疑曰多一「為」字，今刪），「無」也者，開物成物，無往不存者也。（《全三國文》存作成）陰陽恃以化生，萬物恃以成形，賢者恃以成德，不肖者恃以免身，故無之為用，無爵而貴矣。（見《晉書．王衍傳》）

無之所為貴，以其為天地萬物之本也。《論語集解．學而》篇注曰：「天地萬物以『無』為本。」天地萬物既以「無」為本，故道亦無名無形，不可得而聞也。其注《論語．公治長》篇曰：「天道者，元亨日新之道也，深微，故不可得而聞也。」釋「志於道」則曰：「道不可體，故志之而已。」（見《論語集解．述而》篇注）不可體，即無形體也。故《道論》曰：「道之而無語，名之而無名，視之而無形，聽之而無聲。」（見《全三國文》卷三十九）

何晏以道之體為無，道之用則為自然。故曰：「天地以自然運，聖人以自然用」，又曰：「自然者，道也。」皆就道之作用而言，宇宙萬物亦於「天地以自然運」之變化作用中而產生。人生之富貴利達，運命通塞臧否，無一非自然之安排，不可得而免也。《論語集解．里仁》篇注曰：「時有否泰，故君子覆泰而反貧賤，此則不以其道而得之者也。雖是人之所惡，不可違而去之也。」若以道理言，則有道者宜富貴，無道者宜貧賤，則是理之常道也。今若有道，而反貧賤，此是不以其道而得也。雖非我道而招此貧賤，因乃自然之安排，故亦安之若素，不可除去。是以顏回不遷怒，何晏亦稱其「任道（據何晏意『道即自然也』），故怒不過分。」（見《論語集解．雍

也》篇注）

何晏之〈無名論〉，雖為發揮《老子》「無名天地之始」（見第一章）之義，然實闡發《莊子》「未始有始」（見〈齊物論〉）之旨。《莊子．齊物論》曰：「有始也者，有未始有始也者，有未始有夫未始有始也者。有有也者，有無也者，有未始有無也者，有未始有夫未始有無也者。」莊子言無，並無之跡象亦泯化無有。老子言「無名，天地之始」，莊子則推而至天地之始之以前再以前。老子言「天下萬物生於有，有生於無」，莊子則推至萬物有無以前之以前。〈天地〉篇曰：「泰初有無無，有無名」（司馬彪在「有無」斷句），此實何晏貴無論之所源也。

王弼對於道本於「無」之說，有更詳盡之發揮。《論語釋疑》曰：「道者，無之稱也。無不通也，無不由也，況之曰道。寂然無體，不可為象。」（見《論語．述而》篇邢昺疏引）又曰：「無狀無象，無聲無響，故能無所不通，無所不往，不得而知。更以我耳目體不知為名，故不可致詰，混而為一也。欲言無耶，而物由以成。欲言有耶？而不見其形。故曰無狀之狀，無物之象也。」（見《老子》第十四章注）王弼之意，以名所名者，生於善有所章，惠有所存，善惡相須，而名分形焉。故曰：「若夫大愛無私，惠將安至，至美無倫，名將何生，故則天成化，道同自然，不私其子，而君其臣，凶者自罰，善者自功，功成而不立，其譽罰如而不任其刑，百姓日用而不知所以然，夫又何可名也。（見《論語集解．泰伯》篇皇侃疏引）《莊子．大宗師》篇曰：「淒然似秋，暖然似春，喜怒通四時，與物有宜，而莫知其極。」此隨事合宜，而無跡可尋。（見宣穎解）

王弼所說之道本無名，寂然無體，不可為象，與之若合符節。

道既寂然無體，不可為象，故欲明「道」之者，則必得意而忘象。蓋象者，變化無端，觸類可為其象，合義可為其徵。是以義苟在健，何必馬乎？類苟在順，何必牛乎？爻苟合順，何必坤乃為牛，義苟應健，何必乾乃為馬。（見《周易略例．明卦適變通爻》篇）又曰：「夫象者，出意者也。言者，明象者也。盡意莫如象，盡象莫若言。言生於象，故可尋言以觀象。象生於意，故可尋象以觀意。意以盡象，象以言著。故言者所以明象，得象而忘言。象者所以存意，得意而忘象。猶蹄者所以在兔，得兔而忘蹄。筌者所以在魚，得魚而忘筌也。」（見《周易略例．明象》篇）然則言者，象之蹄也。象者，意之筌也。是亦可見王弼以莊子之說，釋《易》、《老》之旨之一般。

何晏主張「聖人無喜怒哀樂說」，其內容頗與莊子「通命以遺累」之思想相通。〈至樂〉篇云：「『莊子妻死，惠子弔之。莊子則方箕踞鼓盆而歌。』惠子曰：『與人居，長子，以老其身（原文作老身，從《莊子校釋》增其字），死不哭亦足矣，又鼓盆而歌，不亦甚乎！』莊子曰：『不然，是其始死也，我獨何能無概然！察其始而本無生，非徒無生也，而本無形；非徒無形也，而本無氣。雜乎芒芴之間，變而有氣，氣變而有形，形變而有生，今又變而之死。是相與為春秋冬夏四時行也。人且偃然寢於巨室，而我噭噭然隨而哭之，自以為不通乎命，故止也。』」莊子之意，天下者，萬物之所一也，得其所一而同焉，則四肢百體，將為塵垢，而死生終始，將為晝夜。（見

〈田子方〉篇）生死何足以亂人之心？故生不足以為喜，死亦不足以為悲，因曰：「人而無情。」惠施不達，曾辯曰：「人而無情，何以謂之人？」蓋不知莊子所謂無情之意。莊子所謂無情，不是寂滅之意，只是任吾天然，不增減絲毫而已。故曰：「吾所謂無情者，言人之不以好惡內傷其身，常因自然而不益生也。」（見〈德充符〉篇）惟何晏之聖人無哀樂論，以人心所發之情為主，與莊子稍異，何晏之意見，乃所謂以理智克服感情，即宋人之「道心（理智）為之主，而人心（感情）聽命焉」之說。如此，始能使危者安，隱者顯，而無過與不及之差（見《尚書集說》），亦即《中庸》所謂發而皆中節也。是故王弼甚表反對，王弼以為聖人無喜怒哀樂者，乃神明清和所致也。王劭之〈王弼傳〉曰：「何晏以為聖人無喜怒哀樂，其論甚精，鍾會等述之，弼與不同，以為聖人茂於人者，神明也。同於人者，五情也。神明茂，故能體沖和以通無。五情同，故不能無哀樂以應物。然則聖人之情，應物而無累於物者也。今以其無累，便謂不復應物，失之多矣。」（見《三國志・魏書・鍾會傳》注引）其實何、王兩人之意見頗為接近，其基本看法有別耳，何晏以莊合儒，故曰：「善道有統，殊途同歸。」（見《論語集解・為政》篇注）又曰：「性者，人之所受於天者也。天道者，元亨日新之道也。」（〈公冶長〉篇注）故有天道，人道之分。若聖人者，與元亨日新之道合德，處世應物，皆能得其當，悔吝不生，故能無喜怒哀樂之情。王弼則以喜懼哀樂，民之自然應感而動發乎聲歌。（見《論語集解・泰伯》篇疏引）然情由性生，而情非性也。譬如近火者熱，而火非熱也。（見〈陽貨〉篇皇疏引）又譬猶和樂出乎八音，然八音非其名。

（見〈子罕〉篇皇疏引）故人之無喜怒哀樂之情者，乃以其能體沖和以通無，應物而無累於物也。體沖和以通無，實據自莊子所謂「使之和豫通而不失於兌，使日夜無隙，而與物為春。」（見〈德充符〉篇）如是，則自能應物而無累於物矣。較王晏之說，更為契合莊子之旨矣。

聖人之所以能無喜怒哀樂，在於能順應自然，樂天知命，此說何王均同。何晏《論語集解・里仁》篇注曰：「時有否泰，故君子履道而反貧賤，此即不以其道而得之者。雖是人之所惡，不可違而去之也。」不可違即有順應自然之意。自然一詞，莊子雖所罕言，然《莊子》內篇談論自然之義者，則隨處皆是。〈逍遙遊〉篇據成玄英曰：「欲明物性之自然，故標為首章。」（見《莊子疏》）〈齊物論〉據劉成炘曰：「此篇初明萬物之自然，因明彼我之皆是，故曰齊物。」（見《莊子纂箋》引）〈養生主〉據褚伯秀云亦在順乎中道合天理之自然而已。（見《莊子翼》）俱可見莊子重視自然之義。〈人間世〉篇曰：「天下有大戒二，其一命也，其一義也。子之愛親，不可解於心。臣之事君，義也，無適而非君也。無所逃於天地之間，是之謂大戒。是以夫事其親者，不擇地而安之，孝之至也。夫事其君者，不擇事而安之，忠之盛也。自事其心者，哀樂不易施乎前。知其不可奈何而安之若命，德之至也。為人臣者，固有所不得已，行事之情，而忘其身，何暇至於悅生而惡死。」《焦氏筆乘》曰：「蓋事心則身忘，身忘而哀樂無所錯矣，惡能施乎其前哉。故卒之曰：行事之情而忘其身，何暇至於悅生而惡死，即所謂哀樂也。」（見《莊子翼》）此亦可見何晏之聖人無喜怒哀樂說，本於莊子不得已（按即自然之意）之說之證明。王弼之「否泰有命，非人事所免」（見《論語集解・泰伯》篇疏引）之說，與此同義。

綜觀魏晉初期之學術思潮，以《易》、《老》為主，以《莊子》為輔。然其流風所趨，則老莊並列，及至阮籍、嵇康，〈達莊〉、〈養生〉之論興，使附庸而成大國者，則功在何、王。范寧論何晏、王弼二人之罪，深於桀、紂，正足見何、王影響力之深遠也。《四庫提要・周易》注下曰：「闡明義理，使《易》不雜於術數者，弼與康伯深為有功。祖尚虛無，使《易》意入於老莊者，弼與康伯亦不能無過。」然以老莊釋《易》，正是魏晉莊學發軔初期之特徵，謂之魏晉莊學之先驅，不亦可乎！

(二)開創期

魏晉闡發莊子之學，初見於著述者，為阮籍之〈達莊論〉。阮籍，字嗣宗，陳留尉氏人也。父瑀，魏丞相掾，知名於世。籍容貌瓌傑，志氣宏放，傲然獨得，任性不羈，而喜怒不形於色。或閉戶視書，累月不出，或登臨山川，經日忘歸，博覽群籍，尤好《莊》、《老》，嗜酒能嘯，善彈琴，當其得意，忽忘形骸，時人多謂之癡，惟族兄文業，每嘆服之，以為勝己，由是咸共稱異。籍本有濟世志，屬魏晉之際，天下多故，名士少有全者，籍由是不與世事，遂酣飲為常。時率意獨駕，不由徑路，車跡所窮，輒慟哭而返。景元四年冬卒，時年五十四，有集十三卷。其〈達莊論〉之內容，為闡釋莊子天地與我並生，萬物與我為一之義。曰：

> 天地生於自然，萬物生於天地。自然者無外，故天地名焉。天地者有內，故萬物生焉。當其無外，誰謂異乎？當其有內，誰謂殊乎？地流其燥，天抗其濕，月東出，日西入，隨以相從，解而後合，並謂之陽，降謂之陰。在地謂之理，在天謂之文，蒸謂之雨，散謂之風，炎謂之火，凝謂之冰，形謂之石，象謂之星，朔謂之朝，晦謂之冥，通謂之川，回謂之淵，平謂之土，積謂之山。男女同位，山澤通氣，雷風不相射，水火不相薄，天地合其德，日月順其光，自然一體，則萬物經其常。入謂之幽，出謂之章，一氣盛衰，變化而不傷。是以重陰雷電，非異出也。天地日月，非殊物也。故曰：自其異者視之，則肝膽楚越也。自其同者視之，則萬物一體也。人生天地之中，體自然之形，身者，陰陽之精氣也。性者，五行之正性也。情者，遊魂之變欲也。神者，天地之所以驗者也。以生言之，則物無不壽，推之以死，則物無不夭。自小視之，則萬物莫不小，由大觀之，則萬物莫不大。殤子為壽，彭祖為夭。秋毫為大，泰山為小。故以死生為一貫，是非為一條也。（見《全三國文》卷四十五）

天地萬物，一氣盛衰，變化無常，名稱各異，然其本質實無二致。蓋天地萬物，散則萬殊，合則為一，別而言之，則鬚眉異名，合而說之，則體之一毛也。擴而論之，宇宙至大，人類至小，然就分而言，則各自足。泰山不以為大，秋毫不以為小。故曰：「天地一馬也，萬物一指也。」（〈齊物論〉語）所謂性分，即如個體之單位，在現實生活中，吾人不能不承認泰山為大，秋毫為小。然就個體言，同是一也。以前夜郎問漢與孤家孰大？（見《史記・西南夷列傳》）後人引為笑談。以面積言，漢，大國也，夜郎，蕞爾小國也。然以國之個體單位言，則無大小之別也。又如數學中之分子式，千萬分之千萬，其數等於一，一分之一，其數亦為一，則千萬與一，同是一也。故曰：「以差觀之，因其所大而大之，則萬物莫不大；因其所小而小之，則萬物莫不小。知天地之為稊米也，知毫末之為丘山也，則差數睹矣。以功觀之，因其所有而有之，則萬物莫不有；因其所無而無之，則萬物莫不無。知東西之相反而不可以相無，則功分定矣。」（見〈秋水〉篇）物論之不齊，由於不知守分。各是其所是，而非其所非，此其弊在於有我，不知道通為一之理。故曰：「後世之好異者，不顧其本，各言我而已矣。」（〈達莊論〉）有我之害，有不可言狀者，至極則殘生害性，自為仇敵，割斷肢體，終而禍亂作萬物殘矣。（〈達莊論〉語）是以莫若以明，以死生為一貫，以是非為一條，則物論自齊矣。

雖然，阮籍之本體曰：「天地生於自然，萬物生於天地。」與莊子之意不同，莊子罕言自然，內篇義涉自然者，乃以自然為用，阮籍言自然，則以自然為體。曰：「自然者無外，故天地名焉。天地者有內，故萬物生焉。」〈通易論〉曰：「道，自然也。」萬物皆由此自然之道變化而生。此說實本自《易》太極之說。故曰：「道者，法自然而為化，侯王能守之，萬物將自化。《易》謂之太極，《春秋》謂之無，《老子》謂之道。」（見〈通老論〉）俱可見以自然為道體之意。莊子雖亦曰：「已而不知其然謂之道。」（見〈齊物論〉）不知其然，亦有自然之意。但莊子乃以自然之用稱為道。故曰：「道無不在。」（〈知北遊〉篇）阮籍則以天地萬物出於自然，其本末固有別矣。陸長庚釋《莊子・齊物論》「未始有始」句曰：「未始有物，無極也，有物，大極也，有封，即動靜陰陽也，有是非，即五性感動而善惡分萬事出矣。」（見《莊子纂箋》引）當亦源自阮籍之說。

阮籍〈達莊論〉另一主要思想為守本。莊子嘗曰：「命物之化而守其宗。」（〈德充符〉）命物即順物之意，然順物又不離其本，斯乃為可。物之所貴者，非其形也，在於愛使其形者也。愛使其形，即物之本也。故曰：「戰而死者，其人之葬也，不以翣資，刖者之屨，無為愛之，皆無其本也。」（〈德充符〉篇）守本而後始能經小變而不失大常。遺形骸而全德。故〈達莊論〉曰：「至人者，恬於生而靜於死。生恬，則情不惑；死靜，則神不離。故能與陰陽化而不易，從天地變而不移。生究其壽，死循其宜，心氣平治，不消不虧。是以廣成子處崆峒之山，以入無窮之門；軒轅登崑崙之阜，而遺玄珠之根。此則潛身者易以為活，而離本者難與永全也。」（見《全三國文》卷二十五）

所謂「陰陽化而不易，從天地變而不移」，實即「命物之化而守其宗」之擴大說明，夫陰陽不斷而化，天地亦無時而不變，人稟自然而處其中，當順自然而行，是以死生，存亡，窮達，貧富之變化，不足以亂吾心之天和，是之謂守本。故曰：「生究其壽，死循其宜，潛身者易以活，離本者難以永全也。」阮籍放浪形骸，處世接物，人莫測其底蘊，或以之為癡。嘗獨駕出遊，途窮則哭。此即隨化任真之性，所謂審乎無假者也。然順自然，而不汩沒其天性之真。知步兵廚營人善釀有貯酒三百斛，乃求為步兵校尉。酒盡而辭，此又能守其宗者也。故處亂世而能遠害，可謂深得莊子順物守宗之要也。

然阮籍最能體悟莊子之趣者，厥為逍遙於世，遊心物外，故能死生變化，無慼於己，不為世所攖。莊子善用大，逍遙於世而避害，阮籍於此最得莊子心傳。史稱「文帝初欲為武帝求婚於籍，籍醉六十日，不得言而止。」（見《晉書》本傳）阮籍能拒絕司馬昭之求婚，於當時環境言，實屬大不易之事。然阮籍終能使司馬昭不得言而止，此可謂阮籍深得莊子逍遙於世離禍遠害之妙趣。嘗曰：「至人者，恬於生而靜於死。生恬，則情不惑；死靜，則神不離。故能與陰陽化而不易，從天地變而不移。生究其壽，死循其宜，心氣平治，不消不虧。」（見〈達莊論〉）亦惟有「與陰陽化而不易」，始能與造物同體，天地並生，逍遙浮世，與道俱成。（見〈大人先生傳〉）「逍遙浮世」可謂阮籍處世之最高原則。史又稱「鍾會數以時事問之，欲因其可否而致之罪，皆以酣醉而獲免。」（見《晉書》本傳）嵇康曾評阮籍「唯飲酒過差耳，至為禮法之士所繩，疾之如讎。」（見〈與山巨源絕交書〉）殊不知飲酒正是阮籍「逍遙浮世」之妙方，故能醉眠少婦之側，使其夫不疑。（見《世說新語．任誕》篇）苟非逍遙浮世，與道俱成，孰能致之？孰能為之？

阮籍之逍遙浮世，可謂已臻化境，與其生活混成為一。其詩文中亦常提及逍遙之樂。例如：

(1)二妃遊江濱，逍遙從風翔。（〈詠懷詩〉八十二首之二）

(2)逍遙未終宴，朱華忽西傾。(〈詠懷詩〉八十二首之二十三)

(3)誰言萬事艱，逍遙可終生。(〈詠懷詩〉八十二首之三十五)

(4)非子為我御，逍遙遊荒裔。(〈詠懷詩〉八十二首之五十七)

(5)伯高登降于尚季之上，羡門逍遙于三山之岑。(〈東平賦〉)

(6)虛舟以遑思兮，聊逍遙于清溟。(〈東平賦〉)

(7)神逍遙於抒歸兮，畏雙環之在側。(〈東平賦〉)

(8)從容與道化同逌，逍遙與日月並流。(〈答伏義書〉)

〈達莊論〉更是以逍遙始，以逍遙終。其中之「迎風而遊，恍然而止，忽然而休。」「聊以娛無為之心，而逍遙於一世。」(均見〈達莊論〉)恰與「聖人無繫，遊心於物初」之境界相似。所謂若登崑崙而臨四海，超遙渺茫，不能究其所在也。(語見阮籍〈清思賦〉)「與造物同體，天地並生，逍遙浮世，與道俱成，變化散聚，不常其形。」(見〈大人先生傳〉)實為阮籍人生之寫照。故雖鄙棄禮法，譏諷世俗君子如蝨處褌中，為禮法之士所疾，而能卒賴大將軍保持之，實有自來也。史載「籍嘗與大將軍同座，時有司言有子殺母者。籍曰：『嘻！殺父乃可，至殺母乎？』坐者怪其失言。帝曰：『殺父天下之極惡，而以為可乎？』籍曰：『禽獸知母不知父，殺父，禽獸之類也。殺母，禽獸之不若。』眾乃悅服。」(見《晉書》本傳)可謂深得莊子乘道德以浮遊之三昧。

然能達「與造物同體，天地並生，逍遙浮世，與道俱成」之境地，亦屬不易，個中情狀，非言可喻。魏晉人士，篤好莊老者，不乏其人。然卒罹殺身之禍，此其故何也？所謂知其然，而不知其所以然。無異於求馬於唐肆也。雖篤好莊老，何可遠害哉！故阮籍深誡其子曰：「仲容已豫吾此流，汝不得復爾。」（見《晉書》本傳）蓋深恐其子知「跡」而不知「冥」，終蹈罪戾也。

嵇康於莊子「齊物」之旨，亦多闡發。〈卜疑〉篇曰：「將如莊周之齊物變化，洞達而放逸。」（見魯迅校《嵇康集》卷三）故其能機心不存，泊然純素，從容縱肆，遺忘好惡。以天道為一指，不識品物之細故也。（〈卜疑〉篇語）其四言詩云：「至人遠鑒，歸之自然，萬物為一，四海為宅。」（見〈贈秀才入軍〉十九首之十八）然嵇康雖有萬物為一之說，而不能忘我。故仍有「嘉彼釣叟，得魚忘筌，郢人逝矣，誰與盡言」之嘆。常感世濁我清，知音難逢。〈酒會詩〉云：「鍾期不存，我志誰賞。」（見《全三國詩》卷四）夫避世之道，貴乎無己。阮籍之能處亂世不為世所攖，即在於體悟莊子玄同彼我之至理，能臻「至道之極，混一不分，同為一體，得失無聞」（見〈大人先生傳〉）之化境。得莊子之神理。嵇康亦篤好莊老（見〈幽憤詩〉），然僅得莊子之形似。知「萬物為一」之理，而不知忘我之旨，因有〈述志詩〉、〈幽憤詩〉、〈思親詩〉、〈與山巨源絕交書〉、〈與呂長悌絕交書〉。（均見《嵇康集》）此皆有我之見也。是才之美，而不知應世，終罹殺身之禍，論者深惜之。

嵇康於莊子「逍遙」之旨，亦深得其趣，然心向之而不能至其境。〈贈秀才〉十九首之十九詩云：「鳥盡良弓藏，謀極心身危，吉凶雖在己，世路多嶮巇，安得反初服，抱玉寶六奇，逍遙遊太清，攜手長相隨。」（見《全三國詩》卷四）夫逍遙之旨，貴在因物而遂用之。有五石之瓠，即絡為大樽，而浮於江湖。有大樹，即樹之於無何有之鄉，廣漠之野，彷徨乎無為其側，逍遙寢臥其下。今嵇康必欲待反初服，始作逍遙太清之遊。此所謂蓋有所待也。逍遙之境，終不可得至焉。嵇康知養生，有〈養生論〉。曰：「善養生者，清虛靜泰，少私寡欲，知名位之傷德，故忽而不營，非欲而強禁也。識原味之害性，故棄而弗顧，非貪而後抑也。外物以累心不存，神氣以醇白獨著，曠然無憂患，寂然無思慮，又守之以一，以之以和，和理日濟，同乎大順。然後蒸以靈芝，潤以醴泉，晞以朝陽，綏以五絃，無為自得，體妙心玄。忘歡而後樂足，遺生而後身存。若此以往。庶可與羨門比壽，王喬爭年，何為其無有哉！」（見《嵇康集》）嵇康知「外物以累心不存，神氣以醇白獨著。」然又欲「蒸以靈芝，潤以醴泉，晞以朝陽，綏以五絃。」此「靈芝」，「醴泉」，「朝陽」，「五絃」，豈非「外物」乎？以累心之外物，以養欲清虛寡欲之身，無異入室而操戈，自相矛盾。如此欲與羨門比壽，王喬爭年，豈可得乎？莊子之養生，在養無生之生，蓋無生則無死，故能依其天理，因其固然，以無厚入有間，恢恢乎其遊刃有餘地。嵇康之養生，乃養有生之生。此所以雖論養生，而仍不得終其天年也。

嵇康雖欲避世，冀藉老莊之高智，遊心於玄冥，其〈秋胡詩〉曰：「絕智棄學，遊心於玄默。絕智棄學，遊心於玄默。遇過而悔，當不自得，垂鈞一壑，所樂一國，被髮行歌，和氣四塞。（氣原作者，依魯校改）歌以言之，遊心於玄默。」（見《全三國詩》卷四）然其有志歸隱，而不能無跡。其〈贈秀才入軍〉十九首之十六詩云：「乘風高遊，遠登靈丘，託好松喬，攜手俱游，朝發太華，夕宿神州，彈琴詠詩，聊以忘憂。」「朝發太華，夕宿神州。」其志何等曠達，無拘無繫，優游卒歲。然又曰：「彈琴詠詩，聊以忘憂。」其心固有繫累焉。其詩又曰：「舍道獨往，棄智遺身，寂乎無累，何求於人？」「舍道獨往，棄智遺身。」傲然有淩雲之操，逍遙物外，遺世而獨立。然又曰：「寂乎無累，何求於人。」此其有意忘我，又不能無跡。為處亂世之大忌也。

阮籍則不然，知忘我無跡，順物而不忤。曾曰：「夫善接人者，導焉而已，無所逆之。是故公孟季子衣繡而見，墨子弗攻。中山子牟，心在魏闕，而詹子不拒。因其所以來，用其所以至。循而泰之，使自居之，從而發之，使自舒之而已。」（見《全三國文》卷四十五）此莊子所謂「彼且為嬰兒，亦與之為嬰兒；彼且為無町畦，亦與之為無町畦；彼且為無崖，亦與之為無崖。達之，入於無疵。」（見〈人間世〉）嵇康則不免師心而不及化，欲潔己以濁世，修身以明汙，形就而入，心和而出。以其能而害其生，故不終其天年而中道夭，此自掊擊於世俗者也。悲夫！

嵇康、阮籍同為魏晉莊學開創期之主要人物。而阮籍悟莊子之神理，嵇康則僅得其形似。夫莊子之學，能悟其道者，至難者也。所謂萬世之後而一遇大聖，知其解者，是旦暮遇之也。魏晉之世，能悟莊子逍遙之旨，而見諸應世者，魏末為阮籍，晉末為陶淵明。捨此之外，談莊子之道，雖亦步亦趨，終不免交臂失之而貽邯鄲之譏也。

㈢注述期

《莊》注著述，在向秀郭象之前，無慮數十家。《隋書・經籍志》錄注《莊》者計有二十餘家，今已十不存一。後世言《莊》注者，自郭象為集大成，皆以之為注《莊》之準的。其餘各家，或文集散佚，或斷簡殘篇，少有人復稱道之矣。馮夢禎〈莊子注序〉曰：「注《莊子》者，郭子玄以下凡數十家。而精奧淵深，有發莊義所未及者，莫如子玄氏。近世金陵焦弱侯，並行《老莊翼》，蓋全收郭注而並及諸家，趙女吳娃，俱充下陳。余則盡去諸家而單宗郭氏，回頭一顧，六宮無色。」推崇郭注，可謂至矣。然郭注據《世說新語》謂其竊自向秀，後人已認為事實。其文曰：

> 先是注《莊》者，數十家，莫能究其統旨。向秀于舊注外，而為解義，妙演奇致，大暢玄風，惟〈秋水〉、〈至樂〉二篇未竟，而秀卒秀子幼，其義零落，然頗有別本遷流。象為人行薄，以秀義不傳于世，遂竊以為己注。乃自注〈秋水〉、〈至樂〉二篇，又易〈馬蹄〉一篇，其餘眾篇，或點定文句而已。（《晉書》本傳文略同）

然獨錢曾《讀書敏求記》曾持異議，謂世代遼遠，傳聞異詞，《晉書》云云，恐未必信。並引陳振孫之言，謂向秀之注，宋代已不傳，但時見陸氏《釋文》。今以《釋文》所載校之，間而向郭並引，絕不相同。然今人考訂者多，郭注雖有補訂，其義襲自向秀，已甚顯然。（詳見楊明照氏〈郭象莊子注是否竊自向秀檢討〉，文刊《燕京學報》第二十八期）故《晉書》云：「向、郭二《莊》，其義一也。」

向、郭之《莊》注，大體為繼承何晏、王弼之意見而加發揚光大之。世人多知王弼注《老》、注《易》，而少悉其固未嘗離莊子之學也。其平生為學，雖宗老氏，然亦極重莊學，其《論語疑義・釋孝》曰：「自然親愛為孝。」（見《論語集解》皇疏引）此說實與《莊子・人間世》篇之「子之愛親，命也，不可解於心」之說相同。向、郭因之。注曰：「自然結固，不可解也。」可見其淵源實自王弼也。亦可見其儒道相合之一般。儒家重仁孝，以孝悌為為人之本。莊子重自然，常因自然而不益生。（見〈德充符〉）仁孝所以治天下（《論語》之中，以仁孝治天下之意，所在多是），而自然所以養性命之真。向郭則以仁孝與自然結合，混合為一。然此說亦有所本。莊子為入世，非出世，前人論述甚詳。〈人間世〉篇所云，皆為處世之道。蓋莊子身雖處廟堂之上，而其行事，實無異隱山林之中，其所以然者，以能支離其德也。〈人間世〉篇曰：「支離疏者，頤隱於齊，肩高於頂，會撮指天，五管在上，兩髀為脅。挫鍼治繲，足以餬口。鼓筴播精，足以食十人。上徵武士則支離攘臂於其間。上有大役，則支離以有常疾不受功。上與病者粟，則受三鍾與十束薪。夫支離其形者，猶足以養其身，終其天年，又況支離其德者乎？」此「役則不與，賜則受之」實為莊子處世與物冥而無跡之效果。向、郭注云：「神人無用於物，而物各得自用，歸功名於群才，與物冥而無跡，故免人間之害，處常美之實者，此支離其德者也。」（兩者字據宋本增）「物各自得其用，歸功名於群才。」與儒家「因物付物」之哲學相似。《論語・公冶長》篇孔子自述其志云：「老者安之，朋友信之，少者懷之。」與「欲物各得自用，歸功名於群才。」實具同趣。故朱熹曰：「以顏子比之孔子，則顏子猶是有箇善有箇勞在，若孔子便不見有痕跡。」又曰：「顏子不伐其善，不張大其功，則高於子路，然願無伐善，無施勞，便是猶有此心，但願無之而已。是一半出於軀殼裡。孔子則離了軀殼，不知那箇是己，那箇是物。」（以上均見《朱子語類》卷二十九）

雖然，二者亦自有別，莊子之「支離其德者」，自內言之。孔子之「老少使安懷之」，以外言之，內及固不相及也。〈大宗師〉篇孔子自云：「彼遊方之外者也，而丘遊方之內者也。」向、郭即欲以此內外不相及之道，使調和之。其注曰：「夫理有至極，內外相冥，未有極遊外之致，而不冥於內者也，未有能冥於內，而不遊於外者也。」（見〈大宗師〉篇注）又曰：「夫聖人雖在廟堂之上，然其心無異於山林之中，世豈識之哉？徒見其戴黃屋，佩玉璽，便謂足以纓紼其心矣。見其歷山川同民事，便謂憔悴其神矣，豈知至至者之不虧哉？」（見〈逍遙遊〉篇注）內外既可調和，則孔子之棲棲遑遑如也而務外者，亦在於所以弘內也。故又曰：「聖人常遊外以弘內，無心以順有，故雖終日揮形而神氣無變，俯仰萬機而淡然自若。」（見〈大宗師〉篇注）而此內外之境，無有高下之別，端視人所用而異耳。魏晉人士，常以方內之士自居，時人亦不以為卑俗。阮籍喪母，裴楷往弔之。籍散髮箕踞，醉而直視。楷弔唁畢，便去。或問楷，凡弔者主哭，客乃為禮，籍既不哭，君何為哭。楷曰：「阮籍既方外之士，故不崇禮典，我俗中之士，故以軌儀自居。」時人嘆為兩得。(見《晉書》本傳) 此方內方外無有高下之明證。方內方外既無高下，則莊子與孔子同處平等地位矣。此即向、郭儒道合一之基本觀念。故謝靈運〈辯宗論〉云：「向子期以儒道合一。」其〈答難養生論〉亦以自然及禮教並舉。曰：「肴糧入體，不踰旬而充，此自然之符，宜生之驗也。夫人含五行而生，口思五味，目思五色，感而思室，飢而求食，自然之理也，但當節之以禮耳。」(見《嵇康集》)

儒道兼修，自漢世而皆然。然演變至魏晉，王弼以儒合道，向秀以道合儒。《莊子》之注則直欲調和孔子莊子之不同意見，使化合為一，亦為莊學發展過程中之演變史跡也。

向、郭名教與自然之結合，當係據自莊子「不譴是非，與世俗處」之說。然其本質上名教與自然實不可能調和，與世俗處則終必以「人為」妨害「自然」，與莊旨相背矣。此說蓋向、郭自身之矛盾，欲藉《莊》注以解嘲耳。《晉書》云「象好老莊，能清言」，然為太傅主簿時，則任職當權，薰灼內外。向秀亦自嵇康誅後應本郡計入洛。文帝問曰：「聞有箕山之志，何以在此？」秀曰：「以為巢許狷介之士，未達堯心，豈足多慕。」(均見《晉書》本傳) 此所謂「這邊一面清談，那邊一面招權納貨」(見《朱子語錄》)之流也。《莊》注調和名教自然之說，實基於向郭本身「一面清談，一面招權納貨」之行為。

然儒道思想之混雜，影響於後世者甚大，湯用彤氏云：「內聖外王為中華最流行之政治理想。

孟子之對齊王，朱子之告宋帝，千古政治，奉此不墜。」（見《魏晉玄學論稿》）此天人合一之思想，非但政治上之影響，學術思想之影響，尤有過之也。

向、郭因欲調和名教與自然，使之統一融洽無間，故又提出「跡」與「所以跡」之問題。所謂「跡」，即客觀存在之事物，可學而致之者。故曰：「詩禮者，先王之陳跡。」（〈外物〉篇注）又曰：「夫任物之真性者，其跡則六經也。」「所以跡」為自然之本體，亦即主觀之自我。然主觀之自我，為一抽象之內涵，實亦即無跡也。〈應帝王〉篇注曰：「所以跡者，無跡也。」故欲說明此一抽象之本體，則必需寄言以出意也。〈在宥〉篇曰：「夫堯舜帝王之名，皆跡也，我寄斯跡，而跡非我也。」〈逍遙遊〉篇注曰：「此皆寄言耳，夫神人，即今所謂聖人也。夫聖人雖在廟堂之上，然其心無異于山林之中，世豈識之哉？」此身處廟堂之上，心於山林之中之手法，亦即由「跡」至「所以跡」之過程，向郭提出一超乎知識之「冥」字，使名教與自然合一，「跡」與「所以跡」玄合。〈逍遙遊〉篇注曰：「四子者，蓋寄言以明堯之不一於堯耳。夫堯實冥矣，其跡則堯也。自跡觀冥，內外異域，未足怪也。世徒見堯之為堯，豈識其冥哉！」自跡觀堯，則固堯而已，此以智知之者，然自「所以跡」觀之，則堯固非堯也。此以無智知之者。宋張載（橫渠）內外合之說，與此極為相似。《正蒙・大心》篇曰：「人謂己有知，由耳目有受也。人之有受，由內外之合，知合內外于耳目之外，則其知也過人遠矣。」耳目之知，僅可明先生之陳跡，必合內外於耳目之外之知，始可體悟所以跡之冥也。故曰「其知也過人遠矣」。此「合內外之知」與「冥」，至理玄妙，難以盡言，向郭謂之「無心玄應，唯感之從」。（見〈逍遙遊〉注）能「無心玄應，唯感之從」，始可「靜默閒堂之裡，玄同四海之表」（見〈逍遙遊〉注），從而遊無跡之途，放形骸於天地之間，寄精神於八方之表。（〈知北遊〉注）

向郭《莊》注另一重要意見，為《莊子》之〈逍遙遊〉。向郭之釋〈逍遙遊〉，一為性分自足，一為無待。物性自足，即所謂「質小者所資不待大，則質大者所用不得小。故理有至分，物有定極，各足稱事，其濟一也。」（〈逍遙遊〉注）大鵬之飛，水擊三千里，搏扶搖而上者九萬里，去以六月息也。斥鴳之飛，騰躍而上，不過數仞而下，翱翔蓬蒿之間。小大之別，不可以數計，然皆能自足。逍遙之理，則無二致。故又曰：「苟足於其性，則雖大鵬無以自貴於小鳥，小鳥無羨於天池，而榮願有餘矣，故小大雖殊，逍遙一也。」（〈逍遙遊〉注）推而廣之，苟能自足，則世間之物，無不逍遙也。堯固為天下所宗，而堯未嘗有天下。常遊心於絕冥之境，雖寄坐萬物之上，而未始不逍遙也。庖人尸祝各安其所司，鳥獸萬物各足於所受，帝堯許由各靜於所遇，此乃天下之至實也。各得其實，又何所為乎哉？自得而已矣。故堯許之行雖異（今本行作地，從宋本改），其於逍遙一也。（以上均見〈逍遙遊〉注）是萬物各足於所受，皆逍遙矣。

然欲至此逍遙之境者，則由於無待，所謂無待，即玄同彼我，冥於大通。曰：「大鵬之能高，斥鴳之能下，椿木之能長，朝菌之能短，凡此皆自然之所能，非為之所能也。不為而自能，所以為正也。故乘天地之正者，即是順萬物之性也。御六氣之辯者，即是遊變化之途也。如斯以往，則何往而有窮哉！所遇斯乘，又將惡乎待哉！此乃至德之人玄同彼我之逍遙也。苟此待焉，則雖列子之輕妙，猶不能以無風而行。故必得其所待，然後乃逍遙耳，而況大鵬乎？夫唯與物冥而循大變者，為能無待而常通，豈自通而已哉？又順有待者使不失其所待，所待不失，則同於大通矣。」（〈逍遙遊〉注）向、郭之意，由無待之逍遙，推而至有待之逍遙，此說蓋基於性分自足而來。大鵬之能高，斥鴳之能下，椿木之能長，朝菌之能短。大小長短，性分自足，其逍遙一也。況有待之不失所待乎？則無待固逍遙，有待亦逍遙矣，構成整個宇宙之大逍遙，始可謂之真逍遙也。然能使此宇宙大逍遙之樞紐，厥為向、郭之「萬物自生」之論。即各安其性，天機自張，受而不知。故〈逍遙遊〉篇注又曰：「有待無待，吾所不能齊也。至於各安其性，天機自張，受而不知，則吾所不能殊也。夫無待猶不足以殊有待，況有待者之巨細乎？」

世傳《莊子・逍遙遊》義，舊是難處，諸名賢所可鑽味，而不能拔理向郭之外。然自支道林在白馬寺中，與馮太常共語，因及逍遙，支卓然表新理於二家之表，立異義於眾賢之外，皆是諸名賢尋味之所不得，後遂用支理。（見《世說新語・文學》篇注）按向郭逍遙之注與支遁逍遙之義所以不同，由於基本思想之互異，向郭謂苟足於其性，小大雖殊，逍遙一也。就其不知所以然而自然立論，形成宇宙之大逍遙。支遁以所以無大小之分，是由於心無大小之分。故曰：「夫逍遙者，明至人之心也。」（全文見《世說・文學》篇注）出於佛氏之意。（詳見湯用彤氏釋〈道安時代之般若學述略〉，文刊《哲學論叢》第一集。及陳寅恪氏之〈支愍度學說考〉，文刊《蔡元培先生六十五歲慶祝論文集》）近人或謂之兩家相差不遠，亦未為有得也。

向、郭《莊》注之內容，為後人所樂道者，尚有無不能生有之問題。何，王貴無，已如上述，裴頠崇有，有〈崇有論〉。（文見《晉書．裴頠傳》）向、郭則合貴無崇有之說而混同為一，提出萬物「自生」之理論。其說頗有討論之餘地。向、郭「自生」之說，既不「貴無」，然亦不「崇有」。〈齊物論〉注曰：「無既無矣，無不能生有，有之未生，又不能為生，然則生生者誰哉，塊然自生耳。」《列子．天瑞》篇張湛注引向秀曰：「吾之生也，非吾之所生，則生自生耳。」故向、郭「自生」之說，僅可肯定「無不能生有」而已。不能證明萬物生於「有」。以「自生」一詞以實之，其說至為含混。此蓋據莊子變動之說，〈至樂〉篇云：「察其始而本無生，非徒無生也，而本無形；非徒無形也，而本無氣。雜乎芒芴之間，變而有氣，氣變而有形，形變而有生，今又變而之死。」此「雜乎芒芴之間」實為「自生」之所本。「芒芴」據成玄英疏為「恍惚芒昧」之意。似有似無之氣體而已。〈至樂〉篇疏云：「莊子聖人，妙達根本，故睹察初始本自無生，未生之前亦無形質，無形質之前亦復無氣。從無生有，假合而成，是知此身不足惜。」則釋「芒芴」為無。然向郭「自生」之義，實即「無」也。又曰，「無不能生有」，前後矛盾，不能自圓其說，而以「自生」之說蒙混之。

雖然，向、郭之《莊》注，為集大成，其所論述之範圍甚廣，堪可稱為魏晉莊學全盛期之代表作，影響於後世亦深遠。據《晉書．向秀傳》云：「雅好老、莊之學，莊周著內、外數十篇，歷世才士，雖有觀者，莫適論其旨統也。秀乃為之隱解，發明奇趣，振起玄風。讀之者超然心悟，莫不自足一時也。」可見莊學之闡揚光大，向秀與有功焉。

㈣實踐期

東晉之季世，佛氏漸盛，玄學內容，已有佛學替代莊學之趨勢。是時士大夫，率皆精研佛理，筆之於書，悉為釋氏之論，口之於言，盡是空空之語。獨有陶淵明，猶能體悟莊子之深趣。非僅現於言表，且化諸行事，故舉以為實踐期之代表云。

淵明，字元亮，入宋後，改名潛，尋陽柴桑人。太尉長沙公侃之曾孫。少有高趣，親老家貧，起為州祭酒。不堪吏職，解歸。躬耕自資，後為鎮軍參軍。義熙元年，遷建威參軍。未幾，求為彭澤令。在縣八十餘日解歸。暨入宋，終身不仕。顏延年誄之，謚曰「靖節徵士」。

淵明之能獨體莊子之趣者，在能得莊子之真。方其貧也，則求為縣令，仕不得志也，則解印綬而去。傳稱「江州刺史王弘欲識之不能致也，淵明嘗往廬山，弘命淵明故人龐通之齎酒具，於半道栗里間邀之。淵明有腳疾，使一門生二兒舁籃輿，既至，欣然便共飲酌，俄頃弘至，亦無忤也。」（見蕭統〈陶淵明傳〉）此不納交貴宦，非為清高，既納交貴宦，亦不以為汙濁。一片純真，惟淵明能之。其〈連雨獨飲〉詩曰：「試酌百情遠，重觴忽忘天，天豈去此哉，任真無所先。」（見《陶淵明集》卷二）淵明之所以獨冠魏晉人士，亦在於能宅志超曠，任真無所先耳。「此中有真意，欲辯已忘言。」（〈飲酒詩〉其五）可謂淵明純真性格之真實寫照。

淵明之所以能真，一為其有高遠超邁與眾不同之見識力，一為其視世事無一可芥於胸中之修養。世人之見，皆以我觀物，則物中有我。我悲則物亦悲，我喜則物亦喜。喜怒無定，則愛憎起矣。淵明能以物觀物，以物觀物，則物自物，我自我，各安其分，同得其真，而物我融合無間矣。王常宗曰：「淵明臨流則賦詩，見山則忘言，殆不可謂見山不賦詩，臨流不忘言，又不可謂見山必忘言，臨流必賦詩，蓋其胸中似與天地同流。」（見《陶詩彙注》）是以吟詠性情，亦能不累於情。此非具有高遠超邁與眾不同之見識力，不可得而為也。淵明一生，惟在彭澤八十餘日涉世故，餘皆能高枕北窗，無絲毫纖芥求榮祿患得失之心。既無榮，則烏乎辱？既無得，烏乎喪？此所以為絕唱而寡和也。蔡寬夫曰：「柳子厚之貶，其憂悲憔悴之嘆，發於詩者，特為酸楚，卒以憤死，未為達理，白樂天似能脫屣軒冕者，然榮辱得失之際，錙銖校量而自矜其達，無詩未嘗不著此意，是豈真能忘之哉，亦力勝之耳。惟淵明則不然。觀其〈貧士〉、〈責子〉，與其他所作，當憂則憂，當喜則喜，忽然憂樂兩忘，則隨所寓。」（見《陶詩彙注》）淵明能「憂樂兩忘，則隨所寓」，實得之於《莊子》「官天地，府萬物，直寓六骸，象耳目，一知之所知」之精神。物視其所一，不見其所喪，物我同一，無一事芥於胸中，如滿天雲霧，化為烏有。其於〈王撫軍座送客〉詩云，「逝止判殊路，旋駕悵遲遲，目送回舟遠，情隨萬化遺。」人皆有情，然淵明能不以好惡憂樂內傷其身，故能「情隨萬化遺」。此視世事無一可芥於胸次，亦為淵明一生之出色本領。

莊子一生，如行雲流水，忽而駕夫眇莽之鳥，出於六合之內，忽而乘雲氣，御飛龍，而遊乎四海之外。淵明之純真任情，蓋即得之於莊子如行雲流水之自然情性。〈歸去來辭自序〉云：「質性自然，非矯厲所得。飢以驅我去，不知竟何之？」（〈乞食〉詩）是淵明質性自然之注腳。其〈形影神〉三詩，直以自然而破死生觀念。其詩始假形贈影曰：「願君取吾言，得酒莫苟辭。」影答形曰：「立善有遺愛，胡為不自竭。」此形繫累於養而欲飲，影役於名而求善，皆惜生之弊也。故神釋之曰：「大鈞無私力，萬物自森著，人為三才中，豈不以我故。」此神自謂也。又曰：「日醉或能忘，將非促齡具。」所以辨養之累。又曰：「立善常所欣，誰當為我譽。」所以解名之役。然此僅在於「促齡」，「無譽」而已。設使為善見知，飲酒得壽，豈將為之耶？於是又極釋曰：「縱浪大化中，不喜亦不懼，應盡便須盡，無事勿多慮。」一切皆付與自然矣。（以上評語分見葉夢得《玉澗雜書》及吳瞻泰《陶詩彙注》）淵明蓋得自然之真，故能「縱浪大化中，不善亦不懼。」此淵明之所以能獨超群倫也。

人生境界，約而言之，可分為三。一為動之境界，由動而至於死，以詩人譬況之，如李白是也。其一生煩惱皆在於求有用而不得其用。曰「天生我才必有用」，然時乖命違，懷才不展，故又曰「亂我心者今日之日多煩憂」，於是借酒解愁。然「以酒澆愁愁更愁」，終而至「明朝散髮弄扁舟」，無一日之安寧。亦人世間之特殊人物也。一為由動而靜至死之境界，如杜甫是也。杜甫初亦在求用世，故肅宗即位靈武，即奔帝行在。忠君愛國，以伊尹自比，最後悟富貴之不可求，乃曰：

「且飲生前有限杯」，渡過短暫之寧靜生活，亦人世間之特殊人物也。一為由動而靜而定之境界，如陶淵明是也，其少年時，仍為動之心境，心中頗有不平之氣。中年後始覺其非，故曰：「少無適俗韻，性本愛丘山，誤落塵網中，一去十三年。」（〈歸園田居〉六首之一）後悟莊子之道，看破死生，忘懷得失，著文自祭，由「縱浪大化中，不喜亦不懼」，而至於「不覺知有我」（〈飲酒詩〉）之境地，玄然與化冥合，物我如一。羅大經曰：「此乃不以死生禍福動其心，泰然委順，得神之自然者也。」（見《鶴林玉露》）此為人世間特出之人物也。

淵明詩文，後世稱其人所不可及者，亦在於沖澹深粹出於自然也。（見《楊龜山語錄》）其風格如橫素波而旁流，干青雲而直上。人多知淵明之詩平淡，然僅學其平淡，不知其出於自然，便相去遠矣。蓋自然出於純真流露，不可力學而致。吳瞻泰曰：「柳子厚，韋蘇州，白香山，蘇子瞻，皆善學陶，刻意髣髴，而氣韻終不似。捫蝨子謂子厚語近而氣不近，樂天學近而語不近，東坡和陶百餘篇，亦微傷巧，蓋皆難近自然也。」（見《陶詩彙注・序》）韋、柳、白、蘇之才，不下於淵明，如力學則必可致，然終不及者，乃淵明得莊子自然任真之趣，韋、柳、白、蘇心雖向之，然不能忘懷榮辱得失之念，故終不能企及也。朱熹曰：「淵明詩所以為高，正是不待安排，胸中自然流出。」又曰：「晉宋人物，雖曰尚清高，然這邊一面清談，那邊一面招權納貨，淵明真能不要此，所以高於晉宋人物。」（見《陶詩彙評》及《朱子語錄》）此言得之。

莊子以人之絕世易，處世無心不著形跡為難。故曰：「絕跡易，無行地難，為人使，易以偽，為天使，難以偽。聞以有翼飛者矣，未聞以無翼飛者也。聞以有知知者也，未聞以無知知者也。」（見〈人間世〉篇）蓋絕世離群，獨處山林，人誰害之？然人必處於世，所謂有人之形，必群於人。群於人而能遠害，斯為難矣。此獨淵明有之焉。〈飲酒詩〉其五云：「結廬在人境，而無車馬喧，問君何能爾？心遠地自偏。」「心遠地自偏」即「冥化無心」之謂也。莊子所謂不立崖岸，「彼且為嬰兒，亦與之為嬰兒；彼且為無町畦，亦與之為無町畦；彼且為無崖，亦與之為無崖，達之，入於無疵。」（〈人間世〉篇）故能「結廬在人境，而無車馬喧」也。其〈命子〉詩曰：「卜云嘉日，占亦良時，名汝曰儼，字汝求思。溫恭朝夕，念茲在茲。尚想孔及，庶其企及。」杜子美嘲之曰：「有子賢與愚，何其掛懷抱。」其實此正淵明同於人而不立崖岸之行跡也。所謂「彼亦直寄焉，以為不知己者詬厲也。」其〈命子〉詩又曰：「厲夜生子，遽而求火，凡百有心，奚特於我，既見其生，實欲其可，人亦有言，斯情無假。」「斯情無假」即淵明處世冥化無跡之明證。是故，其發於詩也，亦如絳雲在霄，舒卷自如，變化萬千，無跡可尋。東坡曾謂初見孔文舉之「坐上客常滿，樽中酒不空，吾無事矣」以為甚得酒中之趣。及見淵明「偶有佳酒，無夕不傾，顧影獨盡，悠然復醉」之語，便以文舉多事矣。（見〈東坡題跋〉）此即文舉有心而為，不如淵明之自然無跡也。他如〈歸園田居〉詩之一云：「曖曖遠人村，依依墟里煙，狗吠深巷中，雞鳴桑樹巔。」其自然沖澹，與景物化合之趣，如大匠運斤，神化而無跡。故能「採菊東籬下，悠然見南山。」沈德潛謂此二句，中有元化自在流出。又曰：「陶公胸次浩然，曠世獨立，其詩天真絕俗，當於語言意象外求之。〈飲酒詩〉二十首，起曰：『日夕歡相持』，結曰：『君當恕醉人』：遙作章法，而中或言酒，或不言酒，謂之首首言酒可，謂之非言飲酒亦可。自序云：『辭無詮次，不過醉後述懷，偶得輒題耳，不得太執著也。』」（《說詩晬語》）此可謂深解淵明冥化無跡之趣也。傳稱「淵明為彭澤令時，不以家累自隨，送一力，給其子書曰：『汝旦夕之費，自給為難，今遣此力，助汝薪水之勞，此亦人子也，可善遇之。』」（蕭統〈陶淵明傳〉）「此亦人子也，可善遇之」。全由胸次自在流出，無絲毫牽強作意於其間，一片純真，人我一體。非淵明不能為之也。阮籍逍遙浮世，不道人臧否，醉即臥人婦之側，與世無違，然尚不及淵明之發自情性之真，而無跡可尋也。〈五柳先生傳〉曰：「性嗜酒，而家貧不能常得，新舊知其如此，或置酒招之，造飲輒盡，期在必醉，既醉而退，曾不吝情去留。」昔劉伶嗜酒，常乘鹿車攜一壺酒，使人荷鍤而隨之，謂曰：「死便埋我。」（見《晉書》本傳）頗能自遺形骸。然比之淵明「既醉而退，曾不吝情去留」，又嫌其有跡也。史又曰：「貴賤造之者，有酒輒設，淵明若先醉，便語客：『我醉欲眠卿可去。』」其率真如此。淵明一生，皆在蟬蛻涓埃之外，棲神澹漠之鄉之中渡過。「形骸久已化，心在復何言。」（〈連夜獨飲〉詩）是淵明體會莊子之真切處。東坡云：「人言靖節不知道，吾不信也。」可謂知言。

後人稱淵明為隱逸詩人之宗。（見《詩品》）此未嘗知淵明也。淵明結廬在人境，何嘗離世而獨立。淵明實是入世，而有出世之思想也。故曰：「門雖設而常關」。（見〈歸去來辭〉）既有門矣，自非隱逸，然常關而已。常關即出世之思想也。莊子曰：「道無處不在。在螻蟻，在稊稗，在瓦甓，在屎溺。」（詳見〈知北遊〉篇）故莊子遊於人間，無往而非道也，然世人往往不知其為道耳。淵明之所以高於世人，豈必在隱逸乎哉！

淵明之最能得莊子之趣者，為能體悟莊子「言無言」之旨。其〈桃花源記〉最後一段曰：

> （漁人）既出，得其船，便扶向路，處處誌之。及郡下，詣太守，說如此。太守即遣人隨其往，尋向所誌，遂迷不復得路。南陽劉子驥，高尚士也。聞之，欣然規往。未果，尋病終。後遂無問津者。

後人論述本文，或謂其言過其實。蓋以漁人既處處誌之，而太守復派人前往，尋向所誌，何以不復得路？而南陽高士亦尋而不得，卒以病終，遂使此人間仙境無人問津焉。其理似不可通，然細索本文之題旨，及淵明思想之所自出，則又恍然而悟。乃知淵明設詞之妙，喻意之巧。蓋莊子之道，本不可言，所謂言者不齊也。然不言又不足以明道，故不言與言，皆不齊也。如則，何以明道耶？曰：「言無言」。（原文作「無言」，上「言」字依王校增）此莊子言道之樞要也。淵明深悟斯趣，即假莊子「言無言」之旨，以寫其人間之世外桃源也。蓋所謂桃源者，乃人間之理想境界，豈容方外之俗士得路而入，苟太守得至，高士得至，則必淪為爭奪之場，是非之處，與本文世外桃源之主旨不侔矣。據此，則漁人亦不應得路而入焉，始符題旨。然漁人不得其境，則本文無從寫起，故必憑空揑造一漁人於無意之間誤入，此即所謂「不言不足以明道也」。然此漁人，亦僅許一至焉，若再至焉，則又離題矣。所以漁人尋向所誌而終迷不復得路也。結以「後遂無問津者」，使此不知有漢，無論晉魏之人間理想境地，完美無疵，永留後人記憶之中。莊子曰：「終身言，未嘗言，終身不言，未嘗不言也。」（見〈寓言〉篇）唯有淵明深諳個中三昧。莊子之言道也，似車輪之轉地，著而不著。謂車輪不著地耶？車輪實與地面密切接合。謂車輪著地耶？則車輪又轉動如恆，其不著地明矣。莊子之言道，大致如是。淵明〈桃花源記〉寫作之技巧，足以為具體之說明。後人或考桃花源之處，或論避秦之事，或測託意之實，殊無謂也。趙與時曰：「靖節所記桃花源，人謂桃花觀即是其處，不知公蓋寓言也。」斯言得之矣。

綜觀淵明一生，在乎遺形骸，去形跡，超乎聲名死生之外。〈飲酒詩〉曰：「雖留身後名，一生亦枯槁，死去何所知，稱心固為好。」又曰：「客養千金軀，浪化消其寶，裸葬何必惡？人當解意表。」蓋其遠於世事，與道汙隆，雖處貧賤，不以為意，乞食不以為羞，子愚不以為恥。胸懷蕩蕩，行跡冥冥。時矯首而遐觀，時撫孤松而盤桓，飄飄乎如遺世而獨立，翛翛乎超造化於物外。著於心，不拘於跡，明乎生，不憂於死。知時之無常，分之有定。委化順應，復歸自然。非深於道，未易測其底。能觀其文者，馳競之情遣，鄙吝之意袪。貪夫可以廉，懦夫可以立，豈僅節操可蹈，抑且爵祿可辭。世悟莊子之道者，捨淵明其誰歟！（以上參見蕭統〈陶集序〉）

魏晉莊學，其始也以何晏、王弼之注《論語》、《易》、《老》，雜以《莊子》之說開其端，次而阮籍之《達莊論》，嵇康之《養生論》繼其後，為《莊》注之發軔。浸假至向秀、郭象而集大成。終經陶淵明之實踐殿其後。魏晉莊學演變之過程，大抵如是。其間雖亦有達人雅士，撰述援引，然或斷簡殘篇，未成系統。或論他事，偶為譬喻而已。唯有符朗者，學宗《南華》，論本《莊》、《列》，有《符子》三十卷（《隋唐志》有《符子》三十卷，宋不著錄，蓋已亡於唐末歟），散見舊籍，頗能闡發《莊》旨，劉知幾稱其比跡莊周（見《史通・模擬》篇），信之有也。今併以附聞焉。

四、結　論

魏晉莊學承漢代之遺緒而發揚光大之，其始也，政治之因素掀其波，繼之焉，人為之趨勢擁其浪，互激互盪，終遂成一代之思潮。然其本也，仍不離經，何晏解《論語》，王弼注《易》，莊子之說，皆附儒學而流傳，何，王雖闡貴無之說，甚為精闢，然《論語集解》，《易》注在經學史上，實有其永恆之價值。阮籍浮遊於世，與道汙隆，深得莊子之旨，然其〈通易〉，〈樂論〉，亦為儒者奉為經說之鵠的。嵇康自述篤好老莊，非薄湯武，然亦出入經學，深得孔門之義。向秀郭象《莊》注。稱孔子為聖人，且多援引《周易》、《論語》之文。其名教與自然化合之說，影響後世之深之遠，非言可喻。陶淵明體悟莊子之趣最深，而仍具聖賢經濟學問，豈放達飲酒所能窺測。世之論莊學者，不可不知也。

嗚呼！《莊子》衰世之學也。自漢以來，每遇季世末代，國家衰亂，其學始興。魏晉世衰，莊學特盛，阮籍之《達莊論》，淵明之答形影，尤為其著者焉。於個人言，遭逢困阨，而始崇篤莊子之道。《後漢書．馬融傳》曰：「融不應鄧隲之召，後困於涼州，自悔非老莊之道。」賈誼不貶長沙，未必有「其生若浮，其死若休」之嘆。馮衍必遭廢黜，而興莊周漁釣之思。（見《後漢書．馮衍傳》）班嗣失意，亦崇莊學，蔡邕讓侯，始有「鼴鼠，鷦鷯」之賦（見《全後漢文》卷六十三），史書載錄，俱可考見。今之治《莊》者亦如是乎？悲夫！

老莊的思想

一、前言

老子和莊子都是道家主要的人物，但要說明他們思想的繼承與影響是件不太容易的事。其原因是《老子》與《莊子》書先後的問題；如果說，《老子》書在《莊子》書之先，則《莊子》為《老子》書的注疏，陸西星的《南華真經副墨》、胡哲敷的《老莊哲學》便是這個意見。如果說，《莊子》成書在《老子》之先，則莊子為道家思想的開山大宗師，錢賓四（穆）先生的《莊老通辨》便抱這種見解。要澄清這個問題，須牽涉到先秦許多書的考訂，不是一言兩語就可以說得清楚的，那需要從各方面去考察比較才能決定，而且過去討論這個問題的作者，也多得不可勝舉。在這短短的篇幅裡，要把這個問題說得很清楚，是不可能做到的。所以姑且不談這個問題，僅就老莊思想的本身，作一扼要簡明的比較，以見出他們兩者思想之異同而已。

老子和莊子的身世都很神祕，司馬遷在《史記・老子韓非列傳》中只說老子著書五千餘言，莫知其所終。接著又說老萊子也是楚國人。以後又提到有人說儋就是老子。因此後人有懷疑老子的存在者，像梁啟超氏就認為一個人的傳有三個人的化身，肯定《史記》所記載的老子屬於神話（見《梁任公文集・論老子書作於戰國之末》），甚至有懷疑老子其人的存在者，像孫次舟氏就認為孔子問禮於老子是莊周之徒捏造的事實，老子實無其人，連《老子》書也是莊周後學所偽撰。（見〈跋古史辨第四冊並論老子之有無〉，文刊《古史辨》第六冊）這雖不可盡信，但老子為一神祕人物卻是不可否認的。至於莊子，關於他的一生，《史記》本傳只記述二百三十五個字，其內容也是說明莊子是一個「王公大人不能器之」的人物，其神祕性與老子相似，蔡子民（元培）先生曾懷疑根本沒有莊周這個人，認為孟子所稱的楊朱就是莊周。（見《中國倫理學史》第八章，日人久保天隨亦有此語）這種說法雖不可信（唐鉞、門啟明已辨其非是，文見《古史辨》第四冊），但正可說明老子與莊子同屬為神祕性的人物。而更巧的在先秦諸子中只有《老子》與《莊子》兩本書，被稱為經。（《列子》雖稱為經，但為晚出偽書，《經典釋文》亦不收錄）所以老子與莊子的思想，多少是有相似的地方，而且《莊子》書中某些地方是在闡發老子的意見，給予老子相當崇高的地位。司馬遷甚至直指莊子是在闡明老子的道術。雖然這樣，他們兩人的思想，還是有其不同的一面，這是可以肯定的。《莊子・天下》篇把老子和莊子的道術，分別敘述，郭象〈大宗師〉篇注也說：「莊子自己說明宗派」，就是最好的證明。現在就其相同的和不同的地方扼要的說明如次：

二、老莊的道

老子和莊子思想相同的地方，是都在說明道是出於自然。《老子》第二十五章說：「人效法地，地效法天，天效法道，道則效法自然。」這裡說道出於自然，也就是說自然就是道，並不是道之外另有一個自然，因為道不可知、不可測、不可名，所以就勉強稱之為出於自然。（見余祖言《道德經通釋》）莊子對於自然的說法，雖不多見，但也是以自然為道的型態。〈齊物論〉篇說：「已而不知其然謂之道」，「不知其然」就是自然而然。司馬遷說：「莊子推衍老子所說的道德而立論，其主旨還是歸於自然。」可見莊子與老子所說的「道」的本體，大略是相同的。就道的本身說，老子所說的道，是「恍恍惚惚的，但在恍惚之中，卻似有形象；在恍惚之中，仍有物體。道的形體，就是那樣的深遠幽昧，但其中卻有極精細的質子存在，這精細的質子是真實存在的，而也是確實可以相信的。這種恍惚的道體似是有物體的存在，但又是沒有形狀，沒有形象的。」而這存在又看不見的道體，卻是產生萬物的本源。這種的道體，和莊子所說的道體很相像。《莊子・大宗師》篇說：「那道是真實存在的，但是它是無為的，沒有形狀的，可以師傳而不可以接受，可以體會得到而看不見，它自己就是自己的本，自己的根，未有天地以前，從古以來它就存在著。」不過，這個有其實而無其形的道的思想體系，老子與莊子的說法頗不相同；老子雖然也認為萬物都是由這個道產生的，但其過程是直線式的，所以說：「道產生一，一產生二，二產生三，三產生了萬物。」（第四十二章）而莊子卻認為道產生萬物是走圓環式的，無始終物我的分別，所以說：「萬物都有其種類，各以不同的形狀傳流後代，始終循環，像環一樣沒有端緒」。（〈寓言〉篇）萬物的產生，沒有起點，也沒有終點。在圓環上，任何一點都是起點，任何一點也都是終點。萬物都是出於「機」，萬物又都入於「機」。就像我們說太陽從東邊出來，從西邊落下去，其實從東邊出來的也不是真的從東邊出來，從西邊落下的也不是真的從西邊落下去。太陽的出與入，還是同一位置沒有變動的，人的看法有出入的不同罷了。或許說，老子不是也說過「萬物紛紛芸芸，最後各自返回到它的本根」（第十六章）嗎？《莊子．在宥》篇也有類似的說法，但〈在宥〉篇不是莊子所自著，恐為老子之後人所述）但是老子這個循環和莊子的圓環思想有別。在某種範圍內，莊子對於本體的結論往往和老子一樣，歸結於抽象的概念的領域之中，也就是所謂道這個東西之中。不過莊子的圓環思想認為抽象的概念和本體是有依存性的，所以說：「名，是實的外在東西。」概念不能離開本體而存在，概念和本體是有關聯性的，所以說：「其形化，其心與之然。」（〈齊物論〉）又說：「庸詎知吾之所謂天之非人乎？所謂人之非天乎？」（〈大宗師〉）因此，形成他的理論最基礎的東西，並不是事物之外的形式，或是概念之內的形式，而是在概念之中去認識的現實的反映。（略見翦伯贊之〈莊周哲學之辯證觀〉，文刊《中山文化教育館季刊》二卷第四期）所以說：「道就是自己的本，自己的根」。（〈大宗師〉）〈知北遊〉篇有幾句話可以說明它的真相，他說：「譬如盈滿與空虛，道就寄託在盈滿空虛之中。但盈滿空虛不是道的本身，道也寄託在衰退消殺之中，但是衰退消殺不是道；道也可以說是根本和梢末，但道並不是根本和梢末的本身；道就是物的聚積和消散，但聚積和消散的本身不是道。」莊子是主張道遍在的，和宇宙萬物已融結為一體了。道和萬物不可分離，凡是可以分離的就不是道。在道的境界中，沒有是非，沒有對立，渾然一體，物我兩忘。老子因為走直線，所以難免有對立，常常把自然的規律和社會的情形作對比，因此老子所說的自然的本體，實有人為的因素摻雜其中，他說：「自然（本體）的規律，就像拉弓一樣，弦位高了，就把它壓低；弦位低了，就把它昇高；自然的規律就是這樣的把有餘的減少，不足的就給它補充」。（第七十七章）這很顯然的，構成宇宙本體的規律是需要人為的調整，不是純任自然的無為，而是損有餘補不足的有為了。這和莊子的「天地一指，萬物一馬」的渾然一體的說法，迥異其趣。因為老子不能純任自然，常常把「天道」與「人道」相比擬，如第七十七章又說：「自然的規律，是損有餘的來彌補不足的。人為的現象，就不是這樣的，反而剝奪不足去增益有餘的。」老子也曾企圖把這種對立的情形給調和起來，曾說：「無和有名稱雖然不同，都是由玄冥的道產生的」。（第一章）但因為以自然的作用就是損有餘以補不足，即使有道的人，也不過是把有餘的供奉天下的不足。充其量不過是作育萬物，不自恃其能；成就萬物，不自居其功而已。這大概是後人所以稱「老子是君人南面之術」的原因吧？

老子和莊子在說明道的本體時是相同的，但當說明道的作用時就分道揚鑣了。莊子認為宇宙萬物的變化，其過程經歷雖各有不同，但終歸於自生自化自已。這種萬物變化的法則，也就是自然的法則，這個變化的法則，是無時無刻不在運行的。莊子就以這個說法，建立他的變化循環論，萬物都是從「機」產生出來的，萬物又返歸於生命的化機中。（〈至樂〉）這種變動的規律，冥冥之中又像有一個真宰支配著，那就是道，不摻雜絲毫人為的因素。這是莊子論道的作用時和老子不同的地方。老子常把天道與人道對立，莊子則是道通為一。

老子不單是有天道人道對立的說法，就是提出禍福循環時，也是帶有條件的，韓非解釋「禍兮福之所倚」時說：「人有禍則心畏恐，心畏恐則行端直，行端直則思慮熟，思慮熟則得事理；行端直則無禍害，無禍害則盡天年；得事理則必成功；盡天年則全福壽；必成功則富與貴，全壽富貴叫做福。而福原本於有禍，所以說『禍兮福之所倚』」。（〈解老〉篇。解釋「福兮禍之所伏」句，意見相同，茲不錄）這是說人有禍，必定要心畏恐，然後禍才能轉化為福，人有福必先有驕心，而後福才轉化為禍。反過來說，人如果有禍而不知畏恐，有福而不生驕心，那禍福還是不能轉化的，必須附帶條件，禍福才能轉化，和莊子的「禍福相生」（〈則陽〉）、「禍亦不來，福亦不至，禍福無有」（〈庚桑楚〉）的禍福兩忘的說法，是有其實質上的不同。這也可以看出老莊思想的相異處。

三、老莊的政治觀

老子談自然常以人事相比附，所以可以施於治政，從前歐陽脩說：「老子的書籍，所說的雖然都是虛無，但對於治人的方法卻是很高明的呢！」（見《歐陽脩全集》卷五《六一筆記・老氏說》）可說是很了解老子的了。西漢初年，老子思想在政治上還發生過實際的功效。《漢書》記載曹參為齊國相，用黃老之術，治理齊國九年，齊國百姓安居樂業，稱為賢相。（《史記・曹相國世家》）老子所說的無為，事實就是政治措施的一種手段，教執政的人不要自作聰明，運用智謀，只要順應自然而行，以自然為法，天下百姓就可以各安其業。因此老子主張「治理天下當清靜無為，如果有為，就不配治理天下了」（第四十八章），曾說：「我無為，百姓自然化育，我好靜，百姓自然純正；我無事，百姓自然富足；我無慾，百姓自然純樸」。（第五十七章）可見老子是要用「無為」的手段，去達到治理國家的目的。所以表面上看，老子好像是主張無政府組織，絕對的放任自由，實際上是有國家組織的觀念；如果是真正沒有政府組織的觀念，那何來有為無為的呢？而且他還提出治國的辦法來，說「治理大國，好像烹小魚」。（第六十五章）這樣說，治理國家不是無為，而是有為了，只不過所為的要像「烹小魚」罷了。那老子為什麼要提出「無為」為治理國家的目標呢？這大概有它時代的背景與自己的見解。他認為大家都有為的話，社會上爭奪殘殺、權謀詐術、虛偽罪惡必定會從此而生，那社會就日漸擾亂，人心就日趨險惡了。到了這樣地步，即使用嚴刑峻法也不能收效，仁義德化也無能為功，道德刑罰就破產了。所以說：「法令過於嚴苛，盜賊反而更多起來」（第五十七章），要「棄絕仁義，恢復百姓孝慈的天性。拋棄機巧和貨利，斷絕盜賊的發生」。（第十九章）當然這種論調，也是針對當時儒家的繁文縟禮，與法家的嚴刑峻法而發的。但其根本的觀念，是認為儒家的仁義禮法都已包含在道的範圍內了。執政的人只要奉行自然之道就可以了，無需提倡什麼仁義道德去煩擾百姓。所以說：「天地有一個根本的道，這個道是天地萬物之母，如果得到這萬物之母的道，就能認識萬物；如果認識萬物，又能守著萬物之母的道，那終身就沒有危險了」。(第五十二章) 仁義禮法都是道所產生，如果拋棄萬物根本的道，而用其末，那必有憂患。老子就是認為儒家法家為政的錯誤，都是棄本用末。喋喋不休的談論仁義禮法，結果是社會紊亂，人慾橫流。法家的嚴刑峻法，結果也只是「刑罰愈繁，盜賊愈多。」因此他反對政治用刑罰禮法，主張無為，稱無為的政治為上德，用禮法治理百姓的有為政治稱下德。從老子區分管理政治的方式為上德與下德看起來，很顯然的他是把宇宙間的事物給對立起來，這和莊子的思想，也是截然不相同的。

前人都認為莊子是超絕政治界的，像南宋時的朱子（熹），近世的蔡子民先生。《朱子語類》說「莊子只是僻處自說」（《朱子語類》卷一百二十五）；蔡孑民（元培）先生認為莊子是超絕政治而純然研求哲理的大思想家（《中國倫理學史》第八章），這固然有其片面的理由，但不足以說明莊子的本實，〈人間世〉篇說：「天下有兩大法則，一是命，一是義。子女愛親，這是命，是人的天性固結在心而不能解除的；臣子事君，這是義。無論何時何地都要受國君的統治，是人生無法逃避的，這就是所謂大法則。所以兒女事奉雙親，不管什麼境遇都要使父母安適，這是孝道的極點；人臣侍奉國君，不管事情怎麼危險，都要為國君效命，這是盡忠的極致了。」可見莊子也是主張有政府組織，百姓應該接受國君的管理，這是做人不可避免的。至於莊子的政治目標，雖也和老子一樣是無為，但莊子無為的實質和老子不一樣，老子的無為和有為對立；莊子的無為，則純任自然，反對用任何方法與手段，〈人間世〉篇雖也提出奉事暴君要「小心謹慎，先求自己站得住」以及「心齋」的道理，但終歸於「忘己」。忘己就是與宇宙化合，追溯到萬物沒有產生的本源，在那個世界裡，沒有人我的對立，當然也就沒有是非、沒有爭辯，那是一個充滿祥和樸實平靜的社會，因此他的政治主張是徹底拋棄權謀詐術，他甚至主張把日常生活應用的機械也拋棄不用。他認為人一有機械，就會有權謀詐術的機心，一有機心，心地就不光明正大，所以要徹底的拋棄掉，這大概是後人認為莊子超絕政治的原因吧！不過，我們要知道，莊子政治的目標終歸於忘己，並不表示莊子與世隔絕，因為他基本的理論是「道不逃物」、「道通為一」的，忘己也是己在此「道」中，在此宇宙中，未嘗離開這個宇宙，既然已在此「道」中，所看見的都是道，沒有自己的存在，那就不會有自己的意見了。所以莊子的政治原則是沒有固定的，一切都要順應自然的變化，寄託於不得已而行動。這種沒有固定的政治原則也就是莊子最高的政治原則，可以說是一種政治上的藝術運用，我們不能說莊子沒有政治的理想。

老子與莊子政治的理想，同是主張「無為」。但老子的「無為」理想卻轉化為一種手段，其結果終變成「無不為」，並且提出具體的政治主張；而莊子的「無為」是連「無為」的名稱都沒有，不但是無名，而且是無功，最後達到無己的境界。

四、老莊的知識論

老子和莊子都主張隨順自然，所以也反對知識。老子說：「有智慧的人是不隨便多言的，多言的人不是智者」。（第五十六章）因為天地間的智識太多了，人不能遍知。就是自己認為知道的，那也不過是個人主觀的看法，並不是客觀的標準。既然不能客觀，於是紛爭就發生了。你說天下的東西是美的，那醜的觀念也就產生了；你說是善的，那不善的觀念也就產生了。所以說「有智慧的人不多言」。在事物的本身說，是沒有什麼善與惡，美與醜的，世間所產生的善惡美醜都是人去分別的。人的意見是主觀的，你說是美的，可能他說是醜的；今天說是醜的，可能過了些時日，又認為是美的了。或許在這裡看是美的，換了別地方看又是醜的了。因此說：「貴和賤，相差究竟有好多？善和惡相差究竟又有好多呢？」（第二十章）在老子看來，對於世間一切東西的看法，都是沒有絕對性的，它是因人、因時、因地而異，沒有絕對的標準。但這並不是說老子否定知識，老子只是認為主觀的知識，不足以判斷宇宙間客觀存在的事物。這一點莊子發揮得很透徹，〈齊物論〉說：「假使和你辯論，你勝了我，我沒有勝你，你的認識果然是對的嗎？我的認識果然是錯了嗎？我勝了你，你沒有勝我，我的認識果然是對的嗎？你的認識果然錯嗎？是我們兩人有一人對，有一人錯呢？還是我們兩人都是對或者都是錯的呢？我和你是不能知道的。人們都有所蔽而不明，我們請誰來做公正的評判呢？假使請見解與你相同的人來評判，他已經和你相同了，怎麼能評判呢？假使請見解和我相同的人來評判，他已經和我相同了，怎麼能評判呢？假使請見解和我和你都不同的人來評判，他已經和我和你都不同了，怎麼能評判呢？假使請見解和我和你都相同的人來評判，他已經跟我和你相同了，怎麼能評判呢？那麼我和你及其他的人都不能知道誰是誰非，還等待那一個呢？」由此可見世間的知識都是片面的、不可靠的。而各人認為自己學術的成功，在莊子看來也不過是小成而已，所以莊子也主張放棄人為的知識判斷，而任由自然。所以莊子常常說「照之于天」、「以明」、「寓諸庸」，不表現自己的才智。〈應帝王〉篇記載「齧缺問王倪，問了四次，王倪四次回答不知道，齧缺高興得跳了起來。」這就是說明不知之知，才是真知。因為物類嗜好不同，所見各異，知與不知，那裡有一定的標準呢？譬如說，人睡在潮濕的地方就腰痛，害半身不遂的病，泥鰍也是這樣的嗎？人住在樹上就恐懼發抖，猿猴也是這樣的嗎？這三者，誰知道那裡是正當的住處呢？人吃牛羊犬豕，麋鹿吃草，蜈蚣喜愛吃蛇腦，貓頭鷹和烏鴉愛吃死老鼠；這四者，誰知道什麼才是真正可口的味道呢？是非的標準，要如何去決定呢？所以只好說不知了。不過莊子的不可知論與老子一樣，也並不否定知識，他是說知識靠不住罷了。〈大宗師〉篇說：「那知識必有所待的對象，而後才能判斷它是否正確，但所待的對象，卻是沒有確定的。怎麼能知道我所說的天不是人呢？所說的人不是天呢？」所以要人止於他所不知的，因為人認為知道的，只是片面的知識罷了。〈庚桑楚〉篇說：「所謂知覺是用於對外物的接觸，智慧是用為處世的謀略。有智慧的人所不能知道的事物，就像眼睛斜視一方，不能周遍。」我們平常所認為知道的，都不夠全面，都帶有主觀的色彩，是靠不住的，就像莊子所說的「眼睛斜視一方，不能周遍」一樣，唯有任由自然去判斷，那才是真知。真知其實也就是不用智慧，不用感官從事物的形象聲色上去判斷，他認為「形象是我們可以看得見的，聲聞是可以聽得到的。世人以為那形象聲名，就是大道的真實，那是可悲的事呀！形象聲名究竟還是不能得到大道的真實的呀！」（〈天道〉）所以說：「知道的就不說，說的就不知道」。（〈天道〉）雖然如此，莊子也並非不承認外物的存在，〈齊物論〉明確的指出是有一個真宰存在的。那個道是有實體可以相信的，不過這個存在的東西是無為無形屬於不可知的，這不可知也就是真知。〈徐无鬼〉篇說：「要依靠所不知的事物才能知道天道的自然」。可見莊子是不否定外界存在的事實，而是因為他根本的思想是「天地與我並生，萬物與我為一」（〈齊物論〉），認為宇宙連我在內是渾然一體的。我之所知道的事物，只是在宇宙中截取與我有關的一部分事物，不是渾然一體的宇宙本來面目。因此所知愈多，離渾然一體的宇宙本來面目愈遠；只有不知，然後才能物我不分，保存完整的渾然一體。所以這渾然一體的本實是不能用智慧來分析的，既是不容許用智慧來分析，那只有付與不知，所以不知，也就是真知。

老子對於知識的見解是無知，莊子則是不知，但都不是主張消滅知識，《老子》書中常提到「知足常樂」、「知其白，守其黑」，對知識有相當的重視；莊子主張不知，是說明片面的知識靠不住，以及用知的禍患，因此說：「知道不知的道理，就達到最高的境界了」，在《莊子》全書中到處都可以覆按，不必多舉例了。

五、老莊的倫理觀

莊子的倫理觀，是求超出相對的世界，逍遙於無待的絕對世界，而終極的目標，是要達到至人、神人、真人的境界。這個至人，任何外物都不能傷害到他，洪水滔天不會被淹斃，大乾旱金石融化土山枯焦，他也不覺得熱，疾雷破山、飄風震海，他也不會驚恐，他能夠騎日月駕雲氣到處遨遊，不受世間任何的阻礙。他不貪求長生，也不厭惡死亡，生下來就順著而降生，死亡時就隨著而消逝，忽然的就來了，忽然的就去了，這樣的神人，是莊子修養的目標，達到這種境界的人，莊子稱為得道的真人。所謂得道，也就是與道化合，道就是我，我也是道，道涵蓋我與一切的事物，在道的境界裡，沒有物我的分別，我與道渾然一體。當然，在這種情形之下，是沒有自我的存在，所以說「至人無己」。（〈逍遙遊〉）也惟有達到「無己」的境地，才能與道化合逍遙於任何無限的時空裡。因此莊子修養的境界，可以說是超時空的，是一種抽象的目標。

老子雖然也認為道的本體不是屬於形器世界的範疇，但因為他把天道和人道對立起來（見第七十七章），所以對於倫理的觀念，有顯著的形跡可循，他告訴人要柔弱，因為凡是活的東西都是柔弱的，只有死的東西才是僵硬的，就像人體一樣，活的時候是柔軟的，死後就變成僵硬了。草木也是如此，生長的時候形質柔軟，死後就變成枯槁了。（第七十六章）在行為上他主張謙虛卑下，自居於汙辱。這些都足以說明老子的修養目標是有明確的形跡，是具體可行的。他明顯的說：「禮之所以產生，是忠信的不足，因此大丈夫要立身敦厚，而不居於澆薄，存心篤實，不居於虛華」。（第三十八章）莊子雖然也提出人生修養的理想，但那個目標是玄遠的，是人道與天道的融合，沒有形跡可以依循，只有內在的性靈才可以體悟到。

雖然這樣，但老莊在實踐的方式上，卻有一致的意見，他們都主張人應該寡欲，老子認為人純真樸實的本性，假使受到了外界物慾的影響，那純真樸實的本性就破壞了，所以要人「表現純真，抱守樸質，減少私心，降低慾望」。（第十九章）又說：「不標榜名利的可貪，可以使百姓的心志不迷亂」。（第三章）莊子也主張去慾，他認為人有了名利心，就像帶上桎梏一樣，所以「以利結合的，也必因利而分離」。（〈山木〉篇）有時我們認為利的，說不定禍害就在後面，你認為是害的，說不定利接著就來。老子也有同樣的見解，他說：「災禍裡面隱藏著幸福，幸福的後面潛伏著災禍」。（第五十八章）這都是告訴人們不可貪利務得，以免惹禍上身。不過，根據韓非子的解釋，老子所說的禍福的轉化是有條件的。（見《韓非子‧喻老》篇）而莊子則是把禍福看做一樣，而且是同時產生的，這又是兩者不同的地方。

總而言之，老莊對於倫理的看法，在原則上說，觀點是相同的，實踐的意見也是一致的。但當接觸到實質的問題時，兩人又分道揚鑣了。老子是主張對立的，所以認為禍福的轉化是有條件的，因此說，「災禍是由於不知足，過咎是由於貪得」。（第四十六章）災禍和過咎的產生是由於不知足而來。莊子則是相對主義者，認為禍福是相對產生的，根本無所謂禍，也無所謂福，所以說：「安危是互易的，禍福是相生的」（〈則陽〉篇），這又是兩者相同之中而又有不同的地方。

六、結論

老子與莊子都是以順應自然為實施政治的綱領，百姓在大自然中各自生活，日出而作，日入而息，鄰居雞叫犬吠都可以聽得到，但不必互相往來，構成一幅樸實無華的理想政治藍圖。我們知道，人類自出生以至於長大，其間有群居有獨處；群居時人與人的接觸，難免有意見的不同，就會發生爭執，於是有法律道德約束人們的行為。老子既主張民至老死不相往來，則爭執無從發生，也就不需要什麼道德禮法了，因此主張絕聖棄智，絕仁棄義，可見老子的摒絕聖智，與主張「民不相往來」、「小國寡民」是相關的。反對群居，提倡獨處，是減少人與人爭執的最根本辦法。然人在獨處時雖無爭執糾紛，但人是有種種慾望的，有了慾望，必有私心，即使是獨處，慾念之生，也會起而爭奪的。初則是與自然相爭，繼則與人相爭，還是不能避免勾心鬥角。所以老子又提出少私寡慾的主張，使人還樸歸真，保持純厚的天性。莊子的政治主張則是不干涉主義，主張不以人為破壞天然的本性，一切的政治措施，都是出於不得已，所謂「行動不則已，就是無為的至德」。（〈庚桑楚〉）我們也可以這麼說，老子的政治綱領是效法自然的平靜和樂，所以主張不去騷擾百姓。莊子則是效法自然的自然，一切行為都是出於自然，那就合乎政治的原理了。

老子在認識論方面主張「無知」，認為「百姓所以不容易治理，是因為他們智巧太多。」又說：「古代善治國的人，不是明民，而是愚民」。（第六十五章）因此後人多認為老子是實行愚民政策，這是不正確的。其實那個「愚民」的「愚」字是純樸的意思，王弼說：「愚就是無知，守其本真順於自然」，愚字並沒有愚昧的意思。老子反對智慧，其實就是反對機謀智巧。他認為社會之所以紛擾不安，都是由於人為的權謀智巧而來，教人要篤守天真。老子所反對的「智慧」是妄知，不是真知，真知的人則是「知其白守其黑」，這與莊子是相同的。莊子雖然主張去智，有不可知論的傾向，他指的不可知是那形象的知。莊子並不反對真知，所以說「古之人其知有所至矣」。總而言之，老子與莊子其基本思想是相同的，但論其思想的發展時，則各人走各人的路了。這或許是各人所處的環境不同，個性差異，因此各人的看法也有別。老子與莊子都是處於禮繁法苛的時代裡，因此都主張放任自然。老子想把自然的法則轉化到政治上，莊子則是因自然而自然，這是老子與莊子思想相同而又不同的地方。我們知道了他們思想之所同，而又知道他們思想發展之所以異，則可以說是近乎了解老莊的「道」了。

六十年來的莊子學

提要

本篇收集自中華民國開國以來研治莊子之著述，無論專書、篇什，皆搜羅列舉，擇其具代表性者，概述其體例與要旨，其餘雖具代表性，然因限於篇幅，或未得而見，則皆列篇目於後。為便於查索閱覽，故為分類。一曰總論，敘述六十年來之莊子傳記、篇章作者之考訂、及莊子概說之類。二曰校詁，凡有關校勘、解詁、札記與篇什校釋等皆屬之。三曰義理，凡全書詮詁、箋注者屬之。四曰哲學，凡研究莊子思想及論莊子之道者皆屬之。五曰新解，凡語體，今註，精華，廣解之類屬之。前言述本文寫作之體例，結論綜述各家寫作之內容與方法，兼及本文寫作之旨趣。至其範圍，自民國元年起，至民國六十年止，凡研究莊學其人尚生存者，皆為錄入。有關論文篇目，亦按性質附於各類之後。筆者限於學識能力，疏漏錯誤之處，在所難免，幸海內外方家，教而正之。

一、前言

莊子之學，肇自西漢，《淮南》開其端，班嗣繼其緒，已啟治《莊》之途徑，延至魏晉，玄談之風起，嵇（康）、阮（籍）、何（晏）、王（弼）之徒，以儒生崇尚莊老，一時儒道離、合、同、異之說，紛紛並起，其說萬端。向（秀）、郭（象）之徒，又詮而注之，莊子之學，遂駸駸乎駕陵經學之上矣。《晉書・愍帝紀》云：「學者以老莊為宗。而黜六經。」干寶《晉紀總論》亦曰：「學者以莊老為宗，而黜六經。」（見《全晉文》卷一百二十七）流風所及，天下靡然從風。下逮六朝、唐、宋、明、清，注家輩出，屈指難數，莊子之學，傳流益廣。釋子引以注解內典，號稱「格義」。儒者則以莊生為孔氏後人，與孟軻同源。文學之士，或藉莊生之旨以見志，如陶靖節之〈歸去來辭〉是也。或倣莊文之機軸以述文，則韓愈之〈答李翊書〉是矣。影響後世之深，遠非諸子之書所能及。然則，莊子之學，歷經戰國秦漢以迄於近世而不衰，終於融會形成為中華思想之主流，其原因果安在乎？此中固有其時代潮流之因素，然莊文本身具有不可磨滅之價值，實為主因。蓋莊子本無立場，呼我為牛者，應之以為牛；呼我為馬者，應之以為馬。浸假而化予之左臂以為雞，予因以求時夜；浸假而化予之右臂以為彈，予因求鴞炙；浸假而化予之尻以為輪，以神為馬，予因以乘之，豈更駕哉！此無往不因，無因不可之態度，頗能適應與世無爭之哲學。馮夢禎曾曰：「余弱冠時，所遭多變，掩戶日讀莊文郭注，沈湎濡首，廢應酬者幾兩月，嗣遂如癡如狂，不復與家人忤，亦遂不與世忤，一切委順，蕭然至今。」（見《莊子注．序》）又莊子文章，波瀾詭譎，如峽雲層起，海市幻生，遠望似是，逼視又非，所謂匡廬之山，右望之為峰，左望之為巒，令人沉潛其中，不能自已。此莊子之所以能歷傳至今而不衰也。

溯自中華開國以來，治《莊》者日眾，或摭拾莊子之文，以為傳記，使後人知其獨特之言行，乖異之性格，兼示其學之大旨，此聞一多與錢賓四先生等之〈莊周傳〉是也。清代乾、嘉之際，考據、訓詁之學興，或繼承其遺緒，以校訂文字之異同，考釋訓詁之演變，此劉叔雅先生之《莊子補正》、王叔岷先生之《莊子校釋》、嚴靈峰先生之《莊子新編》等是也。或以札記體式，補注會箋；發微解詁，雖片言隻字，亦有功於莊學，此章太炎先生之《莊子解詁》、劉師培先生之《莊子校補》、楊遇夫先生之《莊子拾遺》等是也。或詮釋義理、講解疏注、闡發莊子義蘊，此朱桂曜先生之《莊子內篇補證》、梁啟超氏之《天下篇釋義》、馬敘倫氏之《莊子義證》等是也。或集諸家之說，簡擇取捨，以成一家之言，此王益吾先生之《莊子集解》、馬通伯先生之《莊子故》、錢賓四先生之《莊子纂箋》等是也。近世科學進步，交通發達，中西文化，日漸交流，或以西洋哲學與莊子相比附，此嚴幾道先生之《莊子評》，曹受坤先生之《莊子哲學》、吳康先生之《老莊哲學》等是也。莊子之學，號稱難識，童蒙初學，難以盡知，或擷取精華、評點句讀、指示義法，或為語譯，以啟初學，此林琴南先生之《莊子精華》、葉玉麟先生之《莊子語解》、張默生氏之《莊子新釋》等是也。以上諸家，對莊學之流傳，厥功並偉，因分述諸家學說之綱要，以見開國六十年來莊學流傳與演變之情形。孟子曰：「讀其書不知其人可乎？」故首述莊子之傳記，及其全書之概要，以示莊學之大旨，而以「總論」居先焉。夫校訂文字、講釋義旨、札記隨筆，為治《莊》者之基礎，故以「校詁」類次之。至詮釋全文義蘊，闡明莊學要旨、搜羅百家，斷以己意，成一家言，故以「義理」類又次之。《莊子》一書雖主無言，然天地一指、萬物一馬，既已謂之一矣、何得無言乎，蓋亦有所見而發者，故以「哲學」類又次之。前人曾云：「讀《莊子》當深入於文字中，又當出於文字外。」後人以為知言，然深入淺出之功，亦非易事也。故以「新解」類又次焉。「總論」者，莊學之概說也，「校詁」者，莊學之功臣也，「義理」者，莊學之發展也。「哲學」者，莊學之會通也，「新解」者，莊學之推廣也。各類之中，約舉數種、擷其要旨，示其義例。至有關著述，因限於篇幅，則並與其他同類論文附於各類之後，以便查考。然莊子之學，本自虛無，彼此是非，隨順自然，故各類之中，或互相關聯者，皆以意歸屬，無何成心，亦非有高下、輕重之別。個人學識有限，搜羅難遍，缺漏之處，仍屬難免，有待補罅云。

二、總　論

㈠莊子傳

莊子傳記，《史記》所述僅二百餘字，略而不詳，後世學者，為別撰傳記者甚眾，然莊子與世寡合，類皆不得已而後動，致遺世資料難求，各家著述，大多摘錄莊文成篇，惟在取捨簡擇之有別也。其中較為特出者，為錢賓四先生之〈莊周〉一文耳。

錢賓四先生之〈莊周〉，原題為「中國道家思想的開山大宗師——莊周」，存《莊老通辨》上卷中。民國四十六年十月初版，香港新亞研究所發行，其內容先敘莊子之鄉里及其經歷行事，次敘學術修養，而以評述個性趨向，深得其要。文曰：

> 莊周的心情，初看像悲觀，其實是樂天的，初看像淡漠，其實是懇切的。初看像荒唐，其實是平實的。初看像恣縱，其實是單純的。他只有這些話，像一隻卮子裡流水般，汩汩地盡日流，只為這卮子裡水盛得滿，盡日汩汩地流也流不完。其實總還是那水，你喝一口是水，喝十口百口還是水。喝這一杯和喝那一杯，還是一樣的差不多。他的話，說東說西說不完。他的文章連連牽牽寫不盡。真像一卮水，總是汩汩地在流，其實也總流的是這些水。所以他要自稱他的話為卮言了。

其次為聞一多氏之〈莊子傳〉，於民國十八年十一月十日刊於《新月》二卷九期中。其文先敘莊子之年籍，次述性格，謂其貧窮而不干求於時，博學而不致用於世。並兼論莊子之文學及其給與後世文壇之影響。大抵引三十三篇之文以闡釋莊子之性格特點，尤以引與惠施辯說有關之材料為多。其論莊子之文學云：

如果你要的是純粹的文學，在莊子那素淨的說理文的背景上，也有著你看不完的花團錦簇的點綴——斷素、零紈、珠光、劍氣、鳥語、花香——詩、賦、傳奇、小說、種種的原料，盡夠你欣賞的，採擷的。這可以證明如果莊子高興做一個通常所謂文學家，他不是不能。

近人有〈莊子新傳〉，據莊文以立說，無甚新見，惟對後世誹評莊子者，頗有辯正。如王先謙氏謂莊子「非果能迴避以全其道者也」。（原文見《莊子集解・序》）其辯正曰：

王氏此處謂莊子之言與行，都是有激而然，這是大不然的。王氏所本，大抵出於外什篇之文，這是莊老後學之說法，王氏不加考正，貿然以說莊子，自然是難免張冠李戴，不著癢處之病了。莊子之不肯積極的參加政治，這乃是他的學說必然之結果，並非有激於此，有激於彼的。至謂遭惠施三日大索，尤為輕信〈秋水〉篇之言。其實這個故事，是記者將莊惠二子始遇之事記誤罷了。

是文刊《中日文化》第三卷第一期，原題文為「重訂司馬遷老莊申韓列傳」。

熊廷柱氏則專就生活藝術方面，分析莊子言行，依德國哲學家斯般格 (Spranger) 氏之人生形式分析法，謂莊子為「理智」、「經濟」、「藝術」、「宗教」、「政治」、「社會」等六種生活之綜合，最後結論云：

由以上將莊子的全部生活，加以分析。我們就知道他不是實用主義的哲學家，也不是虛無主義者。他具有藝術的超然靜觀的態度，而復兼有哲學家的理智，宗教家的汎神，社會學家的汎愛，為他藝術生活的基礎。因此根據精神科學分析的結果，我說莊子不是實用家、政治家，而是一個藝術家。因為他不僅有藝術家的精魂——情，而且有藝術家的作品——文學，照耀人間。而且他在文學上藝術上有很大的貢獻。

是文刊《國立中央大學半月刊》第一卷第十期。題文為「藝術家的莊子」。

蔣伯潛先生以「《史記》莊子與老子同傳，老子本泛指之通稱，莊子則實有其人，然其事蹟見於他書者殊少。其本書又寓言十九，外篇、雜篇，更多後人附益，考其年代生平，至難詳實」。因錄其先君建侯先生之〈莊子傳考〉附於《諸子通考》第八章〈莊子及道家者流〉中。謂莊子與梁惠王齊宣王同時，則應與孟子同時，然《孟子》與《莊子》書中皆未嘗提及相見相聞事。引近人馮友蘭《中國哲學史》曰：「孟子與莊子同時，二人未相辯駁，似甚可疑。然莊子之學為楊朱之學之更進一步者，則自孟子之觀點言之，莊子亦楊朱之徒耳，莊子孟子亦一孔子之徒，孟子之距楊墨，乃籠統拒之。莊子之剽剝儒墨，亦籠統剽剝之，故孟子但舉楊朱，莊子但舉孔子，非孟子莊子必各不相知也。」其《諸子學纂要》第八章述及莊子時，對此事亦未加定論，故名稱為「考」，其內容仍嫌空洞也。陳柱氏之《老子與莊子》一書，內敘〈莊子傳略〉亦據《史記》全文而次引馬夷初氏之〈莊子宋人考〉，其內容之空疏則與蔣氏之〈莊子傳考〉相若。

莊子傳記，諸家皆略而未詳，胡適之先生《中國哲學史》所述〈莊周略傳〉亦寥寥百餘字而已。謝先量先生之《中國哲學史》中〈莊子〉及近人徐文珊先生《先秦諸子導讀》中之〈莊子傳〉亦皆就《史記》本傳而述耳，昔蔡孑民先生謂莊周即楊朱，以楊莊同韻，朱周聲近，猶之荀卿亦稱孫卿。王樹榮氏則以莊周即子莫（見《古史辨》第六冊），後人頗不以為然。朱子云：「莊子僻處自說，不求人知」，其信然歟！

有關莊子傳略之論著甚多，未及一一詳為介紹，茲併附於後，藉便參考，至所引篇目除一部分自見者外，大多據自嚴靈峰先生之〈莊子論文目錄〉，馬森先生之〈民國以來莊子論文目錄〉，中央圖書館近二十年文史哲論文分類索引，日本京都大學人文科學研究所之論文索引。特記於此。

篇名	作者	書刊名稱	備註
〈莊子〉	朱謙之	《古學卮言》	民國十一年
〈莊周〉	陸懋德	《周秦哲學史》	民國十二年
〈莊子〉	趙蘭坪	《中國哲學史》上卷	民國十四年
〈莊子〉	呂思勉	《經子解題》	民國十五年

〈莊子〉	顧實	《中國文學史大綱》	民國十五年
〈莊子〉	劉侃元譯	《中國哲學史概論》	民國十五年
〈莊子〉	鍾泰	《中國哲學史》	民國十八年
〈莊周〉	劉汝霖	《周秦諸子考》	民國十八年
〈莊子〉		《中國哲學小史》	民國二十二年
〈老子思想的轉變——莊子〉		《中國哲學史論文集》	民國四十六年
〈莊周傳〉	丁儒侯	《無錫國專校友會集刊》	民國十九年
〈莊子〉	陳元德	《中國古代哲學史》	民國二十三年
〈莊子的生平〉	黃素封譯	《中國煉丹術考》	民國二十五年
〈莊周及其後學〉	汪馥泉譯	《中國哲學思想史》	民國二十八年
〈莊子〉	金公亮	《中國哲學史》	民國二十九年
〈莊子〉	杜國庠	《先秦諸子思想概要》	民國三十八年
〈莊子〉	錢穆	《中國思想史》	民國四十一年

〈莊周〉	錢穆	《國史上的偉大人物》	民國四十二年
〈第一才子莊周〉	王世昭	《中國文人新論》	民國四十二年
〈莊子〉	張深切	《孔子哲學評論》	民國四十三年
〈莊子〉	唐玉貞譯	《中國哲學史》	民國四十四年
〈蝴蝶和莊周〉	余思牧	《國學新語》	民國四十五年
〈莊周〉	胡秋原	《古代中國文化與中國智識份子》	民國四十五年
〈向郭義之莊周與莊子〉	湯用彤	《魏晉玄學論稿》	民國四十六年
〈莊子〉	嵇文甫	《春秋戰國思想史話》	民國四十七年
〈莊子〉	黎嬰	《中國古代大思想家》	民國四十七年
〈莊子傳箋證〉	嵇哲	《諸子傳箋證》	民國四十八年
〈道家——莊子〉	王玉哲	《中國上古史綱》	民國四十八年
〈從養生主看莊子〉	梁宜生	《人生》第二三八期	民國四十九年

〈談莊子〉	戴天強	《恆毅》八卷第十一期	民國四十八年
〈老莊新傳〉	毛起	《浙江圖書館館刊》四卷第五期	民國二十四年
〈莊子傳略〉	嵇哲	《先秦諸子學》第十章第一節	民國五十九年
〈老莊平傳〉	陳柱		
〈莊子事蹟考〉	王文奇	《河南政治月刊》五卷第四期	民國二十四年
〈楊朱與莊周二人乎抑一人乎〉	蔡元培	《哲學》第四期	民國十年
〈楊朱為戰國時人楊朱不即是莊周考〉	黃文弼	《哲學月刊》二卷第一期	民國十八年
〈莊子生平及其著作〉	梁容若	《國語日報》第二五五期	民國四十五年
〈超塵不羈的才士——莊子〉	張起鈞 吳怡	《中國哲學史話》	民國五十三年
〈莊子——古中國的實存主義〉	洪順隆	《思想與時代》第一二四、一二五期	民國五十三年

〈莊子的生活啟示了什麼〉	林章新	《大學生活》七卷第三期	民國五十年
〈莊子的智慧——一個新估價〉	吳經熊	《現代學苑》四卷第三期	民國五十六年
〈莊子〉	林尹	《中國思想史》	

(二)篇章及作者考

《莊子》一書之篇章，甚為複雜，《漢志》定為五十二篇，據《釋文・序錄》所載，《莊子》注釋之中可考看，有崔譔注十卷，二十七篇，計內篇七，外篇二十。司馬彪注二十一卷，五十二篇，計內篇七，外篇二十八，雜篇十四，解說三，為音三卷。向秀注二十卷，二十六篇，一作二十七，一作二十八。無雜篇，為音三卷。郭象注三十三卷，三十三篇，計內篇七，外篇十五，雜篇十一，為音一卷。孟氏注十八卷，五十二篇。孟氏不詳何人，《梁志》(《隋志》引)載孟氏注十八卷，錄一卷。隋唐以後未錄，其佚已久矣。陸氏恐亦未之見，但〈序錄〉引「《漢書・藝文志》《莊子》五十二篇，即司馬彪孟氏所注是也。」據此，則其本與司馬彪本同。惟《呂氏春秋・必己》篇注云：「莊子名周，宋之蒙人也。著書五十二篇，名之曰《莊子》。」則自漢至晉之《莊子》似皆五十二篇本。今本郭象注、《梁志》及《日本國見在書目》皆作三十三卷，與《釋文》同。《隋志》作三十卷目一卷。《兩唐志》載為十卷，按今本郭象注亦皆為十卷三十三篇。惟日本高山寺本所存〈庚桑〉、〈外物〉、〈寓言〉、〈讓王〉、〈說劍〉、〈漁父〉、〈天下〉七篇分作七卷，每篇一卷殆為六朝舊本之本來面目，今本作十卷者蓋為後人所改，非郭象之舊式也。

民國以來考證《莊子》篇章者，頗不乏人，有壽普暄氏之〈由經典釋文試探莊子古本〉，是篇大抵依《釋文》所載注《莊子》者各家，對日人武內義雄之《莊子考》，間有是正，然其體例大致規摹《莊子考》，後附向郭二注比鈔，所列資料，頗為後人所稱引。是文刊於《燕京學報》第二十八期。

蔣伯潛氏〈諸子著述考〉乃引其先君之說以考《莊子》書，其內容亦據《釋文·序錄》敷衍以成說，每節之後，加以按語，似隨筆記錄，意到即書，不免於煩瑣、冗漫。其述《莊子》成書之經過云：「《莊子》五十二篇本之內容，固極龐雜，今本雖經刪節，但係注家各以己意去取，亦不能謂為已洗鍊盡淨，大抵內篇七篇，係第一次纂輯而成，其時去莊子未遠，較為可靠，故司馬彪、崔譔及今存郭象本，同為七篇。外篇雜篇，則是以後分次纂輯，遂漸增附，故有祖述內篇者，亦有與內篇相矛盾者，有僅為短章雜綴集成一篇者，至多僅能為莊子後學之說而已。」是文存《諸子通考》第八章中，民國四十二年十二月十一日臺一版，正中書局發行。

陳柱尊氏述及《莊子》書之內容，則據自郭象三十三篇及清人馬其昶氏，近人劉咸炘氏之說以立論，大體列其篇目，間注明全篇要旨，無有創見。與其《闡莊》及〈孟莊異同論〉，高下不可同日而語矣，抑專為童蒙而設耶？是文存《老子與莊子》書第二章中。

至篇章分內、外、雜篇之標準，據馮友蘭氏〈莊子內外篇分別之標準〉云，乃編者以有另標題者為一類，稱之為內，以無另標題者為一類，稱之為外。並引陸德明之說云，「內篇眾家並同，自餘或有外而無雜。」馮氏以「內篇所以眾家並同者，以有一客觀之標準也。」此標準則據自時人對著作之觀念與編書之習慣耳。故云：「今本莊子，乃許多莊學論文，依漢魏六朝人對於著作之觀念以編成者。經此編定，所謂《莊子》之書，乃有內篇、外篇、雜篇、自序（按指〈天下〉篇），儼然一系統分明之整體著作。」是文刊《燕京學報》第二十期。

《莊子》各篇之作者，討論者眾，然大體上仍以內篇為莊子所自著，外雜篇則為莊子弟子或門人所著述者。如胡適之先生云，「內篇七篇，大致都可信」。（見《中國古代哲學史》第九篇）謝先量先生亦曰，「或云，內篇七篇，真莊子作，餘則其徒所附益也」。（見《中國哲學史》第一編下第一章第五節）徐文珊教授亦曰：「內七篇為一組，較精純，文字風格上亦相近。歷代目錄學家及註釋者咸認為《莊子》真書，無置疑者。外篇十五篇為一組，視內篇為稍遜。內容亦駁雜不純，不似出於莊周。雜篇十一篇為一組，則雜出眾手，顯然可見。」（見《先秦諸子導讀》第九章）蔣慰堂（復璁）先生〈莊子考辨〉亦曰：「古之所謂某子某子者，本皆一家之言，而非一人之書，凡其說之似是者輒行編入，故周秦諸子，莫不偽雜混亂，十居八九，不獨《莊子》為然。統觀雜篇外篇，要皆不可信，所可信者，內篇七篇而已。」是文刊《圖書館學季刊》第二卷第一期。蓋自司馬彪本以來，《莊子》書雖篇數不一，然內篇七篇則從無異議，則內七篇為莊子所自述，或可置信。所謂「內篇眾家並同，自餘或有外而無雜也」。惟近人亦有提出反對意見者，如唐蘭氏云：「〈人間世〉、〈德充符〉、〈大宗師〉三篇對於孔子都稱仲尼，獨〈大宗師〉子桑戶一章卻是例外地稱孔子，可見這一章是另一人的筆墨。而從這兩種稱謂看來，似乎道家的莊子不應跟著儒家稱孔子做孔子，那稱仲尼的倒是近情些，那麼子桑戶死一章，大概不是《莊子》原文。」（見《古史辨》第四冊下編〈老聃的姓名和時代考〉）

葉國慶氏則以〈人間世〉篇之體裁與各篇不類、意義不連貫、思想不類，抄襲《論語》文，斷非莊子所自作。並曰：「向來內篇是被人視為真品的，不知內外之別，乃後人所定不出于莊子，郭象本外、雜之分，便與向秀本不同，現在內外篇的區分，乃郭象定的，我們須就文論文，不必奉為絕對標準。」（見《莊子研究》三）

近人則根據司馬遷《史記・老子韓非列傳》所云「〈漁父〉、〈盜跖〉、〈胠篋〉以詆訾孔子之徒」，以證明司馬遷所列舉之莊子代表作品，俱非內篇為理由，而定內篇非莊子之思想。為莊子後學者之作。（見《莊子探源》）

以上各家所舉皆失之抽象、缺乏實據。近人胡芝薪氏〈莊子考證〉（見《文學年報》第三期）列舉各篇，論其真偽，亦皆以私意為之，不免失真，或憑臆測，全然無據，難得其實也。蓋《莊子》內篇七篇，思想體系，首尾一貫，文章風格，亦自一致，王夫之〈論內外篇之體系及文章風格〉曰：

內篇雖參差旁引，而意皆連屬，外篇則踳駁而不續。內篇雖洋溢無方，而指歸則約，外篇則言窮意盡，徒為繁說而神理不摯。內篇雖極意形容，而自說自掃，無所沾滯，外篇則固執精說，能死而不能活。內篇雖輕堯舜，抑孔子，而格外相求，不黨邪以醜正。外篇則忿戾詛誹，徒為輕薄以快其喙鳴。內篇雖與老子相通，而別為一宗，以脫卸其矯激權詐之失，外篇則但為《老子》作訓詁，而不能操化理於玄微，故其可與內篇相發明者十之二三，而淺薄虛囂之說雜而厭觀，蓋非出自一人之手，乃學莊者雜輯以成書。

王夫之之說，雖以內、外篇截然劃分，然內篇為莊子所自作，大抵可信。「盡信書不如無書」，此語固是，然過亦猶不及也。

後人辯述內、外、雜篇著述者甚眾，茲綜以左表明之：

各家意見／篇名	葉國慶	羅根澤	胡芝薪	近人	近人
〈逍遙遊〉	莊子自著		莊子自著後人補增		秦漢之際作品

〈齊物論〉	莊子自著		莊子自著		秦漢之際作品
〈養生主〉	莊子自著		莊子自著		秦漢之際作品
〈人間世〉	學莊者所作		漢儒偽作		秦漢之際作品
〈德充符〉	莊子自著		後人偽撰		秦漢之際作品
〈大宗師〉	莊子自著		疑而未決		秦漢之際作品
〈應帝王〉	莊子自著		疑而未決		秦漢之際作品
〈駢拇〉	秦漢間人所作	戰國末年左派道家所作	莊子自著	老子後學左派所作	
〈馬蹄〉	秦漢間人所作	戰國末年左派道家所作	莊子自著	老子後學左派所作	
〈胠篋〉	秦漢間人所作	戰國末年左派道家所作	莊子自著	老子後學左派所作	
〈在宥〉	漢代作品	戰國末年左派道家所作	莊子佚文後人增補	老子後學左派所作	

〈天地〉	漢代作品	漢代左派道家所作	漢儒所為	宋鈃尹文學派後學所作	
〈天道〉	漢代作品	漢代左派道家所作	錄自傳說	宋鈃尹文學派後學所作	
〈天運〉	漢代作品	漢代左派道家所作	漢武帝以後所作	宋鈃尹文學派後學所作	
〈刻意〉	秦漢間人所作	秦漢神仙家所作	戰國末年道引之士所為	宋鈃尹文學派後學所作	
〈繕性〉	秦漢間人所作	秦漢神仙家所作	戰國末年道引之士所為	宋鈃尹文學派後學所作	
〈秋水〉	學莊者所作	莊子弟子後學所作	漢人偽撰	莊子後學所作	
〈至樂〉	衍莊學者所作	老子學派所作	漢代五行家所作	莊子後學所作	
〈達生〉	學莊者所作	莊子弟子後學所作	漢人之筆	莊子後學所作	

〈山木〉	學莊者所作	莊子弟子後學所作	莊子弟子所作	莊子後學所作	
〈田子方〉	學莊者所作	莊子弟子後學所作	莊子自著漢儒輯補	莊子後學所作	
〈知北遊〉	學莊者所作	戰國末期作品	後人偽撰	莊子後學所作	
〈庚桑楚〉	學莊者所作	老子派作品	莊子自著漢儒輯逸潤色	莊子後學所作	
〈徐无鬼〉	衍莊學者所作	道家雜俎	莊子自著漢儒輯補	莊子後學佚文漢人編輯	
〈則陽〉	學莊者所作	老莊混合派所作	漢代五行家之說錄自傳說	莊子後學佚文漢人編輯	
〈外物〉	衍莊學者所作	西漢道家所作	莊子自作後人增補	莊子後學佚文漢人編輯	
〈寓物〉	漢作品	莊子弟子後學所作	原為序跋後人收入	莊子後學佚文漢人編輯	

〈讓王〉	漢作品	漢初道家隱逸派所作	莊子之徒所作	楊朱後學所作	
〈盜跖〉	漢作品	戰國末道家所作	漢人偽撰	楊朱後學所作	
〈說劍〉	漢作品	戰國末縱橫家所作	錄自傳說	莊辛所作	
〈漁父〉	漢作品	漢初道家隱逸派所作	錄自傳說	楊朱後學所作	
〈列禦寇〉	衍莊學者所作	道家雜俎	漢五行家之文	莊子後學逸文漢人編輯	
〈天下〉	漢作品	莊子所作	郭象《莊子》全書之序文	莊子自作後序	

（附註：葉國慶氏〈莊子篇章著作年代考〉見《莊子研究》，民國五十八年八月臺灣商務人人文庫本。羅根澤氏文見民國二十五年《燕京學報》第三十九期。胡芝薪氏文見民國二十六年《文學年報》第三期。近人文見《莊子哲學討論集》，民國五十一年八月出版。近人文見《莊子哲學討論集》及民國五十四年六月《文史》第四

輯〈論齊物論不代表莊周思想〉。以上各書皆日本京都大學人文科學研究所藏。）

陸德明曰：「莊生宏才命世，辭趣華深，正言若反，故莫能暢其弘致，後人增足，漸失其真。」是以《莊》書自《漢志》五十二篇，以至魏晉諸家篇數互有參差，郭子玄所謂「一曲之士，妄竄奇說。」其信然也。近人辯說紛紜，未得其實。惟張心澂〈莊子通考〉，綜集前人辯偽之說，所錄自唐宋以來不下數十家，最為賅博。其引《文學週刊》第十五期之說云：「蓋《莊子》之所以有真偽之辯，因莊子之後，其門徒或私淑者作類似文章，傳誦既久，誤入《莊子》內，或本不在《莊子》之內，而秦漢因其文體相類而採入，故此類文字，雖在《莊子》書真偽，而作者卻非存心作偽。且究屬先秦文字，就史料論，亦當有可信者。」此為公允之論，茲將民國以來討論《莊子》真偽問題有關之論著篇目附於後。

〈莊子天下篇的作者問題〉	孫道昇	《正風半月刊》第十六期	民國二十四年
〈誰是齊物論之作者〉	傅斯年	《史語所集刊》六卷第四期	民國二十五年
〈莊子內篇是西漢初人的著作嗎〉	張德鈞	《哲學研究》第五期	民國五十年
〈莊子天下篇作者及其評莊老優劣〉	王昌祉	《大陸雜誌》二十一卷第十二期	民國四十九年

〈莊子外篇初探〉	近人	《莊子哲學論文集》	民國五十年
〈莊子齊物論作者辨〉	吳康	《錫園哲學文集》	民國四十九年
〈莊子三十三篇本成立之時代〉	王利器	《真理雜誌》一卷第三期	民國三十三年
〈鎌倉本莊子天下篇〉	孫道昇	《史地週刊》第三七期	民國二十四年
〈論莊子真偽書〉	錢玄同	《古史辨》第一冊	民國十四年
〈答錢玄同論莊子真偽書〉	顧頡剛	《古史辨》第一冊	民國十四年
〈莊子外雜篇著錄考〉	顧頡剛	《古史辨》第一冊	民國九年
〈論莊子天下篇非莊周自作〉	嚴靈峰	《大陸雜誌》二十六卷第一—三期	民國五十二年
〈莊子引得序〉	齊思和	《莊子引得》	民國三十六年
〈關於莊子及莊子書〉	黃錦鋐	《文史季刊》三卷第一、二期	

(三)概說

莊子概說者，凡有關莊子研究，論述不屬於以上各類者皆歸之。因其論述莊子而無一定之範圍，或有範圍，而嫌廣泛，或有專題，而與莊子無直接之關聯，如《莊子注》等是，故綜稱之概說也。民國以來，撰述者頗不乏其人，最著者有陳柱尊先生的〈闡莊〉，及〈孟莊異同論〉，王叔岷先生之〈郭象注校記〉等。

陳柱尊先生之〈闡莊〉分上下篇，闡論莊子所言道有三等義諦，有內聖之道焉，有內聖與外王之道焉，有外王之道焉。此三等義諦即以〈天下〉篇所謂之天人、神人、至人為第一等義諦，聖人為第二等義諦，君子為第三等義諦，第一義諦即明「天」，第二義諦即明「道德」，第三義諦即明「仁義」。謂「學者讀莊子之書，必明此三等義諦，則莊學之本末精粗始可得而明矣。」次論莊子之學術源流，大抵比附儒家，謂「莊子論內聖之道，固不能不薄儒家，而論外王之道，則深有取焉。故〈人間世〉多引孔子顏回之說，以言治而〈天下〉篇盛道儒家之學為百道之淵源，且無詆訶儒家之論也。」是文刊《國學論衡》第三期。

陳氏又有〈孟莊異同論〉，謂「孔之與墨，似甚同而實絕異者也，孟之與莊，似絕異而實有同者也。」此說大抵據自林西仲。林氏曰：「莊子另是一種學問，與老子同而異，與孔子異而同。」（見《莊子雜說》）陳氏以墨子代老子，以孟子代孔子而已。文中論及孟莊所同者三事，亦頗有討論之餘地也。

儒道同之說，自魏晉以來即為學者所樂道，然各就其所見而論之，雖同歸而殊途，近人錢賓四先生就人生界與宇宙界立論，謂孔子與莊子之思想所以同，所以異之處，甚為透徹。曰：「孔子每總此之所為者曰仁，又總合此天之所為者曰命。故孔子與命與仁，然孔子僅教人用力於為仁。又常教人知天命，所謂知天知命者，則亦知其為不可知而止耳。孟子兼言仁義，仁義皆屬人生界，為人生所能知，亦為人生所能盡力。故曰：「盡心知性，盡性知天。」即是自盡人事以上測天心也。此皆與莊周以其所知養其所不知意近。莊周特不喜仁義，此則莊子思想之所由異於儒。而莊子亦好言知天知命，則是莊子思想之承續儒家處也。」（見《莊老的宇宙論》）

李龍溪氏有〈莊子研究〉，以莊子思想乃受道家思想之啟示，自然環境之影響，時代之影響等三因素而來，由此而論述莊子之宇宙觀、知識論與人生觀。然所見者少，引證限於莊子本文，不如葉國慶氏之〈莊子研究〉範圍之廣，引證之博也。是文見《真知學報》第二卷第五期。

又廖平氏著《莊子經說敘意》一卷以莊子為尊孔、宗經、砭儒分列十九條，頗多附會之說，是書存《六譯館叢書》第六冊中。

關於《莊子》注問題，雖與莊子無直接之關係，然亦有密切之關聯。茲亦附帶敘述之，整理《莊子》注者，最完備者當推王叔岷先生之《郭象莊子注校記》，是書前有自敘，謂「昔年校《莊子》，兼校郭注，《莊子校釋》付印時，未將郭注錄入，今春得暇，重加整理，經夏徂秋，繕寫方竣，偶有佚文，輯附篇末。夫治《莊子》者，固不必泥於郭注，郭注直是借《莊子》大旨，自成一書，則此校記，未與所校正文合刊，亦無不可。惟校勘乃治學之粗跡，所冀讀者，本此粗跡，以探其義蘊耳」。全書線裝手抄影印三冊，民國三十九年一月初版。

郭象《莊子注》自《世說新語》謂其竊自向秀後，各家議論紛起，或謂其是，或謂其非，然因資料缺乏，且《晉書》謂「惠帝之世，郭象又述而廣之」。致千古公案難斷其是非，此所謂「獨標新義，則辭旨未允，因成舊文，而玄風益暢，郭向之事，宜與之比，非剽竊之科也歟！」（見吳承仕《釋文・莊子序錄疏證》）茲綜集各家有關《莊》注論說之篇目，附於概說論著之後以備觀覽焉。

〈消極革命之老莊〉	吳虞	《新青年》三卷第二期	民國六年
〈從西洋哲學觀點看老莊〉	張東蓀	《燕京學報》第十六期	民國二十三年
〈老莊之養生法〉	蔣維喬	《青鶴》二卷第十六、十七期	民國二十三年
〈讀老莊書後〉	陳雲官	《廈大週刊》十四卷第三十期	民國二十四年
〈老莊思想地東漸及其影響〉	張大壯	《東方雜誌》三十四卷第三期	民國二十六年
〈屈原莊周比較觀〉	董紹康	《南開》第一一八期	民國二十年
〈莊子研究歷程考略〉	甘蟄仙	《東方雜誌》二十一卷第十一期	民國十三年
〈歷代莊子研究述評〉	張默生	《山東八中校刊》第一期	民國二十一年

篇名	作者	刊物	年代
〈莊子研究〉	門啟明	《哲學評論》六卷第二、三期	民國二十四年
〈莊子考證〉	王先進	《勵學》第一期	民國二十二年
〈莊子考〉	王學易	《勵學》第三期	民國二十四年
〈莊子概論〉	周逸	《船山學報》第十三期	民國二十六年
〈莊學小識〉	劉斯南	《國專月刊》二卷第二期	民國二十四年
〈由新興文學之立場評判莊子文學之價值〉	施章	《中央大學半月刊》一卷第十期	民國十九年
〈莊子寓言篇墨子魯問篇為研究兩書之凡例的討論〉	戴景曦	《廈大週刊》十二卷第十九期	民國二十二年
〈讀莊子〉	胡韞玉	《國學叢選》第八期	
〈讀莊初論〉	黃仲琴	《嶺南學報》二卷第一期	民國二十年
〈讀莊再論〉	黃仲琴	《嶺南學報》二卷第二期	民國二十年
〈讀莊探驪〉	鄧崇禮	《北平晨報藝圃》	民國二十二年
〈莊子筆下的孔子〉	黃錦鋐	《孔孟月刊》一卷第十一期	民國五十二年

〈試論莊子內篇散文的藝術特徵〉	鄒雲鶴	《江漢學報》第二期	民國五十二年
〈莊子的經濟觀點〉	周寄窗	《中國經濟思想史》	民國五十一年
〈莊子研究〉	顧丞	《國學研究・子部》	民國五十年
〈莊子新論〉	褚伯思	《自由太平洋》第四四期	民國四十九年
〈魏晉之莊學〉	黃錦鋐	《懷德》第三十九號	民國五十七年
〈莊子與儒家的關係〉	黎正甫	《自由太平洋》第四十期	民國四十九年
〈莊子風格漫談〉	鄭蕁芊	《華國》第二期	民國四十七年
〈莊子探源〉	任繼愈	《莊子哲學討論集》	民國五十年
〈莊子探源之二〉	任繼愈	《莊子哲學討論集》	民國五十年
〈莊子探源之三〉	任繼愈	《莊子哲學討論集》	民國五十年
〈莊子探源補記〉	任繼愈	《莊子哲學討論集》	民國五十年
〈王夫之的莊子通〉	近人	《莊子哲學討論集》	民國五十年

〈淮南子與莊子之關係〉	周駿富	《大陸雜誌》十四卷第二期	民國四十六年
〈蝴蝶和莊周〉	余思牧	《國學新話》	民國四十五年
〈淮南子和莊子〉	王叔岷	《清華學報》新二卷第一期	民國四十九年
〈莊子的原來面目〉	楊憲益	《零墨新箋》	民國三十六年
〈呂氏春秋與莊子〉	王叔岷	《文史週刊》第二一期	民國三十六年
〈莊子通論〉	王叔岷	《學原》第一卷第九、十期	民國三十六年
〈莊子書考〉	蔣建侯	《諸子通考》	民國三十六年
〈莊學〉	謝扶雅	《中國政治思想史綱》	民國三十一年
〈莊子考〉	陳清泉	《諸子百家考》	民國二十二年
〈莊子考略〉	姚永樸	《諸子考略》	民國十七年
〈有關莊子的一些歷史資料〉	江世榮	《文史》第一輯	
〈莊子中的古史〉	方書林	《中山大學語言歷史研究所週刊》二十二	民國十七年

篇名	作者	出處	年代
〈莊子音義引書考略〉	嚴靈峰	《大陸雜誌》二十卷第六期	
〈莊子與孟子學術同源及著書之大概考〉	朱文熊	《莊子新義》	民國二十二年
〈介紹王夫之的莊子通〉	王孝魚		
〈莊子學述〉	莊萬壽		
〈莊子學案〉	郎擎霄		

附有關莊子注問題之論著篇目

篇名	作者	出處	年代
〈莊子釋文序錄疏證〉	吳承仕	《經典釋文序錄疏證》	
〈申郭象注莊子不盜向秀義〉	劉盼遂	《文字同盟》第十號	民國十七年
〈由經典釋文試探莊子古本〉	壽普暄	《燕京學報》第二八期	民國二十九年
〈郭象之哲學〉		《哲學評論》	
〈逍遙遊向郭義及支遁義探源〉	陳寅恪	《清華學報》十二卷第二期	民國二十六年

〈向郭義之莊周與莊子〉	湯用彤	《魏晉玄學論稿》	
〈今本莊子郭象序非子玄所作考〉	王利器	《圖書季刊》八卷第三—四期	民國三十六年
〈向秀和郭象莊子注的異同〉	容肇祖	《魏晉的自然主義》	民國二十三年
〈郭象莊子注是否竊自向秀檢討〉	楊明興	《燕京學報》第二八期	民國二十一年
〈莊子向郭注異同考〉	王叔岷	《中央圖書館館刊》一卷第四期	民國三十六年
〈莊注疑案的究明〉		《中國思想通史》第三冊	
〈向郭之注莊〉	牟宗三	《民主評論》十二卷第五—七期	民國五十年
〈為郭象辨誣〉	嚴靈峰	《中央日報・副刊》	民國五十七年
〈記魏晉玄學三宗〉	錢穆		
〈向郭注莊〉	周紹賢		
〈抄襲和編纂〉	一波	《中央日報・副刊》	民國五十七年
〈向郭注比照與向郭注解析〉	何啟民		

〈莊子注的作者問題〉	張亨	《許詩英先生祝壽論文集》	民國五十七年
〈關於莊子向秀注與郭象注〉	黃錦鋐	《淡江學報》第九期	

莊子之學，後世多以為儒家之門人，稱其為象山氏之先河，陽明氏之濫觴。蓋莊子法自然，無往不因，無因不可，言於此而意在於彼，或託言於彼而著意於此，有謂無謂，無謂有謂，人無得而相焉，故晉王坦之謂為「在儒而非儒，非道而有道，而莫知誰氏？」明於此，則莊子之旨，庶幾可得其一二，如則，莊子固非僅為象山氏之先河，陽明氏之濫觴而已矣。今集各家所論，其傳記也，篇章也，概說研究也，雖非《莊子》之全，然後之學者可由此規摹而致其意旨。因綜集諸家之說，或述其大概，或列其篇章，題曰總論。使各就其所好而索觀焉，則如人之飲水，冷暖當自知之矣。

近哈佛燕京學社引得編纂處，據郭慶藩《莊子集釋》原刊本精校全文，並字為引得，以便檢索。一字之數見，一辭之重出者，俱列於一條之下，俾學者可聚集而比較之。玄義奧旨，粲然大明，學者稱便。又嚴靈峰先生編《莊子知見書目》，搜羅有關《莊子》著述論文甚富，計有《莊子》專著八百五十餘種，論說三百五十餘篇，此外，並附版本目錄、序、跋、題、記，為近代《莊子》書著錄之最完備者。（近更有補正，刊《大陸雜誌》三十四卷第九—十二期）吳敬軒（康）先生稱「玉簡金牒，盡入弢函，蓋自有《莊子》書著錄以來未有之盛也。」非溢譽也。又馬森先生有〈莊子書錄〉（刊《師大研究所集刊》第三期），依內容性質，別為六類，分述各書之提要，作者略歷，版本之良窳，出處之真偽，亦頗便參考云。又中央圖書館之〈中國近二十年莊子論文索引〉，《日本京都大學人文科學研究所之藏書目錄》，近人之《中國叢書綜錄》，《中國學術思想史論文索引》皆各有所得，均可參考，茲併以附記焉。

三、校詁——莊學之功臣

莊子之書，流傳既久，其中不免為後人增益混亂，真偽攙雜，漸失其真，所謂「言多詭誕，或似《山海經》，或類占夢書」（見《釋文・序錄》）是也。因之各篇前後，多有殘誤，殊難卒讀，故為之校勘者，不乏其人。莊子之文，空靈幻化，有淺易處，有艱深處，於淺易中有艱深之理，於艱深中有淺易之理，其篇中句讀，有徑捷雋爽者，有艱澀糾纏者，段落有斬截疏明者，有曼衍錯綜者，苟不逐字訓詁，逐句辨定，則茫然無所歸向矣。因又有為之闡發義蘊者。又莊子意境如天馬行空，無跡可尋，偶有會心，隨手記錄，因有札記之文焉。是以綜述校勘、解詁、札記者，謂之「校詁類」焉。

(一)校　勘

校勘《莊子》最先而最完備者當推劉叔雅（文典）先生之《莊子補正》，劉氏研治《莊子》垂數十年，其考訂之精審，時人謂其不止復《莊》書唐人或魏晉之原有面目，並復先秦之舊。陳寅恪先生贊其書曰：「先生之作，可謂天下之至慎矣。其著書之例，雖能確證其有所脫，然無書本可依者，則不之補。雖能確證其有所誤，然不詳其所以致誤之由者，亦不之正。故先生於《莊子》一書，所持勝義猶多蘊而未出，此書殊不足以盡之也。」（見《莊子補正・序》）是書於民國三十六年商務印書館初版印行。計線裝五冊。

與劉氏同時校勘《莊子》書者，稍後有王叔岷先生之《莊子校釋》，自謂專治此書三載，多所弋獲，因據《續古逸叢書》宋刊本，作《校釋》五卷，凡一千五百六十九條。《莊》書五十二篇雖不可備見，郭本三十三篇之舊，庶可繼此而復矣。（見〈自序〉）附錄有《莊子》遺文，及評劉文典《莊子補正》。《莊子》遺文搜羅甚備，有溢出前人所集之外者，故錢賓四先生謂「《莊子校釋》與《莊子補正》，為近人對《莊》書校勘之最詳備者而王書用力尤勤。」是書為《中央研究院歷史語言研究所專刊》之二十六，共線裝六冊。

近人楊明照氏有〈莊子校證〉，參校眾本異同，為之疏證。對《莊子》奇詞奧旨，頗有抉發。然多據唐寫本為準，偶有以唐寫本為非是者，亦語多迴護。全文凡計九十九條，刊於《燕京學報》第二十一期。

近人劉申叔（師培）先生有《莊子斠補》，其〈自序〉云：「昔治《莊子》，歷檢群籍，兼逮道藏各本，以讎異同，故解舛訛亦附正焉。計所發正約數百事，均王、俞、郭、孫所未詮也。稿均手錄，行篋未攜，蜀都同好，以《莊》書疑誼相質，因默憶舊說，什獲貳叁、按次編錄，輯為一卷，名曰《莊子校補》云爾。」是書於民國二十三年寧武氏校印本。民國五十四年八月臺灣大新書局複印刊行。

申叔先生少治群經，旁及子史，內典道藏，無不研治，莊子對其影響尤深，其《八指頭陀詩》云：「即將喻指參真悟，省識莊生說未吪」，可為顯證，《莊子校補》雖僅一卷三十餘條，然論定精審，旁推交通，有百思莫能或易者。士林咸推重之。

羅雪堂（振玉）先生有《南華真經殘卷校勘記》一卷。是書羅氏自書曰：「敦煌唐寫本《莊子》殘卷五：曰〈胠篋〉，存後半，藏英倫博物館。曰〈刻意〉、曰〈山木〉、曰〈徐无鬼〉，藏巴黎圖書館，〈刻意〉篇首尾完具，〈山木〉篇前缺二三十行，〈徐无鬼〉篇存後少半。曰〈田子方〉，在予家，存前半。往歲〈刻意〉、〈山木〉、〈徐无鬼〉二三篇，即付影印，別記其與今本異同之字於書眉。〈胠篋〉則日本狩野博士（直喜）在英倫時手校，予借錄世德堂刊本上。茲以春晝漸長，取舊校寫為一卷，並補校〈田子方〉篇，一夕而竟。去年冬在春明見蜀中顧氏藏某篇，未及寫影，已售歸海東。嘗謂文字之事，亦有前緣，有遠在東瀛而得之，近在眉睫而失之者。宇內博雅君子，倘就其所見為之校記，以補予之所不及，則予之所厚望也已。癸亥二月十一日上虞羅振玉書。」後世校勘《莊》文者，頗引是書以佐證。

羅氏為近世甲骨學專家，校正敦煌唐寫本《莊子》殘卷，當能得其實，唐以前之《莊子》真面目，或可從此窺其一二。

于省吾先生之《莊子新證》，則引史傳及異本以校證《莊》文，並兼及釋義，全書雖僅數十條，然于氏經文字之學，頗據字書以為說，於古義之闡明，不無有助也。

近人蔣錫昌氏據民國九年浙江圖書館覆刻明世德本為正本，以趙刻南宋重雕北宋本，遵義黎氏校刊覆宋《莊子》注疏本，涵芬樓《續古逸叢書》影宋本，《四部叢刊》影明世德堂本相校，成〈逍遙遊〉、〈齊物論〉、〈天下〉三篇校釋，附於其所著《莊子哲學》篇後。蔣氏以《莊子》之文，瓌瑋洸洋，弘辟深肆，自古以來，號稱難懂。治《莊子》哲學者苟不根其文字，則流於空疏。攻《莊子》訓詁者，不本其哲學，則失之瑣碎。故主張二者兼相為用。其自序曰：「余病世之治《莊》者，不偏於此，即偏於彼。偏於哲學者，多便辭巧說，偏於訓詁者，務碎義逃難。二者雖亦各有所獲，然皆不足以知莊子之真與全。余向好老莊之學，自成《老子》解詁後，即以餘力勉為是書。〈哲學〉一篇，敘述莊子全部之思想，而其根據則為〈訓詁〉、〈校釋〉三篇，理其訓詁，而其根據則為哲學，務使哲學與訓詁合而為一，庶閱者既通其文，又知其學，一舉兩得，莫此為便。」是書於民國五十四年臺灣文星書店翻印，計三小冊。

近人聞一多氏據郭慶藩〈莊子集釋〉，撰《莊子》內篇校釋，計八十有餘條，引諸子史傳以正原文，頗可觀採，然未及他本，皆以義校字。故闡發《莊》文義理則有餘，校正文字則嫌不足也。

是篇原載於民國三十二年《重慶學術季刊》第三期，後又收全集第二冊中。

近人嚴靈峰先生以「劉宋之世，注《莊子》者已數十家，陸氏《音義》所錄，不過九家，則《莊子》書之散佚雜亂可知。漢代班固以〈齊物論〉「夫道未始有封」句在外篇，世人每以內篇為真，外雜篇為偽，殊非的論。」因考校全書，辨其真偽，取其可讀，別其部居，並加校釋，作《莊子章句新編》。關於錯簡之移易，譌文之校訂頗多，亦為治《莊》之一途也。是書民國五十七年與《老子》、《揚子》、《列子》合編稱《道家四子新編》，由商務出版印行。

校勘之學，始於劉向，歷代因之，頗有述作，浸假至於清世由附庸而蔚成大國。然清代小學鼎盛，學者皆以聲韻、文字、訓詁以求義，因義而正字。劉師培氏許叔重贊曰：

「六書之學，炳若日星，文由字積，經以詁明，沒長之書，功在正名，依形標部，緣首定形。形聲既昭，字義乃成。正字借字，剖晰逾清，立篆為綱，俗體以更，始一終變，知化窮冥」。此近世學者校正《莊》書之所本也。

夫校書之難，非照本改字，不譌不漏之難也，定是非為難也。以劉叔雅之自負，嘗語人曰：「欲語我談《莊子》，須莊子復生可也」。而王叔岷先生舉出失實遽下斷語者多條。校書之難，於茲可見矣。其他有關校證《莊》書論著者甚多，茲附其篇目於後。

篇名	作者	刊物	年份
〈莊子校補〉	劉師培	《中國學報》第一期（已成書）又刊《雅言》一卷第七－九期	
〈莊子校證〉	楊明照	《燕京學報》第二一期	
〈倫敦博物館敦煌莊子殘卷斠補〉	王叔岷	《傅故校長斯年先生紀念文集》	
〈莊子校釋補錄〉	王叔岷	《文史哲學報》第八期	民國四十七年
〈莊子逍遙遊篇錯簡與異文之研究〉	嚴靈峰	《民主評論》十一卷第十四期	民國四十九年
〈莊子齊物論篇之改訂與校釋(一)－(六)〉	嚴靈峰	《大陸雜誌》二十四卷第三－八期	民國五十一年
〈莊子齊物論篇之改訂〉	嚴靈峰	《人生》二十三卷第二期	民國五十年
〈莊子駢拇、馬蹄、胠篋、在宥四篇錯簡雜文之校訂(上)(下)〉	嚴靈峰	《中華雜誌》三卷第八、九期	民國五十四年
〈莊子解點校——逍遙遊〉	陳重文	《國魂》第二七七期	民國五十七年

〈莊子秋水篇錯簡與異文之研究〉	嚴靈峰	《人生》二十卷第九期	民國四十九年
〈莊子闕誤〉	重口	《學文》第一期	民國十九年
《莊子校釋》	支偉成	泰東圖書局排印本（見《莊子書錄》）	

㈡解　詁

莊學解詁，民國以後，始於章太炎（炳麟）先生，章氏有《莊子解故》，及《齊物論釋》。稱「《莊子》三十三篇，舊有《經典釋文》，故世人討治者寡。王氏雜誌，附之卷末，洪頤煊列舉二十九事，俞、孫二家而外，殆無有從事者，念《莊子》疑義甚眾，會與諸生講習舊文，即以己意發正百數十事，亦或雜采諸家音義撰《莊子解故》一卷」。是書亦頗訂正文字異同，仍循清人治學之途徑也。聞近人劉武有《莊子解故駁議》原稿抄本存北京圖書館，惜未得見之。《齊物論釋》乃據釋氏以解《莊》，章氏少從俞曲園問學，精研經子考據之學，又治佛典，入其堂奧。溯自隋唐以後，逮及宋明，如王雱、林希逸、褚伯秀、劉須溪、羅勉道、釋德清，皆據佛以入《莊》，蘇東坡雖云莊子對孔子「陽擠而陰助之」似為據《莊》以入儒，然暗中亦仍以佛義以解《莊》。故章氏之以佛法解《莊子・齊物論》，亦為治《莊子》者之一途徑也。錢賓四先生曰：「〈齊物論〉以佛義解《莊》未必能恰符雙方義旨，然可資學者之開悟，增發勝解，時得妙趣，不刻劃以求可也。」可謂知言矣。是書今存《章氏叢書》中，臺灣世界書局有影印本。

汪揭南〈莊子齊物論解〉，則從「釋題」、「分章」、「句讀」、「錯簡」、「釋義」等項分別論述，可謂〈齊物論〉之概說，以短文而作多方研討，難免浮泛不精，然其取材賅博，亦可供參考也。是文刊《中日文化月刊》第三卷第五期。

近人朱桂曜氏有〈莊子內篇證補〉，是篇雖主於理董文詞，以明義旨，然縣解妙道，舍是末由，固不僅以疏通雅詁為功也。蔡孑民先生謂其「糾繆補遺，謹嚴縝密，徵引博而抉擇精，不惟《莊》書之功臣，抑且註家之諍友也。」然其詮釋字詁，亦頗有疏漏者，如〈逍遙遊〉篇「冥」字解曰：「王氏誤解《釋文》，以冥為北海，大非。如其說，是北冥為北北海矣。且下文南冥，又何解乎？冥即海也。」近人劉武以「冥固非北海，然解冥為海亦大非，如其說，則下文冥海則應解為海海乎？」蓋朱氏英年奮發，卒年僅三十，則是篇當成於二十餘歲時，以二十餘歲之青年，有此成就，亦殊不易，不苛責以求可也。是書於民國二十四年商務印書館刊行，民國五十四年文星書店再版。

曹伯陶（受坤）先生有〈莊子內篇解說〉，附《莊子哲學》中。是書頗仿宣穎《南華經解》之例，句下夾注。每節之後有評，曹氏以莊子哲學為其基礎。故深得莊子之旨趣，有發前人所未發者，是書於民國三十七年由其友人集資刊印，民國五十九年臺灣文景書局複印。

梁任公（啟超）先生有〈莊子天下篇釋義〉，錢基博氏有〈讀莊子天下篇疏記〉，顧實有〈莊子天下篇講疏〉，梁任公先生以〈天下〉篇保存佚說最多，如宋鈃、慎到、惠施、公孫龍等，或著作已佚，或所傳者非真書。皆藉此篇以得窺其說之梗概，又以是篇批評最精到且最公平，對於各家皆能擷其要點，而於其長短不相掩處，論斷俱極平允，可作為研究先秦諸子學之嚮導，為國學常識必讀之書，因特為解釋。其於詭辯家之立說。如「至大無外」，「無厚不可積」等，皆能以科學觀點解釋其含義，且深得其意也。是篇收《諸子考釋》中，民國四十六年臺灣中華書局再版。錢基博氏〈讀莊子天下篇疏記〉全文分「總論」，「墨翟禽滑釐宋鈃尹文」、「彭蒙田駢慎到關尹老聃」、「莊周惠施公孫龍」四部分詮釋，末附「太史公談論六家要旨考論」，引證賅博，惜失之煩瑣。是篇於民國五十六年臺灣商務印書館刊行。顧實之〈莊子天下篇講疏〉亦由商務印書館刊行，其內容頗能深入淺出，甚便初學。

胡樸安氏《莊子章義》，全書分總論、內篇、外篇、雜篇四部分，總論述莊子之哲學，其他內、外、雜各篇標舉篇名，分其章節，闡釋各章之義旨，其論述治子方法與治經方法不同，頗為有見。蓋治經者，訓詁明而義即與之俱明，子部則重在學說之聯貫，苟全文學說不聯貫，則訓詁雖明，而義旨仍難盡知也。是書於民國三十二年六月安吳胡氏樸學齋刊。

王壬秋（闓運）先生之《莊子注》，首篇為寓言，次內篇七篇，末為〈天下〉篇，蓋王氏之意，以寓言為《莊》書之自敘，〈天下〉篇為全書之後序，內容則僅內七篇而止。每篇之前有敘說，論述該篇之大旨，所注則甚少。其內容大抵推明論道之所為，以明古聖之不空言。不宜以佛經之內容談心性，以尊聖人，使堯舜孔孟與達摩同功也。其自序曰：「以莊合佛，晉唐之過也，以佛誣孔，宋明之蔽也，以孔誣佛，文士之妄也。故必先明佛之不言性，而性理始絀矣，先明聖之不傳道，而道統自廢矣，先明莊子之不外死生，而佛經乃妄矣」。是書有同治八年及民國二十年之刊本，在《王湘綺先生全集》中。

《莊子》篇章之解詁，雖未見其全，然亦可藉此窺其概略，於莊學之流傳皆有功焉。至於未介述之部分，列其篇目於次，以備觀覽焉。

〈養生主微義辨〉	羅聯絡	《大陸雜誌》十四卷第二期	民國四十六年
〈釋莊子天下篇惠施及辯者之言〉	勞榦	《華岡學報》第三期	民國五十五年
〈莊子逍遙遊篇旨趣淺述〉	陳宗敏	《國魂》第二二五期	民國五十六年
〈莊子與中庸〉	錢穆	《當代青年》四卷第五期	民國四十一年
〈莊子與長生〉	錢穆	《人生》二十一卷第三期	民國四十九年
〈莊子雜篇義繹之一——庚	何敬群	《人生》二十九卷第二期	民國五十三年

桑子〉			
〈莊子雜篇義繹之二——徐无鬼〉	何敬群	《人生》二十九卷第三期	民國五十三年
〈莊子雜篇義繹之三——外物〉	何敬群	《人生》二十九卷第五期	民國五十四年
〈莊學的靈魂——秋水篇〉	胡文興	《新天地》五卷第十二期	民國五十六年
〈莊子天下篇所述惠施與當時辯者之思想〉	唐亦男	《成功大學學報》第三期	民國五十七年
〈莊子天下篇研究導論(上)(下)〉	唐亦男	《人生》二四卷第六、七期	民國五十一年
〈莊子外雜篇言性義〉	錢穆	《東方學報》一卷第一期	民國四十六年
〈莊子外篇義繹之一——天地、天道、天運〉	何敬群	《人生》二十八卷第八期	民國五十三年
〈莊子外篇義繹之二——知北遊〉	何敬群	《人生》二十八卷第九期	民國五十三年

〈莊子秋水篇義繹〉	何敬群	《珠海校刊》十四屆畢業特刊	民國五十三年
〈莊子秋水篇「人卒九卅」注疏商榷〉	劉光義	《大陸雜誌》十四卷第八期	民國四十六年
〈莊子大義〉	王樹枬	《中國學報》第二期	民國元年
〈莊子內篇大旨〉	張壽鏞	《諸子大綱》	民國三十三年
〈莊子天下篇之分析〉	張壽鏞	《諸子大綱》	民國三十三年
〈莊子齊物論述意〉	王昌祉	《諸子的我見》	民國五十年
〈莊子庚桑楚篇一解〉		《莊子哲學討論集》	民國五十年
〈莊子無為試解〉	陸欽	《日本中國學會報第十五集著錄》	民國五十一年
〈對莊子「秋水」的幾點理解〉	陸欽	《日本中國學會報第十五集著錄》	民國五十一年
〈也談「秋水」〉	莊卬	《日本中國學會報第十五期著錄》	民國五十一年
〈莊子解故〉	章絳	《國粹學報》五卷第二－十二期	
〈莊子大義〉	王樹枬	《中國學報》第二期	民國元年

〈逍遙遊釋敘〉	張純一	《國學編彙》第三期	
〈莊子內篇意義淺說〉	胡樸安	《國學編彙》第三期	
〈翼莊〉	金天翮	《國學週刊》第十六－十八期	
〈釋莊的我見〉	胡遠濬	《中央大學半月刊》一卷十六期	
〈老莊通義〉	胡淵如	《國風半月刊》第十號	民國二十一年
〈莊子通釋〉	高燮	《國學叢選》第五、九集第十三、十四期	
〈逍遙遊解〉	伍劍禪	《歸納雜誌》第一期	
〈莊子逍遙遊篇新義〉	朱文熊	《無錫國專校友會集刊》第一集	
〈齊物論解〉	伍劍禪	《歸納雜誌》第二期	
〈齊物論通恉〉	馬燮荃	《無錫國專校友會集刊》第一集	
〈郭子翼莊偶釋〉	張其淦	《學術世界》一卷第二期	
〈莊生「鯤化為鵬」說旁證〉	李行之	《涇濤》第七期	

〈莊子天下篇箋證〉	高亨	《北強月刊》一卷第三—五期	
〈莊子天下篇校釋序〉	劉永濟	《國風半月刊》六卷第三、四號	
〈評莊子天下篇校釋〉	楊樹達	《清華學報》十一卷第十期	民國二十五年
〈莊子天下篇惠施十事解〉	黃方剛	《國立四川大學季刊》第一期	
〈天地道天運（莊子外篇義繹之一）〉	何敬群	《人生》二十八卷第八期	民國五十三年
〈赤裸裸的人生——莊子別解〉	孫慕稼	《人生》七卷第一期	民國四十三年
〈「別宥」「去宥」與「別囿」〉	黃寶實	《大陸雜誌》十七卷第九期	民國四十七年
〈逍遙遊微義辨〉	羅聯絡	《大陸雜誌》十三卷第五期	民國四十五年
〈就蝴蝶夢論物之究竟〉	林夏	《新天地》五卷第一期	民國五十五年
〈齊物論微義辨〉	羅聯絡	《大陸雜誌》十四卷第六期	民國四十六年
〈齊物論釋題〉	趙逸文	《中國一周》六九五期	民國五十二年

㈢札記

莊子札記，實與校勘、解詁有不可分之關係，以其名為札記，故另立一目殿於校詁類之後焉。

莊子札記民國以來最先者為陶癯石（鴻慶）先生之〈讀莊子札記〉，是篇有民國八年待曉廬〈讀老莊札記〉，民國四十八年中華書局《讀諸子札記》，民國五十一年臺灣世界書局影印本，是書據浙江書局校刻世德堂本《莊子》，採各家之說，校正文句文義，頗有新解。

武次彭（延緒）先生有《莊子札記》，是書據世德堂本引《莊子》文句摘要考據，間引王念孫、俞樾等說，自附按語，對異文錯簡多所訂正，輒有發明。武氏為遜清光緒進士，學有根底，故是篇頗為當世治《莊》者所重視。在《所好齋札記》內，前有邵瑞彭作武氏傳，由其子武毓荃校刻。有民國二十一年武氏所好齋刊朱墨印刷本。

奚度青（侗）先生有《莊子補注》四卷，是書雜引各家之說，校釋《莊子》文句文義，頗有新意。錢賓四先生稱「其書後出，而所獲猶多前人所未及」。有自序、高潛敘、及戚揚題跋，民國六年當塗奚氏託江蘇省立官紙印刷廠代印排印本。

近人楊遇夫（樹達）先生有《莊子拾遺》，據郭慶藩《莊子集釋》，雜引《釋文》及諸子史傳之書以詮證，對訓詁字義頗有發明。楊氏精文字之學，頗引《說文》之說，故釋《莊子》字義者多，解《莊子》文義者少，全書計有百餘條，據嚴靈峰先生云：「遺稿最後十頁，破損殘缺，由其任楊伯峻加以整理。並附加標點符號，在《積微居讀書記》內，民國五十一年中華書局印行。」

近人徐德庵氏有〈莊子連詞音訓〉，引《釋文》、《郭注》、《爾雅》、《說文》以釋詞義，惟僅及連詞為限，解釋時或陷於支離，然間亦有新意，如〈秋水〉篇「謝施」謂為「躊躇」之音轉等，引證頗洽，亦足供參考也。是篇原刊《國文月刊》六十六年至七十四年各期中。臺灣樂天出版社排印本後附王先謙《莊子集解》。

金巨山有〈莊子管見〉，錄《莊子》重要文句，引經傳諸子以考釋，僅三十餘條，在《諸子管見》中，民國四十八年臺灣世界書局排印本。

近人高晉生氏有《莊子會箋》，是編僅於每篇採其有所見者數句而箋之，其敘略曰：「在昔余籀《莊子》，既博故解，有所補正，則識之簡眉。瀋陽變作，倉皇南走，藏書淪失。今重諷《莊子》，追憶所識，詳加考訂，名曰《莊子會箋》」云云。民國二十四年河南開封岐支齋刻本。

近人嚴靈峰先生〈讀莊子天下篇札記〉，考校〈天下〉篇第一段文句至「學術將為天下裂」止，並整理本段文字，其大要皆在《莊子新編》中。民國五十二年刊於香港珠海書院《珠海文史會刊》中。

其他時人讀《莊子》札記著述甚多，因散見各雜誌刊物中，一時搜求不易，茲併列篇目於次：

〈讀莊子札記〉	陶慶鴻	《國學叢刊》二卷第三號	
〈讀莊子劄記二則〉	毛乘雲	《讀書月刊》一卷第八號	
〈讀莊子天下篇〉	姚錫鈞	《國學叢選》第一、二集合刊	
〈莊子天下篇之管見〉	周聞章	《文學叢刊》第一集	
〈胠篋篇書後〉	柳禪	《廈門週刊》十三卷第十四期	
〈讀莊偶記〉	鍾鍾山	《之江學報》一卷第一—四期	民國二十一年
〈章氏莊子解故訂〉	向夏	《南大中文學報》第三期	民國五十四年
〈讀莊子札記——逍遙遊〉	何敬群	《人生》二十七卷第九期	民國五十三年
〈讀莊子札記之二——齊物論上、下〉	何敬群	《人生》二十七卷第十、十一期	民國五十三年
〈讀莊子札記之四——養生主〉	何敬群	《人生》二十八卷第一期	民國五十三年
〈讀莊子札記之五——人間世〉	何敬群	《人生》二十八卷第三期	民國五十三年

〈讀莊子札記之六——德充符〉	何敬群	《人生》二十八卷第三期	民國五十三年
〈讀莊子札記之七——大宗師上、下〉	何敬群	《人生》二十九卷第四－五期	民國五十三年
〈讀莊子札記之八——應帝王〉	何敬群	《人生》二十九卷第六期	民國五十三年
〈讀「莊子」筆記〉	梁平居	《文史學報》第三期	民國五十五年
〈莊子駢拇篇札記〉	陳宗敏	《大陸雜誌》三十四卷第四期	民國五十六年
〈莊子內七篇札記〉	陳宗敏	《大陸雜誌》三十一卷第十一期	民國五十四年
〈莊子秋水篇讀後〉	辛意雲	《思想與時代》第一四一期	民國五十五年
〈莊子原始之一（逍遙論篇本於宋鈃說）〉	朱謙之	《文學》第一期	
〈讀莊子〉	胡蘊玉	《國學叢選》第八期	民國四年
〈評陶鴻慶老莊札記〉	蠡舟	《大公報文學副刊》第二十五期	民國十八年

〈郭子翼莊偶釋〉	張其淦	《學術世界》一卷第二期	民國二十四年
〈讀莊子偶記〉	俞士鎮	《古學彙刊》	民國二十九年
〈讀莊子秋水篇〉	何覺	《知用學社四十週年紀念集》	民國五十一年
〈莊子內篇〉	胡適	《中國文學史選例》	民國二十三年
〈莊子的兩則寓言〉	周振甫	《日本中國學會報十六集著錄》	民國五十二年
〈莊子內篇研究〉	唐亦男	《國家長期發展委員會年報著錄》	民國五十二年
〈莊子義繹例略〉	何敬群	《珠海校刊十七週年校慶紀念特刊》	
〈莊子瑣記〉（在《三餘札記》中）	劉文典	《商務印書館刊》	民國十七年
〈莊子札記〉（在《南華真經》中）	孫毓修	《商務四部叢刊》	

四、義理——莊學之發展

《莊子》全書之注，自民國以來，為數雖不多，然皆出於作者之卓見，成一家之言。如王益吾（先謙）先生之《莊子集解》、馬通伯（其昶）先生之《莊子故》、胡淵如（遠濬）先生之《莊子詮詁》、錢賓四（穆）先生之《莊子纂箋》等著是也。

王益吾（先謙）先生之《莊子集解》，取其簡要為主，其便初學，後人雖以疏漏目之，然流傳至今而不衰者，亦可見其價值矣。是書引述前人之治《莊》者計二十餘家，引經史諸子之書約四十餘種。於宣穎之《南華經解》，採擇特多。錢賓四先生謂其頗費淘洗之功。惟近人頗糾正其謬誤，有胡懷琛之《莊子集解補正》，及劉武之《莊子集解內篇補正》。

馬通伯（其昶）先生有《莊子故》。馬氏桐城人，清末諸生，學部主事。《莊子故》成書於光緒甲午（一八九四年）冬，據其門人李國松稱：「其書稿本存金匱廉戶部泉處，戶部友蕭山陳君光淞見而愛之，辛丑（一九〇一年）秋為鋟版浙中，其後三年，戶部始以陳君所刊本寄先生。時國松方治《莊子》，先生就刊本為之講授，時有所增損改正。又綴錄諸書所載《莊子》佚文附焉，是書至此乃愈臻完善矣。」今所傳本為光緒乙巳（一九〇四年）合肥李氏刊本，《集虛草堂叢書》甲集第九至十二冊，共八卷分裝四冊。斷〈讓王〉、〈盜跖〉、〈說劍〉、〈漁父〉為膺作，列於卷末，各於篇題下注各篇膺作之理由，大體據自蘇軾之說，間斷以己意，其後引《莊子》佚文定為逸篇以附焉。至李國松所謂之辛丑版，今不可得而見矣。

馬氏得桐城家法，通文章義趣，緣桐城文派自曾文正公起，延攬文士，文風丕振。所謂「以戴、段、錢、王之訓詁，發為班、張、左、郭之文章。」調和漢宋，兼備數長。馬氏承其餘緒，故能兼顧宋儒義解，不嫥嫥於訓詁考覈也。錢賓四先生謂其書「自郭注陸音義成疏焦氏翼下及清儒，采擷最廣，淘洗亦精，較之郭氏《集解》、王氏《集解》，又見超出。」良有以也。以馬氏書為藍本者，有嚴幾道（復）先生，胡淵如（遠濬）先生，錢賓四（穆）先生等三家。嚴氏評點見下哲學類。胡淵如（遠濬）先生，名遠濬，懷寧人。其所著《莊子詮詁》成書於民國二十年，商務印書館排印本，為中央大學叢書，蓋胡氏是時適任教於中大也。計收內、外、雜共三十三篇，民國五十六年一月臺灣商務印書館據原書影印再版。是書亦就馬氏《莊子故》為藍本加以刪易而成。其序例云：

> 余曩讀鄉前輩馬通伯先生《莊子故》，見其訓詁精審，畫章明確，又時於古今通人述莊子之微言大義，附註尤徵宏識，其博采各注，自具鑪捶，意非深於文者莫能也。心愛而好之，因間有於鄙見未愜者，一師其意，輒攙他說附列簡中，取便己讀，久之心領神悟，得其綱要，於是漸易漸多，分章語亦用更訂，其或兩說可通者並存之，此非必所得獨多也，權藉有資，為功較易耳。書成，大體依馬，而略加變通，取其義故並發，題曰《莊子詮詁》。

是書於序目之次，有序例十二則，大體說明《莊》書之義蘊及旨趣。尤於儒學之共通處三致意焉。本文各段落之末隔一字有自按語，以「遠濬曰」三字以別之，眉端有各家之評語，計引有歐陽脩、蘇軾、蘇轍、劉須溪、劉熙載、歸有光、梅曾亮、姚鼐、吳汝綸、馬其昶、姚範、朱一新、劉大槐、王安石、馬驌、朱熹、孫覺、陳壽昌、方潛、錢澄之、章炳麟、王應麟、羅勉道、吳澄、秦觀、李夢陽、黃庭堅、宣穎等二十八家，間下己意。〈讓王〉、〈盜跖〉、〈說劍〉、〈漁父〉四篇，仍為作註。蓋胡氏以古書真偽難分，不如多聞闕疑，一仍其舊也。其序例又云：

> 《莊子》，蓋多羼雜附益之作，昔韓退之謂識古書之正偽，夫正偽豈易識哉，深於文者，謂吾有以窺其詞之不似，其偽不可遁，不知詞附道而顯，道有未澈，則詞為之晦，是宜吾之學與識，與其人無二，或有過無不及，則庶乎如堂上人別堂下樂矣，雖然，吾疑尤有難者，蓋古今時各有宜，苟其所經事物，泯不見，感發必不生，故莊生云，以無為有，雖有神禹，且不能知，此無可如何者。……如蘇子瞻斷〈讓王〉以下四篇為贗作，古今無異詞，然子瞻以〈列禦寇〉篇首，與〈寓言〉篇末旨同，決為相承無疑，此固不必然者，而《莊子故》依宣本，將此四篇，屏諸各篇之外，然又豈能斷各篇中無一贗作耶，故僅從多聞闕疑之義，取前賢論文，並訂正語，附疑書眉，而篇次一仍郭舊。

錢賓四先生曰：「是書所集，又多逸出於郭、王、馬三書之外，極便初學。」

錢賓四先生，江蘇無錫人，以史學名家，著述甚豐，近潛心研究朱子，有《朱子學案》。其《莊子纂箋》亦以馬氏《莊子故》為藍本，博采諸家之說，而斷以己意。其序目云：

本書乃就馬書為藍本，而加增補修訂，然李光弼入郭子儀軍，壁壘旌旗，非復舊觀。

其自述成書之經過亦曰：

> 先就馬通伯《莊子故》，愜者存之，灃者抹之。然後廣集諸家，蟻行蠅楷，列於書眉。勾勒標幟，施以五色。昕旭握管，時達丙夜。寒雨雲霰，呵凍不輟。始十二月九日，迄於翌歲己丑二月九日，前後適兩越月而書成。四月遂來香港。庚寅冬、去臺灣、假中央研究院未見書七八種、攜赴臺南，得靜院、晨昏覓隙，再事添列。又越月而竣。

至其注書體例，則倣朱子之注四書。蓋錢氏服膺朱子之學，推崇朱子甚備，曾曰：

> 在中國學術史上，若論博大精微兼而盡之的學者，孔子以下，只有朱子，可算得第二人。

(見《朱子讀書法》)

又曰：

> 朱子曠代巨儒，其學所涉，博大精深，古今殆無匹儔。而以理學名高，自餘遂為所掩。即其詩文，亦巍然一世宗匠。(見《朱子與校勘學》)

故錢氏於其他各書或有微辭，獨於朱注四書，推崇備至，其序自云：

> 古人注書，不失之繁委，即陷於枯燥，惟朱子《四書集注》，雖亦薈萃諸家，罔羅群言，而體尚簡要，辭貴清通，尤能於訓詁、考據、義理文章，三方兼顧。使讀者就注與本文一貫讀之，情味醰醰。本書竊慕其例，所謂雖不能至，心嚮往之者也。

雖然，錢氏本人精邃義理文章之學，於訓詁、考據亦有所長，其識力足以稱之。

是書凡印行三版，初版於民國四十年十二月在香港出版。民國四十四年二月在香港再版，增刪改訂者共四十七條。四十六年三月三版，又增刪改訂共六十九條。五十八年六月在臺就原書翻印，由三民書局總經銷。

綜上兩書，皆以馬氏《莊子故》為藍本。

胡氏《莊子詮詁》，注解簡要，行文亦明潔有致，讀之令人欣喜。而每節之後詮釋全文大恉，綜貫全文，闡明義蘊，錢氏謂「此書極便初學」，信之有也。而尤以篇次一仍郭氏之舊，不從馬氏《莊子故》之見，以〈讓王〉等四篇摒諸各篇之外，頗為有識。蓋古書之真偽，難以全辨，《莊子》一書，多羼雜附益之作，豈能盡斷各篇無些許贋作誤錄耶？然眉端所附各家評說，雖可開悟初學，仍不脫文章家習氣也。

錢氏《莊子纂箋》成書較後，故採各家之說亦較備，而尤能簡別去捨，淘蕪留精，不因箋注而失《莊子》義旨。觀其內容，仍多沿儒家治《莊》之途徑。此以重視郭注可以概見。錢氏序目云：「學者治《莊》書，亦當專治郭注。」而其於內篇七篇中，馬氏《莊子故》計引郭注七十一條（按以下所述數字，皆就內七篇而言），錢氏僅刪七條，又別增六十八條。而郭象實本儒家立場以注《莊》也。郭氏以後有宣茂公（穎）《南華經解》，其書亦以儒家眼光治《莊》，曾曰：「莊子之書，與《中庸》相表裡……惜不及親炙乎聖人者。」（見《南華經解‧自序》）而錢氏就馬氏《莊子故》所引宣注十九條中僅刪三條，而別增引四十條之多，於茲可見。清乾、嘉之際，治《莊》學者，錢氏獨推崇王（念孫）俞（曲園）兩家。謂「清儒治先秦諸子書中，最具成績」。馬氏引王說計十四條，錢氏除十四條外及增引三條，馬氏引俞說計十七條，錢氏又增十八條，均未見刪訂。郭、宣注《莊》，長於義理，王、俞治《莊》，長於訓詁校勘，而錢氏則兼採兩者之長，此錢氏《纂箋》之又一特點也。莊子之學，漢代已見端倪。然漢代重黃老，莊學不顯。魏晉時學者競尚玄談，莊學大明，阮籍開其端，向、郭踵繼之，其間雖未盡合莊子之本意，亦可為道家思想演變之說明。宋人治《莊》，雜以佛理，亦皆未離儒家思想之本源。蘇東坡（軾）氏雖倡莊子對孔子「陽擠而陰助之」之說，然宋人《莊》注內容，或多或少仍以佛義解《莊》。馬氏《莊子故》，亦兼採宋人儒佛解《莊》之例。錢氏因之，如〈逍遙遊〉篇「尸祝不越樽俎而代之矣」句引邵雍注曰：「此君子思不出其位，素位而行之意。」又如〈大宗師〉篇「其耆欲深者，其天機淺」句引程顥曰：「莊子此言最善，人於天理昏者，止是為耆欲所亂。」其他如引陳祥道、王安石、蘇軾、呂惠卿、朱熹、張載等之說，皆為儒家說《莊》者。其引佛解《莊》者，如〈大宗師〉篇「其名為攖寧」句引陸長庚之注曰：「攖寧，言世棼擾擾之中而成大定。此即不壞世相，而成實相，如來所云上乘義諦也。」又如〈齊物論〉篇「未始有夫未始有始」句引章太炎（炳麟）先生注曰：「斷割一期，故有始，長無本剽，故無始。心本不生，故未始有夫未始有始。」雜儒佛之說以解《莊》，自宋以來，即已如此，錢氏亦然。此《莊子纂箋》之又一特點也。

錢氏《莊子纂箋》雖以《莊子故》為藍本，然亦頗費淘洗校訂之力，如馬氏於〈逍遙遊〉篇「將旁礴萬物以為一，世蘄乎亂，孰弊弊焉以天下為事」句，注引姚鼐曰：「旁礴萬物以為一，所謂合萬物為己者，亂，治也。世自化之，蘄乎治耳，彼非有意以天下為事而治也。」（胡氏《詮詁》同）錢氏箋注僅於「世蘄乎亂」句引「世自化之，蘄乎治耳」而已。又如〈齊物論〉篇「物與我無成也」句，馬氏注曰：「人己成虧，道通為一，昭文之綸不能成，子何能明人，故各私一我，皆可謂成，兼物與我，無所謂也。」錢氏纂注僅引「各私一我，皆可謂成，兼物與我，無所謂成也。」其意已足。

綜觀胡氏之《詮詁》，錢氏之《纂箋》與馬氏之《莊子故》，雖立意體例有其不同之處，要旨為儒家之立場以解《莊》，而其慨嘆時勢之衰，家國之憂，則尤所同具也。此亦儒者之用心也，嗚呼！《莊子》衰世之學，其信然歟！

阮毓崧氏有《莊子集註》，民國十九年中華書局聚珍倣宋初版印行，二十五年再版，分裝五冊。是書務求淺明，藉便初學，故錢賓四先生評其所詣蓋淺。其例言曰：「《莊子》多出世之言，其淺者不出天乘，深者直達佛界，是故陸西星之於全部，憨山大師之於內篇，章太炎先生之於〈齊物論〉，皆以佛理釋之，本編以體例不同，多未錄入，而乃於楊仁山先生發隱之說，有所採擇者，則以簡明適合欲便初學者，略見一斑耳。」

是篇凡《莊》文之諧韻者，並證之吳才老之《韻補》，顧寧人之《唐韻正》，江慎修之《古韻標準諸書》，列之書眉之端，為本書之特色，茲併以附焉。

五、哲學——莊學之會通

莊子學說，〈天下〉篇自評「獨與天地精神往來，而不敖倪於萬物，不譴是非以與世俗處，上與造物者遊，而下與外死生無終始者為友」。是以太史公云：「王公大人不能器之」。故後世之研治《莊》書者，以莊子為儒家之後人者有之，以莊子為佛氏之先驅者有之，以莊子學說與西洋哲學相比附者有之，以莊子學說與西洋哲學相比附者，當首推嚴幾道先生。

幾道先生名復，福建閩侯人，初名宗光，字又陵。習海軍，卒業於英格林尼次海軍大學。歸國時，值清末國勢衰頹，不得展其才，遂致力於譯述。其《莊子評點》就馬氏《莊子故》眉批點注，是書為辜鴻銘氏所藏，福州曾克耑氏得之於辜氏令郎之手，其校記曰：「是蓋辜鴻銘先生藏本，余假自其公子志中（守庸）者，南來遂留以自隨，不復返璧矣。」曾履川氏有鈔本，錢賓四先生曾稱引之。民國五十三年八月黎玉璽將軍集嚴氏《老子評》、《莊子評》、及《王荊公詩》三種著述影印，題曰：「侯官嚴氏評點故書三種。」前有曾克耑署「侯官嚴氏評點莊子」篆文八字，次為嚴氏遺像，次為曾克耑序，述莊子著書之旨趣與嚴氏評點之義蘊。吳康先生《老莊哲學》附錄曰：「評點《莊子》全文（惟蘇子瞻所疑四篇除外），計分總評、評證、註釋、圈點四項，每項各以數字標次第，記所批某句某段，眉目釐然，無虞淆亂。文中頗以西土哲理談《莊》，兼及其行文之趣。此書為福州曾克耑所藏先生遺稿之一。」按吳氏所述者乃民國四十二年香港曾克耑氏排印本，為岷雲堂叢刊第一種。有癸巳秋九月自序，述校刊經過。前刊有〈嚴先生遺像〉，〈章士釗題詩〉。今坊間傳本無〈章士釗題詩〉，亦不分項目，無數字標次第。

今觀其評點《莊》文，計二百八十一條，有解釋篇旨者，或即吳氏所謂總評，有考訂辨正者，即吳氏所謂評證，吳氏所謂註釋，則包括項目甚多，如：闡文義，解詞意者，銓字詁者，釋句法者，述文評者等等，至其內容或舉西洋哲理以比附，或以西文為說明，或舉近事為比較，或舉佛理，或引儒書，不一而足，蓋嚴氏學貫中西，故其廣徵博引，俯拾即是也。

吳敬軒（康）先生有《老莊哲學》，其述莊子哲學部分分〈形上思想〉、〈知識論〉、〈人生哲學〉、〈政治哲學〉四章。附錄有〈老莊文說〉、〈老莊與道教〉及〈老莊書目〉。民國四十七年臺灣商務印書館三版。其書雖引希臘之比羅主義，休謨、康德之哲學，以說明莊子之知識論。然其基本思想仍為宋明學者治《莊》之立場，以其引呂吉甫、褚伯秀、林疑獨、釋德清諸家之說闡明莊子知識論可為證明。吳氏尚有《莊子衍義》，其書前附《四部叢刊》本《南華真經》，於民國五十五年商務印書館初版印行。吳氏於康德哲學、黑格爾哲學、柏格森哲學涉測甚深，對西洋哲學亦多所研究，故在有意無意中時引西洋哲學以解說也。

以西洋哲學比附莊子學說者，尚有曹受坤氏之《莊子哲學》，是書由其親友弟子鳩資印行。其跋曰：「莊子自身並不站在任何立場，故自己站在任何立場以批評莊子，都無是處，然則離開自己之立場乎，既然離開自己之立場，則又同於莊子之不站在任何立場，正莊子所謂既同乎我與若矣，惡能正之，此本書所以不立莊子批評之章節」。甚為有見。其內容頗引笛卡兒所謂「我思故我在」，及柏格森之二元論以附會莊子之學說，雖未全是，然意旨相合之處，亦往往有之。

錢賓四先生有《莊老通辨》，彙集有關莊老之論文而成書。莊子部分有〈莊子外雜篇言性義〉、〈比論孟莊兩家論人生修養〉、〈莊老太極無極義〉、〈莊老的宇宙論〉等篇。錢氏以儒者治《莊子》，會通孔孟思想，大體學有所本，能自成一家。惟其《老子》書較《莊子》晚出之意見，近人討論頗多，林語堂先生及嚴靈峰先生均以《老子》書先《莊子》書。林氏之說見師大講演詞，於梁任公、顧頡剛、胡適之諸氏之說，頗多評述。嚴氏之說見其《老莊研究》一書。是書於民國四十八年香港亞洲出版社印行，討論老子之文多，論述莊子之說少，亦頗引西洋哲學與老莊之說相比附。其自序曰：「常運用西方之推理方法來處理中國古籍，在這一方面，自信頗得相當的成效，這一篇論文（按指〈老莊哲學的新檢討〉）也可說是匯合中國古代思想和西方哲學方法論的產物。」

可見一斑。

蘇甲榮氏有《莊子哲學》，以莊生宏才博辨，洸洋自恣，讀者不易得其恉歸，因作是書。本篇雖寥寥萬餘言，意在敷陳大義，絜其綱領。自謂頗能窺莊子之真旨，足以袪時人之誤解。全書計分〈導言〉、〈宇宙觀〉、〈生死觀〉、〈命定論〉、〈本真論〉、〈智識論〉、〈養生〉、〈處世〉、〈治道〉、〈結論〉十章。對時人以「魏晉清談為亡國之由」之論，頗有是正。

《諸子之我見》一書為王昌祉氏遺著，其書收有關孔子、墨子、以及老、莊、列之思想考證論文十二篇，有關莊子者有〈莊子的思想體系〉、〈莊子天下篇作者及其評莊老優劣〉、〈莊子的神祕主義〉、〈莊子齊物論述意〉、〈讀莊雜記〉等五篇。民國五十年由光啟社出版社印行。其中大部均刊《大陸雜誌》各期。

《南華發覆》為清涼山孔雀菴蘊暉老人（蘊暉上人性涵）所著，倪直明集訂，劉文焯繕校，臺灣大學圖書館油印本十六開上下兩冊，題曰「質庵叢書第二種」，前有眉公陳繼儒〈敘〉、次〈自序〉、又次倪直明〈集訂南華發覆序〉大體據自《郭注》、王夫之《莊子解》、黃元炳《莊子新疏》，並附以己意。後附錄《史記・老子韓非列傳》及《釋文・莊子序錄》，其內容亦以莊子與孔子同源。謂「莊子之論，傳老子之真統，開孔子之意域，而稍流覆其已見者（莊子攻訐儒家，非攻訐孔子，乃不滿其徒亞耳）」。民國四十七年三月臺化膳寫初版。

施章氏之《莊子哲學》以莊子哲學與老子哲學不同立論。其內容略謂「老子哲學以我與宇宙立於相對之地位，而主張不毀萬物為實，取虛，曲全以自守，莊子則視我與宇宙非對恃，皆源於一，故云萬物畢羅，莫足以歸，視死生為一貫」。是篇刊《中央大學半月刊》一卷第九期。

羅根澤氏則從歷史資料探究莊子之哲學，首先考證莊子與惠施之年代，次則據《莊子》內篇以說明莊子之道及人生觀，認識論與政治觀。是文刊《哲學評論》。

近人哲敷氏有《老莊哲學》，以老子與莊子合論，全書計分十七章。對魏晉人清談放蕩、消極厭世、放浪形骸、不拘繩墨、鄙棄社會國家之事為不足為，不屑為，而自視超然，以為效法莊子之說頗有駁正。其內容兼論及時代之背景，並雜引儒家之說，與以莊解《莊》者迥異其趣。

王治心有〈莊子的事蹟〉、〈莊子的學說〉、〈莊子的形而上學〉、〈莊子的人生哲學〉，存《道學哲學》中，民國十四年南京宜春閣印行。大體依據朱熹、蘇軾、韓愈、釋德清之說，謂莊子與儒家同而異，但立說仍或多或少偏向於儒家之言。是文篇幅簡短，然頗為扼要。

楊仁山（文會）居士《南華經發隱》在《楊居士遺書》第十種中。〈逍遙遊〉錄「鯤鵬變化」一段，〈齊物論〉錄「子綦喪我」一段，其他〈人間世〉錄「回問心齋」，〈德充符〉錄「兀者王駘」，〈大宗師〉錄「女偊論道」，〈應帝王〉錄「謀報渾沌」，〈天地〉篇錄「象罔得珠」，〈天道〉篇錄「世之所貴」，〈庚桑楚〉篇錄「天門」，〈徐无鬼〉篇錄「七大」，〈則陽〉篇錄「得其環中」，〈外物〉篇錄「得意忘言」，每篇後有評述，頗得莊生之意也。

近人陳鼓應氏有《莊子哲學》，寫作體式大體近於日本福永光司教授之《莊子》。其論莊子之思想，亦引西洋哲學以比附。是書於民國五十五年商務印書館印行，列為「人人文庫叢書」。

近人何啟民先生，有《竹林七賢研究》及《魏晉思想與談風》二書，於民國五十五年，五十六年分別得中國學術著作委員會獎助出版。於莊子之思想，亦頗有涉及。如〈向郭之莊注〉等章，亦有足資參考者。

同學莊萬壽君有《莊子學述》，論述「莊子思想之時代體認」及「莊子與存在主義」甚詳。是篇為莊君之碩士論文，經專家多人審定通過。其研究莊子之具有心得，不待言之矣。茲併以附焉。

其他論莊子哲學之著述甚多，併列其篇目於後。

〈莊子學說蠡測〉	趙餘勳	《學燈》十三年二月份	
〈論莊子馬蹄篇裡所含的思想〉	吳榮華	《學燈》十二年十月份	
〈莊子哲學〉	羅根澤	《哲學評論》三卷第二期	
〈關於老莊的辯證法的商榷〉	胡守愚	《新中華》一卷第十二號	
〈老莊的辯證法〉	李石岑	《東方雜誌》三十卷第五號	
〈莊子的形而上學的理論的根據〉		《鞭策週刊》一卷第十三期	

〈莊子哲學管窺〉	胡國詮	《朝華月刊》一卷第二期	
〈老莊人生哲學〉	小兀	《光華大學半月刊》二卷第五期	
〈莊子的批判〉		《十批判書》	民國三十七年
〈莊子的唯物主義的世界觀〉			
〈莊子之動變說的解說〉	陳汝夔	《學風》五卷第三期	民國二十四年
〈莊子齊物論「兩行」一名之研究〉	朱進之	《新民月刊》一卷第三期	
〈莊子天學論〉	李源證	《學原》二卷第三期	
〈郭象莊子注中之自然觀〉	錢穆	《學原》二卷第五期	
〈老莊與道教〉	吳康	《大陸雜誌》	
〈古代中國的存在主義〉	陳冠學譯	《出版月刊》第十九期	民國五十五年
〈莊子之生死觀〉	周紹賢	《建設》八卷第四期	民國四十八年
〈莊子之性命觀〉	周紹賢	《人生》二十一卷第三期	民國四十九年

〈擬莊子逍遙遊〉	周紹賢	《建設》九卷第十一期	民國五十年
〈莊子之逃避政治思想〉	汪大華	《東方雜誌》二卷第三期	民國五十七年
〈莊子之道德境界〉	周紹賢	《建設》八卷第十期	民國四十九年
〈莊子之養生論〉	周紹賢	《建設》十二卷第八期	民國五十三年
〈論莊子的道樞〉	黔叟	《學園》二卷第十一期	民國五十六年
〈莊子的人生觀〉	李石岑	《人生哲學》上卷	民國十五年
〈南華道體觀闡隱〉	屠孝實	《國故論叢》第十三集	民國十五年
〈斯賓諾沙與莊子〉	劉耀常	《嶺南大學學術論文集》	民國十八年
〈論莊子〉		《中國哲學史論文集》	民國五十年
〈再論莊子〉		《中國哲學史論文二集》	民國五十年
〈三論莊子〉		《中國哲學史論文二集》	民國五十年
〈莊子哲學史料〉		《中國哲學史料初稿》	民國五十一年
〈莊子的思想性〉	羅根澤	《文學研究》第一期	民國四年

〈莊子的教育思潮〉	王一鴻	《中國古代教育思潮》	民國二十年
〈莊子的政治思想〉	陳安仁	《中國政治思想史大綱》	民國二十一年
〈莊子思想的中心理論〉	陳安仁	《歷史專題研究論叢》	民國四十九年
〈達爾文的天擇律與莊子的天鈞律〉	章鴻釗	《學藝什誌》	民國二十三年
〈莊子一流底全性派〉	許地山	《道教史》	民國十二年
〈莊子的概念遊戲論〉		《中國古代思想學說史》	民國三十三年
〈莊子的主觀唯心主義〉		《中國思想通史》	民國四十六年
〈莊子天學論〉	李源澄	《學原》二卷第三期	民國三十七年
〈莊子外雜篇言性義〉	錢穆	《莊老通辨》	民國四十四年
〈從佛法看莊子〉	月溪法師	《用周明老莊解釋佛法的錯誤》	民國三十九年
〈莊子及其政治哲學〉	陳啟天	《中國政治哲學概論》	民國四十年
〈莊子的思想〉		《中國古代思想史》	民國四十三年

〈莊子思想探微〉		《哲學研究》第二期	民國五十年
〈莊子的天道觀〉	盧冠卿	《中文學會會刊》	民國五十四年
〈論莊學中的兩行〉	霍韜晦	《人生》三十卷第八期	民國五十四年
〈禪宗三關與莊子〉	巴壺天	《中國哲學史論集》第三期	民國四十七年
〈莊子哲學思路的所本〉	杜而未	《新鐸聲》第七卷第四十二期	民國五十一年
〈莊子哲學淺說〉	淦釗	《自由太平洋》四卷第十期	民國四十九年
〈莊子混成觀釋義〉	陳重文	《出版月刊》第二十四期	民國五十六年
〈莊子齊物論之探原思辨〉	黎正甫	《自由太平洋》三卷第九期	民國四十八年
〈莊子「齊物論」平等思想之真諦〉	梁尚忠	《國魂》第二六五期	民國五十六年
〈莊子藝術精神主體之呈現(上)(中)(下)〉	徐復觀	《民主評論》十五卷第十一—十三期	民國五十三年
〈從莊子內篇觀察莊子思想之體系〉	嵇哲	《中文學會學報》第七期	民國五十五年

〈從「蝴蝶夢」窺莊子哲學〉	趙玲玲	《哲學年報》第一期	民國五十七年
〈莊子之懷疑思想〉	吳康	《文史哲學報》第七期	民國五十四年
〈莊子生死觀念的剖析(上)(下)〉	劉光義	《大陸雜誌》三十三卷第一、二期	民國五十五年
〈莊子的人生觀念〉	張振東	《現代學人》第三期	民國五十年
〈莊子的天與道〉	杜而未	《恆毅》八卷第八期	民國四十八年
〈莊子的自然主義〉	曹國霖	《建設》九卷第二期	民國四十九年
〈莊子的祁響精神自由王國的人性論(上)(下)〉	徐復觀	《民主評論》十二卷第九、十期	民國五十年
〈莊子的思想體系〉	王昌祉	《大陸雜誌》二十二卷第六期	民國五十年
〈莊子思想中的策略意義〉	謝延庚	《革命思想》十卷第五期	民國五十年
〈莊子思想的探討〉	吳怡	《思與言》二卷第六期	民國五十四年
〈莊子思想要略〉	楊慶儀	《大陸雜誌》二十九卷第十二期	民國五十年
〈莊子哲學初論〉	梁瑞明	《文史學報》第一期	民國五十三年

〈論莊子馬蹄篇所含的思想〉	吳榮華	《學燈》十三年十月份	
〈莊子哲學之研究〉	周世釗	《國學叢刊》二卷第一期	
〈莊子哲學概論〉	翁琴崖	《仁愛月刊》一卷第四、五期	民國二十四年
〈莊周哲學之辯證觀〉		《中山文化教育館季刊》二卷第四期	民國二十四年
〈莊子的學說〉	黃素封 譯	約翰生《中國煉丹術考》	
〈沒落封建主義統治學說——莊周的出世主義〉	呂振羽	《中國政治思想史》	民國二十六年
〈莊子對老子哲學的歪曲——相對主義的唯心論〉	向林冰	《中國哲學史綱要》	民國二十八年
〈駁胡適先生曲解莊子生物進化與其次殖民地之哲學思想〉	譚凱光	《國民大學校刊》第四期	民國二十八年
〈莊子的思想〉		《文中哲》第八期	民國四十六年
〈莊子關於道與氣的學說〉			民國四十六年

〈莊子思想之研究〉	陳學霖	《聯大文學》創刊號	
〈莊子思想〉	黨晴梵	《先秦思想史論略》	民國四十八年
〈莊子的神祕主義〉	王昌祉	《諸子的我見》	民國五十年
〈莊子哲學批判〉		《哲學研究》第七、八期	民國四十九年
〈莊子哲學思想的幾個問題〉		《莊子哲學討論集》	民國五十年
〈莊子學說要點及其得失〉	何日中	《自由太平洋》第五七期	民國五十年
〈莊子哲學相對主義的實質〉		《莊子哲學討論集》	民國五十年
〈老莊人生哲學的同異〉	陳民	《自由太平洋》第六十期	民國五十年
〈莊子否定形軀之理論〉	勞思光	《大學生活》八卷第十二期	民國五十二年
〈莊子論認知我〉	勞思光	《大學生活》八卷第十四期	民國五十二年
〈由莊子天下篇窺察中國古代哲學發展的趨勢〉	梅貽寶	《清華學報》四卷第二期	民國五十三年
〈試論「恢詭譎怪道通為一」〉	李杜	《新亞校刊》第七期	民國四十四年

〈莊子思想與教育〉	梁宜生	《反攻》第二一三期	民國四十八年
〈莊子之中心思想〉	毛鵬荃	《諸子十家平議述要》	民國五十三年
〈對訾議莊子之平議〉	毛鵬荃	《諸子十家平議述要》	民國五十三年
〈對莊子之訾議〉	毛鵬荃	《諸子十家平議述要》	民國五十三年
〈莊子思想要略〉	楊慶儀	《大陸雜誌》二十九卷第十二期	民國五十三年
《老莊思想與西方哲學》	宋稚青 譯	《三民文庫》	民國五十七年
《莊子》	陳冠學 譯	《三民文庫》	民國五十八年
〈老莊哲學與天人合一〉	張柳雲	《復興文化月刊》	

六、新解——莊學之推廣

民國以來，白話文興，研治莊子之學者，為求普及，爰有語體之譯注，開其端者有葉玉麟之《白話莊子讀本》，繼之者有張默生之《莊子新解》，近有《莊子內篇譯解》及《語體莊子》，《莊子新譯》等，茲分述如次：

葉玉麟為安徽桐城人，自稱為馬通伯先生之弟子，嚮《莊子故》採輯諸家注釋，允稱精審，辭潔而旨瑩，視前之作者，迥乎過之。然其《白話莊子讀本》所據之原書，則為王益吾（先謙）先生之《莊子集解》。其書計選譯內篇七篇，外篇八，雜篇四，計一十九篇，前有〈自序〉，序成於民國二十三年九月，每篇之次，首列題解，次為語體譯文並加新式標點，其內容一依《王氏集解》之說，其謬誤之處往往有之。其〈自序〉云「今迺以學校諸生，偏廢古文日久。致展卷多昧其辭旨。不得已，妄為語注，知不免為識者所呵也，然語錄沿自宋人，儒生講論經義，不免用里諺以存其真，學者循是以極深研幾焉，姑以是為芻狗之陳可矣，書成蓋為慚怍累日也。」是書以其內容淺俗故翻印者甚眾，自民國二十三年上海廣益書局印行後，有二十七年版，三十七年十月版，民國四十三年臺灣文友書店翻印本改名為《白話譯解莊子集解》，四十五年再版。四十七年八月香港萬象書店翻印改名為《譯解白話莊子》，五十年香港實用書局翻印改名為《白話譯解莊子》。五十二年四月臺灣文源書局再為翻印，仍稱《白話莊子讀本》（版權頁則稱出版者為文友書店），具可見流傳之廣。

張默生《莊子新釋》為初學者入門之書，頗能深入淺出，兼顧訓詁、考據、義理。自云「曾遍搜集有關《莊子》注本百餘家，皆為人言言殊，莫衷一是。於是盡棄各家注本，直讀《莊子》原文，幾於讀之成誦，而又仰觀俯察，心領神會，入於悟之境界。」（見原書自序，大意如此）是書分上、中、下三冊，上冊有：一、自序，二、注釋凡例，三、莊子研究答問，四、莊子傳略及其學說概要，五、《莊子》本書篇次。內七篇之譯釋即在上冊中，中冊為外篇十五篇之譯釋，下冊為雜篇十一篇之譯釋。每篇皆分段分節，並加新式標點符號。注釋體例為先題解，次集注，又次譯釋。題解說明各篇文體，揭示大意，間亦辨別真偽與文字錯簡等。集注為採各家之說為之簡別取捨，斷以己意。譯釋為語體翻譯，及簡要說明每段大意。全書皆以語體敘述，惟集注以文言書寫，蓋各家古注，如必欲一一翻譯為語體，亦頗有困難，然以通俗化而言，可謂美中不足也。惟莊子研究答問部分，頗可供初學參考，而以答問體出之，亦甚別緻。其論述讀《莊》，引熊十力先生之說，謂當「深入文字中，方可出於文字外。」頗為有見。又述讀《莊》應具備之多方面知識，允為確論，昔林希逸嘗謂讀《莊》「必精於《語》、《孟》、《中庸》、《大學》等書，見理素定，識文字血脈，知禪宗解數，具此眼目，而後知其言意。」（見《莊子口義・序》）張氏與其同具隻眼。

是書是民國三十七年十月初版，東方書社發行，為子學叢書之二，民國五十八年五月臺灣綠洲出版公司再為影印，惟所見者僅上冊，中、下冊未之見也。馬森先生之《莊子書錄》未著錄，或僅刊印上冊也。有待查考。

據嚴靈峰先生《知見書目著錄》有張默生〈逍遙遊〉、〈養生主〉、〈秋水〉、〈天下〉四篇文選，加以題解、注釋，在先秦諸子文選內，民國四十六年排印本，惜未見是書，究與《莊子新釋》同體例否，不可得而知。

近人《莊子內篇譯解和批判》一書，各篇分章與節，逐節譯為語體，篇後有校注及解剖，前有林序及前言，書後有附編，附編內容包括有關論文三篇及〈莊子時代大事年表〉及〈莊子注解書目〉。其校注部分資料搜集，頗為廣泛，足資參考。然作者雖然批評莊子為唯心主義者，而其思想中仍步唯心主義以佛解《莊》之後塵。此以作者處處引林希逸《莊子口義》為立說之根據可以概見。如〈逍遙遊〉篇「海運」句，解剖引林希逸注曰：「海運者，海動也。今海瀕之俚歌，猶有六月海動之語。」又譯文亦云據林希逸注。又如〈齊物論〉篇「八德」句，作者引羅勉道之解說後，按語曰：「羅說是。」然又曰：「但嫌拘泥。林希逸對此有獨到之見解。」又於「忘年忘義寓諸無竟」句注曰：「譯文依據林希逸注」。又於〈德充符〉篇「益生」句注引林希逸之說曰：「林希逸解得對。」其他作者引林希逸之說者甚多，不遑列舉。其於林希逸《莊子口義》解題亦贊揚備至，曰：「這確是一部善於解《莊》的書，不為莊子文筆鼓舞處所惑，而又注意從《莊》文全體著眼，非因字碎句為注可比。又首發海運者，海動也。今海瀕之俚歌，猶有六月海動之語。必有此大風，而後可以南徙之義，接近了莊子的有待、無己、無待之三段式。自稱對莊子文字血脈稍知梗概，又頗嘗涉獵佛書，而後悟其縱橫變化之機，自謂於此書稍有所得，實前人所未深究者。」（見〈莊子注解書目〉）然林希逸固以儒、佛解《莊》之唯心主義者也。是書譯文部分，於張默生之《莊子新釋》採釋頗多。

其書於民國五十年六月第一版印行，據嚴靈峰先生《莊子知見書目》云：「〈注解書目〉中尚有新資料，然撰人姓名錯誤不少，甚有名誤為姓，地名誤為人名者。」

黃錦鋐之《莊子讀本》成書較後，故資料之搜集較備。此書為全譯本，與葉玉麟先生之選譯本，及近人僅譯解內篇者不同。是書〈導讀〉首列「莊子的生平」、「莊子書的考證」、「莊子學說要旨」。其次為譯注。其體例為先原文，次解釋，又次譯文。解釋部分如原文淺明為眾所熟知者，則錄原文，如原文艱澀，初學所不能盡曉者則以語體譯述之，原文注有國音，頗便初學。是書由臺灣三民書局發行，已於六十年八月間出版。

李立如先生有《語體莊子》，李氏山東陽穀人，有合譯西班牙文《莊子》行世，是書由商務印書館印行，民國五十七年八月初版，五十九年六月三版，列於「人人文庫」中，前為自序，次凡例，次本文，本文之後為語體譯文。因係四十開本，字跡較小，頗傷目力。

莊子之書，號稱難解，尤以語體翻譯，所據之書，意見亦各異，大抵上述諸書互有短長，如葉氏所據為王先謙《集解》，因其哲學意境，難以今語傳述，故多就表面字義解之，如〈齊物論〉篇「以指喻指之非指，不若以非指喻指之非指也」句，葉氏翻譯為「用我的指頭去比別人的指頭，別人的指頭對於我的指似乎不對，若用別人的指頭來比我的指頭，我的指頭對於別人的指又不對了」。可以概見。莊子之文，其洸洋自恣與天地精神之處，豈能以今語盡狀奧妙耶？雖然，於初學而言，未嘗不可資以啟悟，不苛責以求可也。

使莊子通俗化者，除語體譯注外，尚有淺解，精華之類，大抵為便於童蒙初學，為之淺釋詞語，評點文義，詮論句法，略加注音，自附按語。創始者為林琴南先生，林氏有《莊子精華錄》，在〈左孟莊騷精華錄〉中，各篇節錄一節力以解說，並引申文義，類為村塾學童而設。其自序曰：「《莊》、〈騷〉為心理寓言之文字，閎肆瓌麗，為治古文者所宜誦習，惟全書繁富詞意過高不適學者之用，遂逐篇加以詮釋批語，以資導引。」所節錄各段以章首句為篇名，計有〈惠子論大瓠〉（節〈逍遙遊〉篇）、〈齧缺問王倪〉（節〈齊物論〉）、〈庖丁解牛〉（節〈養生主〉）、〈兀者申屠嘉〉（見〈德充符〉）、〈子祀子輿子犁子來四人為友〉（節〈大宗師〉）、〈壺子走神巫季咸〉（節〈應帝王〉）、〈馬蹄〉、〈漢陰丈人〉（見〈天地〉篇）、〈公孫龍〉（見〈秋水〉篇）、〈子列子問關尹子〉（節〈達生〉篇）、〈市南宜僚〉（見〈山木〉篇）、〈知北遊〉等十二篇，是書分上、下兩卷，民國二年商務印書館初版，二十四年二版。

林氏又有《莊子淺說》計四卷，上下兩冊，僅解說內篇而止。民國十二年商務印書館初版，是書作者自謂每讀一篇，必味之彌月，久之微洞其玄同冥極之旨，至忘死生之念，故其說理較《精華錄》為深閎精要。其附識曰：「《莊子》一書，本不能以文繩之，猶《淮南》、《金樓》二子，前半多言理，後乃引事佐證，若律以文法，則千篇一律矣，今當破碎讀之，於每段中觀其挺出不測之筆，熟極而偶類之，則迴不由人也。如則《精華錄》為啟示《莊子》文法，《淺說》則為揭舉理旨之書矣。」

中華書局有《莊子精華》分上、下兩冊，上冊有〈駢拇〉、〈馬蹄〉、〈胠篋〉、〈在宥〉、〈天地〉、〈天道〉、〈天運〉、〈刻意〉、〈繕性〉、〈秋水〉、〈至樂〉等十一篇。下冊計〈達生〉、〈山木〉、〈田子方〉、〈知北遊〉、〈庚桑楚〉、〈徐无鬼〉、〈則陽〉、〈外物〉等八篇。眉端引孫月峰、陳明卿、楊升菴、陳眉公、王守溪、唐荊川、侯晉陽、王鳳洲、陳如岡、陶石簣、陶乃冰等人之批，篇後有總批、音注。蓋沿襲文評家之流風，亦為童蒙而設之教科用書。未著撰者姓名。

《南華經解選讀》（按為宣穎《南華經解》），計錄內篇七，外篇錄〈駢拇〉、〈馬蹄〉、〈胠篋〉、〈天道〉、〈秋水〉、〈山木〉六篇，雜篇僅〈天下〉篇一篇，其序錄曰：「右十四篇皆義境高超，章法完整，循繹玩味，於養心作文之道，大有裨益，宣注顯豁，尤便初學，故選錄之，為家塾讀本云，壬申孟冬周學熙識。」是篇既為家塾童蒙，然以宣穎之注為教授，其淺深恐非所宜也。中華壬申十月周氏師古堂刻分上、下二冊。

沈德鴻氏之《莊子選注》，選《莊子》原文十二篇，採陸德明《釋文》及清代各家考證，雜說作注，注文另附每段之末，用數字標出，並加新式標點符號，前有凡例緒言。民國十五年上海商務印書館《學生國學叢書》初版排印本，以後陸續印行者甚多，其撰述人初為沈雁冰，後改為沈德鴻。

張之純《評注莊子菁華錄》，亦為近代淺解《莊子》可資初學者考參之文獻，在《諸子菁華錄》第三冊內，除〈讓王〉、〈盜跖〉斷為偽書未錄外，其他各篇或錄一段或數段評釋之，注釋頗錄成疏，宣注及林西仲《莊子因》，惟多以己意斷之，語氣頗為自信，對章太炎先生之《莊子解故》，似頗有微辭，然其謬誤處亦所在多是也。眉端附有評述文理關鍵。是書民國七年商務印書館排印本，線裝七冊。

近世莊子淺解者，或詮釋文義，如胡韞玉之《莊子章義》，張貽惠之《莊子講解》等是也。或譯注篇什，如張壽鏞之〈莊子天下篇分析〉，李永祜之〈莊子逍遙篇選注〉等是也。多至不可勝數，茲以篇幅所限，綜列其篇目於後，不另敘述也。然自林琴南先生之《莊子精華錄》，至近時之語體譯注《莊子》，雖體例不同，其間或見仁見智，多違莊生原意，然有便初學童蒙，深入淺出之功，固不沒也。

〈莊子「焉」字用法探究〉	王仁鈞	《淡江學報》第七期	民國五十七年
〈莊子「於」字用法探究㈠—㈤〉	王仁鈞	《大陸雜誌》三十四卷第八—十二期	民國五十六年
〈養生主一篇〉	鍾露昇	《國語日報》第二五五期	民國四十五年
〈逍遙遊一篇〉	鍾露昇	《國語日報》第二八一期	民國四十六年
〈天下篇〉	鍾露昇	《國語日報》第二九〇期	民國四十六年
〈齊物論一篇〉	鍾露昇	《國語日報》第三二一期	民國四十七年

〈秋水篇的翻譯〉	梁容若	《國語日報》第二八五期	民國四十五年
〈秋水篇一篇〉	傅世銘	《國語日報》第二五八期	民國四十五年
〈齊物論今譯〉	高元白	《人文雜誌》第一號	民國四十六年

七、結論

民國以來，研究莊子者，綜上所述。不下百數十家，莊子之學，大為昌明。就其內容性質而論，可分為概說、校詁、義理、哲學、新解五類。就其研究方法而言，則有循清儒治學之途轍者，有依西洋研究之方法者。清儒治學，甚具科學精神，尚簡明扼要，故訓詁考據之學興，然所長在此，所短亦在此。蓋孜孜於訓詁考據者，則忽視義理文章。近世學者治《莊》，頗能匡救其失，於訓詁考據之餘，亦兼及文章義理哲學之探討。此民國以來治《莊》學者之較清儒為有得也。然訓詁考據，為明義理之本源，苟義理不明，則哲學亦無由而論矣。此又清儒之大有功於莊學處也。近世學者繼承而光大之，故莊學之所以昌明也。

近世中西文化交流，學者治《莊》，頗引西哲之說，以比較方法論述莊子之思想，於是有以莊子為中國古代之存在主義者，有以莊子思想與笛卡兒，柏格森相類者，然莊子豈豫知西洋有所謂存在主義者耶？又豈豫知有所謂笛卡兒、柏格森之流者耶？雖然，不賅不遍，未必盡合莊子之本意，亦頗可為後世以西洋方法研究莊學另闢一蹊徑。此近世治《莊》之方法較清代為尤廣，而莊學之所以昌明者又一原因也。

然莊子之道，寂寞無形，變化無常，死與生與，天地並與，神明往與，芒乎何之，忽乎何適，萬物畢羅，莫足以歸。如則，其研治莊學者，訓詁也，考據也，義理也，謂莊子為存在主義也，謂莊子與笛卡兒、柏格森相類也，其果是也耶？其果非也耶？則其所述者，皆莊子之粗跡也。然道不逃物，天籟即寄於地籟人籟之中。所謂「形而上者謂之道、形而下者謂之器」。道之於器，猶神之於形。則粗跡固非道，然無粗跡道又何由而致乎？此民國六十年來之莊子學寫作之本意也，幸無以粗跡而不屑顧之也。苟能由此粗跡而探其本源，則道豈遠哉！

後記

這幾篇有關莊子的論文，都是我在民國四十七年開始在淡江學院及五十八年在師大擔任莊子這門課程時陸續寫成的。其中最早的一篇是〈莊子筆下的孔子〉，發表在《孔孟月刊》第一卷第十一期。從這篇短文開始，我對莊子的看法，大體上是受蘇東坡所說的莊子對孔子是「陽擠而陰助之」那句話的影響。當然郭象引了很多《易經》、《論語》的語句去注《莊子》，也給我或多或少的啟示。

民國五十六年，我奉准出國進修，在日本京大人文科學研究所參加了一個弘明集研究會，每週集會一次，參加的人員有牧田諦亮、木村英一、森三樹三郎、福永光司、木全德雄等教授，還有當時在阪大哲學研究室博士班進修現在大谷大學任教的若槻俊一及河田梯一等先生，經過一年多的討論，使我對莊子又有進一步的認識，那就是莊子的思想，不但和儒家有若干相通的地方，就是和佛學也有類似的關聯。返國後，師大中道社負責的同學蕭登福君邀我對中道社社員作一次講演，當時我就以〈莊子與佛學的關聯性〉為題，這篇講稿，刊在《慧炬》第八十七、八十八兩期。因為我談的問題太廣泛，後來草草結束，還有補充修訂的必要，所以這次沒有收進這小冊子裡。附帶提到，只是說明我對莊子的看法又有若干的改變。

民國六十三年師大研究所及國文系主任周何先生邀我講演有關莊子的問題，我以〈莊子的文學〉為題，發表我對莊子的看法。這篇講稿刊在《淡江學報》第十三期，以後東海大學國文系主任陳問梅先生找我講演，我把〈莊子的文學〉這篇舊稿稍為修改，講題換成〈從科學、理智、情感看莊子的文學〉，結論是莊子文學是含有科學的真、理智的善、情感的美。這篇講稿刊在《幼獅月刊》，內容有些和〈莊子的文學〉是相同的，但主題各有不同，所以都收入這本小冊子裡。其中〈魏晉之莊學〉是為慶祝許詩英先生六十華誕而作，以後刊於日本《懷德雜誌》，又收入《漢學論文集》。從這幾篇的內容中，也可以表示我對莊子的研究又轉入文學的境域中。《莊子》是文學的著作，這是大家所公認的事實，但是莊子的文章又是詭奇譎怪，令人把握不住，當你正在欣賞它文學表現奇妙之處，它又導你進入哲學的領域；當你沉思它哲理的深邃處，那又是它文學技巧之所在。文學與哲學，在《莊子》書中，已是凝固為一體，不可分割了。《莊子》可以說是儒、道、釋思想的結合，文學是混合這三種思想的水門汀。其實，這樣說也不對，《莊子》本來沒有立場，怎麼稱呼它，都是對的，也都是不對的。我不厭其煩的說明，不過是表示我研究莊子過程的改變而已。今後又會如何的改變，不得而知，所以敢把這幾篇不成熟的東西印出來，也只是留為將來看我研究莊子的觀點是否改變的印證罷了。

這本小冊子之能夠印成，邱燮友兄的促成也是主要的因素，他在百忙中替我所寫的序文，對研究莊子的青年們來說，有很大的啟示作用，我在此致萬分的謝意，內子李家瑋替我校對，小女黃求己替我繕稿，頗著辛勞，還有三民書局劉振強先生的協助印行，都應該在此道謝的。

丁巳年端午節前一天黃錦鋐識

文苑叢書

古典詩歌選讀

王文顏／顏天佑／侯雅文 編著

詩歌是中國文學的菁華，長久以來溫暖萬千讀者的心靈。本書編選，除依年代先後，選擇代表詩人及作品外，另採「主題式」選詩。將同類型的詩歌集中呈現，以便讀者比較、鑑賞其間異同，增加研讀的趣味。舉凡愛情、友情、自然、歷史、自我等主題，皆在選編之列。另外，本書另立專章，除了簡述臺灣古典詩歌發展的梗概外，亦精心挑選數首詩作提供欣賞，希望能與讀者共享讀詩的喜悅。

古典小說選讀

丁肇琴 編著

古典小說是中國文學中的瑰麗珍寶，也是了解當時社會文化的一項重要材料。本書從六朝至明清之際浩如煙海的小說作品中，精選最具代表性、趣味性、文學性和社會性的名家名作，並輔以精確的注釋及深刻的賞析，堪稱古典小說選集的範本。特別的是，本書還加上「延伸閱讀」這一單元，不僅能提供讀者閱讀相關文本或論文的捷徑，更能貼近作家的心靈。

筆記小說選讀

丁肇琴 編著

小說是很吸引人的一種文類，但您是否曾對著一部長達數百頁的小說望洋興嘆？如果答案是肯定的，那麼，筆記小說絕對是您明智的抉擇！中國古典的筆記小說，一向以情節簡單、篇幅短小為其特色，稱得上是古典文學中的「極短篇小說」。在短則三、五十字，長則數百數千字的範圍裡，告訴您一個完整的故事，給你一份精緻的感動，讓您能在午後的悠閒時光，輕鬆地「上友古人」！

中國歷代故事詩

邱燮友　編著

文化中的璀璨瑰寶——故事詩，是用詩歌的方式，來鋪述一則故事的長篇敘事詩。中國的故事詩，大抵用音樂或樂曲來說故事，因而多為樂府詩的形式。換言之，將小說的題材，用詩歌的方式來表達，便成為故事詩。每個時代都有動人的故事在發生，這些有血有淚、有情有義的故事，由民間詩人或文人透過詩歌、音樂記錄下來，就如同四季的風，催開每季不同的花朵，然後在和煦的陽光下，展現婀娜多姿的姿態，令人搖蕩情靈，吟頌不已。

唐人小說

柯金木　編著

本書共分為五個教學單元、收錄十四篇唐人小說，各篇均有導讀、正文、眉批、注釋、譯文、析評、問題與討論等七個部分，作為基本閱讀、研習的依據。在內容編排上，特別重視即知即用，淺顯易懂，並有完整的課程搭配介紹。在教學思維上，強調由教師引導學生思考，以及多向互動的學習觀點，既有個別獨立的章旨討論，也有網絡串聯的單元分析表。另有課前活動、課後活動的設計，可以有效激發學習興趣、效益。

紅樓夢與中華文化

周汝昌　編著

本書為周汝昌先生眾多《紅》學論著中，少數授權臺灣出版社發行的作品之一，為其致力研究《紅》學四十多年的成果精萃。此書特從文、史、哲「三位一體」的角度與層次來論證《紅樓夢》這部中華文化史上的奇蹟，提出《紅樓夢》形式上雖是章回小說，但其內容卻是一部偉大的悲劇，精神更已達到抒情詩的境界，三者融然不分；而作者曹雪芹則是身兼大詩人、大思想家、大史學家的綜合型奇才。全書觀點不同流俗，創見特為豐厚，發掘出《紅樓夢》的另一種新風貌。

■中國文學概論

尹雪曼　著

為激發讀者對中國文學的興趣，提供讀者更廣闊的文學視野，作者將中國文學有系統地整理，全書共分為五編。首先說明中國文學推演的進程，並將儒家、道家及佛家經典對中國文學創作的影響，進行深入的探討與分析；其他四編，則涵蓋詩歌、詞、曲、小說等文類，詳盡地論析其特質、形式、內容與發展過程中所產生的變化與流派；此外，精確地評論中國文學各類作品發展之實況，更可使讀者對中國文學發展背景，也更深刻而明晰的認識。透過此書，讀者能釐清中國文學的相關觀念，並能適切地掌握學術思想發展的重點與演變。